Philosopher à Bagdad au Xe siècle

Al-Fārābī

Philosopher à Bagdad au Xe siècle

Présentation et dossier par Ali Benmakhlouf
Traductions de l'arabe par Stéphane Diebler
glossaire par Pauline Koetschet

Éditions du Seuil

CET OUVRAGE EST PUBLIÉ SOUS LA DIRECTION
D'ALAIN BADIOU ET DE BARBARA CASSIN

*Stéphane Diebler est décédé le 23 novembre 2002 à l'âge de trente ans. Helléniste, il enseignait à l'École normale supérieure (Paris) et préparait à l'École pratique des hautes études une thèse sur la vie d'Isidore de Damascius, dont il avait déjà écrit une traduction en français. Parallèlement, il était devenu un spécialiste reconnu de la rhétorique persane, ainsi que le traducteur, en collaboration étroite avec Ali Benmakhlouf, des commentaires d'Averroès sur l'*Organon *d'Aristote. Ses vastes compétences linguistiques et littéraires, ses qualités humaines et sa culture valent à sa personnalité rare une admiration unanime.*

Philippe Hoffmann

ISBN 978-2-02-048161-8

« Ici, plus que dans n'importe quel domaine, chaque langue contient [...] *un système de concepts qui, précisément parce qu'ils se touchent, s'unissent et se complètent dans la même langue, forment un tout dont les différentes parties ne correspondent à aucune de celles du système des autres langues »* (Friedrich Schleiermacher, *Des différentes méthodes du traduire*, traduit par Antoine Berman). Bref il y a *des* ordres philosophiques parce qu'on philosophe en langue.

Cette série voudrait mettre à la disposition de tout lecteur français des textes essentiels pour la philosophie, faisant date, structurant un champ ou une problématique ; des textes par là même « intraduisibles », toujours à retraduire. Et comme il s'agit souvent de l'instauration d'un vocabulaire, on pourra ouvrir le volume à des textes qui se répondent.

D'où le choix du bilingue, pour que l'œil revienne à l'original comme à un point d'arrivée. D'où la nécessité du glossaire qui pose les problèmes du point de vue de la langue et présente dans la langue maternelle une langue étrangère qu'on pourra ainsi entendre sans la connaître.

A. B. et B. C.

Nous avons suivi le système de transcription des caractères arabes en vigueur dans la revue *Arabica*. Chaque lettre dans le mot correspond à un signe. Les voyelles longues sont notées par les caractères ā, ī, ū. Par exemple, le mot p̌ī‘iqd se lit «chiite» et p̌aeī‘iqd «chafiite».

ء	’	ض	ḍ
ب	b	ط	ṭ
ت	t	ظ	ẓ
ث	ṯ	ع	‘
ج	ǧ	غ	ġ
ح	ḥ	ف	f
خ	ẖ	ق	q
د	d	ك	k
ذ	ḏ	ل	l
ر	r	م	m
ز	z	ن	n
س	s	ه	h
ش	š	و	w
ص	ṣ	ي	y

PRÉSENTATION

Philosophie, religion, poésie

Biographie d'al-Fārābī

Al-Fārābī (870-950) est le « Second Maître » après Aristote. On sait peu de choses de son enfance, si ce n'est qu'il vient de Fārāb, en Asie centrale, qu'il a appris l'arabe à Bagdad auprès du grammairien Abū Bakr al-Sarrāj (875-928). Il a eu comme maître en logique et en philosophie le chrétien nestorien Abū Bišr Mattā Ibn Yūnus (m. 940). Mattā Ibn Yūnus a fondé l'école chrétienne des études aristotéliciennes à Bagdad. Al-Fārābī a terminé ses jours à la cour de Sayf al-Dawla (918-967), le gouverneur šī'ite imāmite d'Alep, après avoir été contraint de quitter Bagdad en 942, à la suite des multiples troubles politiques que connut la capitale abbasside. Dans *La Philosophie de Platon*, il souligne combien le philosophe vivant dans une cité corrompue ou, plus généralement, dans une cité non gouvernée par le philosophe-īmām est en « grave danger »[1]. Dans *Le Livre de la religion*, al-Fārābī a recours à l'image du monstre, de l'être hybride, pour rendre compte de la présence de l'homme vertueux dans une cité corrompue : « cet homme est alors dans cette cité une partie qui lui est étrangère, à la façon de ce qui se passerait si un animal donné avait, par exemple, une patte qui est la patte d'un animal d'une autre espèce [...], et pour cette raison les vertueux qui ont été poussés à habiter les

1. Al-Fārābī, *La Philosophie de Platon, ses parties, l'ordre de ses parties du commencement jusqu'à la fin,* trad. fr., *Philosophie,* 2000, p. 63 ; rééd. Paris, Allia, 2002.

cités ignorantes en l'absence des cités vertueuses ont besoin de s'exiler vers la cité vertueuse, si le hasard fait qu'elle existe en un temps donné » (§ 14a).

Selon Ibn Ḫallikān[1], il aurait lu le *De anima* d'Aristote deux cents fois et la *Physique* quarante fois. Le turc est sa langue maternelle, l'arabe est sa langue propre, celle où il a déployé sa pensée.

Le milieu intellectuel à Bagdad du temps d'al-Fārābī

Bagdad, appelée aussi *madīnat al-salam*, ville de paix, prend sa configuration actuelle dès le xe siècle, siècle durant lequel, pour éviter les crues, elle émigre vers le flanc gauche du Tigre. Dès le VIIIe siècle, les deux rives sont reliées par trois ponts de bateaux.

La période durant laquelle vit al-Fārābī connaît de grands troubles politiques. Entre 847 et 945, six califes sont suppliciés et assassinés et deux sont démis par la force et torturés. Al-Qāhir (932-934) a les yeux crevés, et le même supplice est infligé à al-Muqtafī (902-908) et à al-Muttaqī (940-944). Cette déchéance pouvait aller jusqu'au changement radical de statut : un statut de mendiant est réservé à al-Qāhir selon Miskawayh. Ce calife était devenu mendiant et attendait les fidèles à l'entrée des mosquées. La forte sédition de 934 limite le pouvoir califal ; le calife n'a plus d'autorité que sur Bagdad et sa banlieue. Durant la première partie du xe siècle, « Bagdad voit arriver une nouvelle tradition philosophique issue de la tradition de l'école d'Alexandrie et orientée vers l'étude et le commentaire du corpus aristotélicien »[2]. Al-

1. Ibn Ḫallikān (1230-1303), *Wifīyāt al-a'yān wa 'anbā' 'ibnā' al-zamān*, éd. d'Ihsān 'Abbas Dar al-ṯaqāfa, Beyrouth, Liban, 1971.

2. Muhsin Mahdi, « Language and Logic in Classical Islam », in *Logic in Classical Islamic Culture*, éd. par G. E. von Grunebaum, Wiesbaden, Otto Harrassowitz, 1970, p. 53.

Fārābī appartient à cette tradition philosophique qui existait à Alexandrie aux Ve et VIe siècles. Simplicius (m. 533), Damascius (m. 553), Porphyre (m. apr. 301) sont les néoplatoniciens qui ont tout fait pour supprimer les divergences entre Platon et Aristote, al-Fārābī retient d'eux la nécessité de réaliser une harmonie entre les deux philosophes. L'un dit que l'on connaît par réminiscence, l'autre en partant des substances individuelles, mais, si l'on y regarde de plus près, on se rend compte qu'à observer indéfiniment les substances particulières, comme nous le recommande Aristote, naît en nous, sans que nous en prenions conscience, l'universel ; de plus, Aristote dit explicitement dans les *Seconds Analytiques* qu'une connaissance suppose toujours quelque chose de préexistant. N'est-ce pas ce que Platon veut dire en rapportant à un monde hors de nous les universaux ?

Al-Fārābī est de la seconde génération des philosophes, la première est celle des philosophes comme al-Kindī (m. 866). Jean Jolivet note que non seulement « al-Fārābī a consacré apparemment plus de temps qu'al-Kindī à élucider plus de textes proprement et rigoureusement philosophiques », mais que celui-ci « ne semble jamais très loin de la référence religieuse tandis que les traités d'al-Fārābī rendent un son plus profane, plus laïc »[1]. Dans un ouvrage perdu, *De la naissance de la philosophie*, dont il ne reste que des fragments, al-Fārābī « décrit le déplacement de cette école d'Alexandrie à Antioche, à Ḥarrān, puis, plus à l'est, en Iran, et enfin à Bagdad[2] ». De même, pour lui, la philosophie a été transmise aux Arabes à partir de la langue grecque, puis syriaque.

1. Jean Jolivet, « La pensée philosophique dans ses rapports avec l'Islam jusqu'à Avicenne », in *L'Islam, la philosophie et les sciences*, Paris, Presses de l'Unesco, 1981, p. 46 et 47.

2. Muhsin Mahdi, *La Cité vertueuse d'al-Fārābī*, Paris, Albin Michel, 2000, p. 77.

La tradition logique arabe

Plus particulièrement, c'est le corpus logique qui est mis à l'honneur. Al-Fārābī « est le premier musulman à étudier les *Analytiques postérieurs*[1] ». Il proposera des commentaires, sous forme d'abrégés, de commentaires moyens et de grands commentaires[2], de chacune des œuvres qui compose l'*Organon* d'Aristote, intégrant à celui-ci la *Rhétorique* et la *Poétique*, considérées comme des parties de la logique[3]. Suivant Aristote plus que Platon dans cette intégration, il prend en considération le « vaste capital argumentatif et discursif qui comprend non seulement les démonstrations des mathématiciens et les joutes dialectiques des philosophes, mais aussi les discours des orateurs politiques et judiciaires, aussi bien que les œuvres littéraires des historiens et des poètes[4] ». *Le Livre de la religion*, que nous présentons ici, est le reflet de ce vaste intérêt qui coupe court à une conception « épistémocentrique » où *Rhétorique* et *Poétique* sont dévaluées au profit des *Seconds Analytiques*. Nous nous sommes habitués, il est vrai, à réduire l'*Organon* d'Aristote aux traités relatifs aux opérations logiques comme la conception, le jugement, la définition, la démonstration, sans penser que l'activité poïétique de création des images, ou la poursuite de la persuasion rhétorique seraient elles aussi des activités logiques. Al-Fārābī pense au contraire qu'il y a non seulement une continuité entre ces diverses activités, mais aussi une inté-

1. *Ibid.*
2. Pour une mise au point sur cette distinction entre les trois formes de commentaire, voir l'« Introduction » à la traduction du *Commentaire moyen sur le* De interpretatione *d'Averroès*, Paris, Vrin, 2000.
3. Voir la thèse de Deborah Black, *Logic and Aristotle's* Rhetoric *and* Poetics *in Medieval Arabic Philosophy*, Leyde, Brill, 1990.
4. Jacques Brunschwig, « Sur quelques malentendus concernant la logique d'Aristote », in *Penser avec Aristote,* Toulouse, Éditions Érès, 1991, p. 425-426.

gration des dernières aux premières. A-t-il simplement suivi les philosophes alexandrins ou s'est-il convaincu lui-même de l'intérêt logique de la poétique et de la rhétorique ? Les analyses divergent à ce sujet. F.W. Zimmerman, qui a édité le *Grand Commentaire* d'al-Fārābī sur le *De interpretatione*, indique dans son introduction que « même l'inclusion hautement excentrique de la *Rhétorique* et de la *Poétique* au canon logique n'a pas dévié le chemin des philosophes de Bagdad. Al-Fārābī *par devoir* a écrit un commentaire sur la *Rhétorique*, et son contemporain Abū Bišr Mattā a traduit (mal) la *Poétique* en arabe »[1].

En revanche, Deborah Black, qui a réservé un traitement particulier à la question, donne de nombreux arguments pour montrer qu'il n'y a pas là de « devoir » prescrit au commentateur, mais bien un souci stratégique d'élargir le canon logique. Elle cite un passage du *Traité sur les règles de l'art des poètes* d'al-Fārābī indiquant une thèse centrale de logicisation des pratiques poétiques et rhétoriques. Si la logique s'occupe du vrai et du faux, alors la présence des valeurs de vérité dans ces deux pratiques est bien la preuve d'un credo profond d'al-Fārābī en un *organon long* : « On peut aussi diviser les syllogismes et, de manière générale, les énoncés selon une autre subdivision. On dit alors que les énoncés sont, ou bien nécessairement et universellement vrais, ou bien nécessairement et universellement faux, ou bien l'inverse, ou bien à égalité dans le vrai et le faux. Les universellement et nécessairement vrais sont les démonstratifs, ceux qui sont vrais en partie et majoritairement sont les dialectiques, ceux qui sont vrais à égalité sont les rhétoriques, ceux qui sont vrais en partie et minoritairement sont les sophistiques, ceux qui sont universellement et nécessairement faux sont les poétiques[2]. »

1. F. W. Zimmermann, *Al-Fārābī's Commentary and Short Treatise on Aristotle's* De Interpretatione, Londres, Oxford University Press, 1981, p. XXIII.

2. D. Black, *op. cit.* 268 10-15. La traduction intégrale de cet opuscule se trouve *infra*, p. 119.

Le Livre de la religion est en même temps une manière de voir à l'œuvre le double intérêt d'al-Fārābī pour la logique et la politique. Disposant selon toute probabilité de la traduction de *La République* et des *Lois* de Platon, al-Fārābī a lu ces ouvrages en étant « guidé par la question de la perfection de l'homme et du bonheur[1] ».

Ces deux ouvrages sont comme un prisme pour traiter de l'art du législateur : l'art royal présente des ressemblances avec celui du législateur d'une religion révélée. Al-Fārābī se propose de donner ces ressemblances et d'inaugurer ainsi une philosophie politique confinée jusque-là dans le hiatus entre les réglementations des califes et les décisions jurisprudentielles des qādis. Cette philosophie politique a pour base les textes de *La République* et des *Lois* de Platon, et non la *Politique* d'Aristote[2]. Le texte des *Lois* présente l'intérêt d'avoir déjà thématisé les législations prophétiques et les lois divines. Le législateur y est présenté comme étant inspiré par un art divin : « [Platon] a évoqué le fait que le législateur véritable est celui qui ordonne les vertus [humaines] selon un ordre conforme pour convenir à l'advenue des vertus divines, parce que la vertu humaine, lorsqu'elle est employée par son possesseur selon ce qu'impose la loi, est la divine[3]. » Al-Fārābī fait de Platon un penseur essentiellement politique, et des œuvres comme le *Timée* sont relues dans une perspective de cosmologie politique. Il le lit aussi avec le prisme déformant de la pseudo-théologie d'Aristote, ces livres IV, V et VI des *Ennéades* qu'al-Fārābī attribue à Aristote. ʻAbdul Masīḥ Ibn Naʻīma al-Ḥimsī (m. cir. 835) a traduit en arabe le traité anonyme et apocryphe, néoplatonicien, qui a donc circulé sous l'illustre nom d'Aristote. Cet

1. Leo Strauss, *Le Platon de Fārābī*, trad. fr., Paris, Allia, 2002, p. 66.
2. Leo Strauss n'exclut pas que al-Fārābī ait connu cet ouvrage « par l'intermédiaire de ceux de ses amis qui savaient le grec », in *Maïmonide*, trad. fr., Paris, PUF, 1988, p. 146, note 5.
3. Al-Fārābī, *Compendium des* Lois *de Platon*, trad. fr. de Stéphane Diebler, *infra*, p. 130.

ouvrage a été traduit pour al-Kindī et a permis de développer une théorie émanatiste de l'engendrement des êtres aussi bien naturels que divins.

Beaucoup plus lus et travaillés que *Le Livre de la religion*, *La Cité vertueuse* et *Le Régime politique* ont été constamment commentés du Moyen Âge à aujourd'hui. Ils ont une tonalité plus platonicienne qu'aristotélicienne.

Contexte culturel et philosophique

Quatre noms s'imposent dans ce nouveau milieu philosophique de Bagdad au xe siècle : Yaḥya Ibn 'Adī (893-974), Abū Sulaymān al-Sijistānī (ca 912-987), Abū Ḥassan al-'Āmirī (m. 992) et Abū Ḥayyān al-Tawḥīdī (m. 1023). Dans le Bagdad trouble du début du xe siècle, de nombreux savants ont connu la misère et ont dû se transformer en copistes pour gagner leur pain. La dépendance à l'égard des vizirs était alors très grande.

Y. Ibn 'Adī est un philosophe arabe chrétien jacobite, disciple d'al-Fārābī. Ibn 'Adī a distingué nettement l'art grammatical orienté vers les expressions (*al-Alfāẓ*) de l'art logique considéré comme un instrument (*Ala*) pour le philosophe et orienté vers les significations universelles (*al-Ma'ānī*)[1]. Élève d'al-Fārābī, Yaḥyā Ibn 'Adī est non seulement un philosophe logicien mais aussi un traducteur du syriaque vers l'arabe et un copiste. Al-Mas'ūdī en parle en ces termes : « Je ne connais aujourd'hui personne aussi savant qu'al-Fārābī si ce n'est un chrétien habitant Bagdad, connu sous le nom de Zakariyya fils de 'Adī, dont l'enseignement, les vues et la méthode font renaître le système de Mohammed fils de Zakariyya al-Rāzī[2]. »

1. A. Elamrani-Jamal, « Grammaire et logique d'après le philosophe arabe chrétien Yaḥyā Ibn 'Adī », in *Arabica*, tome XXIX, fascicule 1, 1982, p. 1-15.

2. Al-Mas'ūdī, *Le Livre de l'avertissement et de la révision*, trad. fr. de Carra de Vaux, Paris, E. Leroux, 1896, p. 171.

Abū Sulaymān al-Sijistānī est lui aussi un logicien. Il fut certainement l'élève de Yaḥyā Ibn 'Adī (élève d'al-Fārābī) mais peut-être pas celui de Mattā Ibn Yūnus, traducteur de la *Poétique* d'Aristote. À partir de 942, il n'y a plus qu'Ibn 'Adī à Bagdad, puisque al-Fārābī est parti à Alep, et que Mattā Ibn Yūnus est déjà mort (940). On estime qu'al-Sijistānī s'établit à Bagdad autour des années 939 et que, sitôt arrivé, il domine pleinement l'école d'al-Fārābī. Atteint de la lèpre, il ne sortait de chez lui que pour se promener dans les jardins[1]. Tous ceux qui étaient en quête de la science de l'Antiquité venaient chez lui. Il eut à Bagdad comme protecteur le Buyide[2] 'Adud al-Dawla. Avant d'arriver à Bagdad, il était membre de l'entourage du roi Abū Ja'far de Sijistān (une région entre l'Iran et l'Afghanistan actuel), dont le règne commença en 923 et qui fut, selon al-Sijistānī, profondément intéressé par la littérature concernant la sagesse grecque, Aristote et Alexandre. Notre logicien resta en contact avec lui, y compris lors de son voyage à Bagdad. Ce que l'on sait d'al-Sijistānī nous vient de *Siwān al-ḥikma* (« *L'Antichambre de la sagesse* »), ouvrage d'un inconnu qui rapporte les paroles d'al-Sijistānī. Abū Ḥayyān al-Tawḥīdī en fait le personnage clef de ses *Muqābasāt*, sorte d'entretiens libres sur divers sujets. Le style est celui d'une conversation où le logicien est questionné sur des sujets comme la définition de la logique (« un instrument qui permet de discerner entre ce qui est dit correct et incorrect », *Muqābasa* n° 22, ou encore « un instrument d'induction de la nature », *Muqābasa* n° 20), l'ignorance où l'homme est tenu concernant son caractère, ignorance qui fait de lui un « veillant distrait » ou un « rêveur désorienté » (*Muqābasa* n° 3). Al-Sijistānī, une fois arrivé à Bagdad (ca 938), a rejoint le cercle autour d'Ibn 'Adī. Il n'a pas bénéficié d'une traduction en latin de ses œuvres, ce qui explique la relative ignorance dans laquelle est tenue son œuvre. Il fait cepen-

1. Selon al-Tawḥīdī, *Muqābasāt*, n° 18.
2. Voir notre dossier historique à propos des Buyides, p. 195.

dant partie de cette chaîne de transmission philosophique qui relie al-Fārābī et Avicenne. Le cercle d'études autour d'al-Sijistānī est fortement marqué par le néoplatonisme. Pour couper court aux polémiques théologiques, al-Sijistānī pose que Dieu est inconnaissable. Cette attitude fidéiste et plotinienne libère le champ du travail rationnel de toute entrave théologique. Al-Sijistānī était membre de l'école hanafite du droit. Cette école faisait preuve d'un grand scepticisme épistémologique quant à la collecte des traditions prophétiques qui devaient, selon elle, disposer de plusieurs chaînes de transmission pour que leur notoriété soit garantie.

Autre figure de ce milieu philosophique à Bagdad : al-'Āmirī. Il appartient également à ce qu'on peut appeler l'école d'al-Fārābī ; né à Nishapur, il a aussi rejoint Bagdad et est connu pour avoir rédigé un livre intitulé *Le Bonheur et ses causes* ; « il utilise un style arabe fin avec une abondance de maximes persanes et d'apophtegmes grecs », et comme al-Sijistānī, il est « à la recherche d'une formule néoplatonicienne qui conviendrait à son âge et à sa nation »[1]. L'intérêt pour les apophtegmes vient de cette valorisation de la conversation à bâtons rompus qu'Abū Hayyān al-Tawḥīdī a thématisée dans son livre *Plaisir et convivialité*, sorte de mille et une nuits philosophiques durant lesquelles divers sujets sont débattus : la parole rapportée à ses conditions d'énonciation reste une parole vivante.

Abū Ḥayyān al-Tawḥīdī, quant à lui, a étudié la philosophie, la grammaire et le droit selon l'orientation šāfī'ite. Le šāfī'isme est l'une des quatre grandes écoles juridiques[2]. Elle a dominé dans la basse Égypte, en Arabie du Sud, en Iraq ainsi qu'en Asie du Sud-Est. C'est l'école qui a rassemblé de façon cohérente et systématique les bases fondamentales de la jurisprudence musulmane. Al-Tawḥīdī a comme maîtres deux des philosophes déjà cités : Yaḥyā Ibn 'Adī et

1. J.-C. Vadet, « Le souvenir de l'ancienne Perse chez le philosophe Abū al-Ḥassān al-'Āmirī », *Arabica*, volume XI (1964), p. 258

2. Voir dossier historique, p. 202.

al-Sijistānī. Ces deux disciples d'al-Fārābī sont, on l'a vu, les personnages principaux des *Entretiens* ou *Muqābasāt* d'al-Tawḥīdī. Ces entretiens, au nombre de cent six, ont le ton de la conversation sur des sujets très divers et selon des croyances fort distinctes : musulmans, juifs, chrétiens, sabéens confrontent leurs credo. Le but poursuivi par l'auteur dans ces *Entretiens* est présenté dans l'*Entretien* n° 2 : « Mon but est de collecter des choses qui se rapportent à la philosophie et d'en ajouter d'autres du même genre dictées par d'éminents savants de mon siècle et des maîtres dont je fus le contemporain. » Protégé par le vizir Ibn Sa'dān, jusqu'à l'exécution de celui-ci en 984, al-Tawḥīdī en a fait le personnage central de son livre *Plaisir et convivialité.* Attiré par le soufisme, il prit des maîtres mystiques comme compagnons de son pèlerinage à La Mecque en 963.

Les changements politiques furent fréquents et la période manquait de stabilité. Le xe siècle peut être caractérisé comme le siècle de l'effervescence šī'ite. Certains pensent même qu'al-Fārābī aurait donné, grâce à ses commentaires de l'œuvre politique de Platon, « une direction raisonnable, vraiment philosophique, aux espérances šī'ites concernant l'īmām »[1].

On peut parler d'une culture de cour dont le meilleur exemple est al-Tawḥīdī. Les Buyides, connus pour leur indifférence ou tolérance religieuse, ont permis l'éclosion d'un véritable esprit philosophique, fait de débats et de divergences, ayant toujours en vue la formation de l'esprit et non la polémique sectaire ; on peut paraphraser le propos de Montaigne (« les princes vous font du bien quand ils ne vous font pas de mal ») : les Buyides étaient sinon respectueux des choses de l'esprit, du moins indifférents à leur développement. Dans son ouvrage, *Imâmisme et littérature sous les Buyides*, F. Gabrieli écrit : « La politique buyide à l'égard des Abbassides a été le fruit de compromis entre les sympathies, voire même les convictions šī'ites de ces

1. J.-C. Vadet, *op. cit.*, p. 146-147.

princes iraniens, et l'opportunité politique qui leur conseilla de ménager les califes et la majorité sunnite [...], somme toute le šī'isme modéré ou īmām, sans s'élever au rang de confession d'État, et tout en gardant sa position minoritaire, devient, en Iraq sous les Buyides, une doctrine à la mode où trempent sous la réserve de *tašayyu' ḥassan* [un bon šī'isme], bien des esprits cultivés [...]. On ne peut se soustraire à l'impression que cet épanouissement culturel hors pair est lié à cette liberté et tolérance relative dont Sunna et Šī'a profitèrent[1]. »

La cour d'Abū Moḥammed al-Muḥallabī (m. 974) a permis à de nombreux lettrés de donner leur mesure. C'était un vizir du sultan buyide Mu'izz al-Dawla. Selon Miskawayh – grand homme de lettres qui, originaire de Rayy, a rejoint Bagdad et fait partie de la génération des élèves d'al-Fārābī – ce vizir, à l'instar de celui dont parle al-Tawḥīdī, avait non seulement « les qualités d'un chef », mais en outre « il savait parler de lui-même avec adresse ; il était éloquent et inspirait le respect ; il réussissait à se procurer de l'argent et était au fait des anciens usages du vizirat. Il était généreux, courageux, cultivé et parlait un persan pur. Il remit en honneur un grand nombre d'usages de la chancellerie qui avaient disparu, il sauva de la ruine beaucoup d'édifices et su exploiter les sources des richesses. Il accomplit ainsi de belles œuvres. En même temps il combla de ses dons les hommes de lettres et de science ; il ressuscita les disciplines tombées dans l'oubli, en proclama les mérites donnant ainsi à tous le goût de revenir à ce qu'ils avaient négligé »[2]. R. Walzer note que les ouvrages d'al-Fārābī comme *Les Vues des habitants de la cité vertueuse* étaient adressés à un public informé sans être un public de savants philosophes : « D'après les termes mêmes d'al-Fārābī, l'œuvre est adressée à tous ceux qui ne s'adonnent pas activement à la philosophie, compte

1. Francesco Gabrieli, *Imâmisme et littérature sous les Buyides*, Paris, PUF, 1970, p. 106-107.

2. Cité par Mohammed Arkoun, *L'Humanisme arabe au IVe (Xe) siècle*, Paris, Vrin, 1982, p. 62.

non tenu de la nation particulière ni de la religion auxquelles ils appartiennent. Il ne fait pas de doute cependant qu'elle s'adresse aux musulmans au premier chef [...] ; je pense que les "secrétaires", les membres de l'administration, les *kuttāb,* qui représentaient une sorte de culture laïque dans le monde musulman de cette époque, composaient la majorité de son public[1]. »

Les nuits philosophiques

Revenons à al-Tawḥīdī et à ses « mille et une nuits philosophiques ». L'une de ces nuits est célèbre par la mise en scène d'une discussion vive entre le grammairien al-Sīrāfī (893-979), sceptique à l'égard de l'universalité de la logique aristotélicienne, et le logicien Abū Bišr Mattā (870-940), partisan de cette universalité. Les *Catégories* d'Aristote sont-elles de simples codifications de la langue grecque ou bien sont-elles désignatives de notions universelles ? Al-Fārābī, tout à fait aligné sur les positions d'Abū Bišr Mattā, construit toute l'argumentation de son *Livre de la religion* à partir d'une méthodologie inspirée des dix catégories aristotéliciennes : il s'agit de savoir ce qui est approprié à un temps et à une contrée déterminés, selon quel type d'action (vertueuse), par quelle substance individuelle (le gouvernant vertueux), dans ce qui se répartit qualitativement et quantitativement (la réglementation des actions) et dans la relation (de groupe), grâce aux possessions (avoir) qui évitent aux habitants d'être des patients (passion) instrumentalisés de l'action politique.

C'est en 932 qu'eut lieu ce débat, en présence du vizir Ibn al-Furāt, entre Mattā, déjà bien vieux, et al-Sīrāfī, tout jeune encore, retranscrit dans la huitième nuit de *Plaisir et con-*

1. Richard Walzer, « al-Fārābī », in *L'Éveil de la philosophie islamique*, Revue des Études islamiques, Hors-série, Paris, Librairie orientaliste Paul Geuthner, 1971.

vivialité. Ce livre par son titre même évoque les passages de l'*Éthique à Nicomaque* (1174b23) où il est dit que les activités humaines sont accompagnées de plaisir. Derrière l'argumentation du logicien Mattā, il y a Ibn 'Adī, al-Fārābī et al-Sijistānī. L'enjeu est la remise en cause de l'autorité d'Aristote, devenu un philosophe trop académique, et la volonté partagée par al-Sīrāfī et al-Tawḥīdī d'un retour à « un platonisme populaire » compatible avec la religion : l'homme poursuit une sagesse en se libérant des chaînes du sensible. Al-Sīrāfī est le grand maître d'al-Tawḥīdī et celui-ci rapporte le débat sous la double dictée d'al-Sīrāfī et d'un autre grand grammairien, Alī Bnou 'Issa al-Rummānī[1], né à Bagdad en 908. Al-Sīrāfī a enseigné pendant cinquante ans la jurisprudence à la mosquée al-Rusāfa à Bagdad. Il est mu'tazilite, disciple d'al-Ǧubbā'ī[2], pour la théologie : être mu'tazilite, c'est assumer la doctrine selon laquelle le Coran est créé, c'est aussi reconnaître que l'homme est pleinement responsable de ses actes et que Dieu fait toujours le meilleur, animé par la justice et la bonté qui bornent en quelque sorte rationnellement sa toute-puissance. Du point de vue du droit, al-Sīrāfī est hanafite, autrement dit sceptique quant à la chaîne de transmission des hadiths du Prophète. Pour ce faire, il n'a pas besoin de toute la technicité logique d'Aristote, perçue comme une perte de temps, voire comme un chemin dévoyé qui éloigne l'homme de la sagesse éternelle et répétitive incarnée par les premiers rois de l'humanité et par les prophètes. La stratégie qu'adoptera al-Fārābī pour harmoniser Platon et Aristote s'explique par la volonté de répondre à ceux qui considèrent, à l'instar d'al-Sīrāfī, que la religion confirme Platon et infirme Aristote. L'acte

1. Al-Tawḥīdī, *Plaisir et convivialité*, I, 133, 1, 13-16 : « Alī Bnou 'Issa avait atteint un haut degré de connaissance en grammaire, en langue, en théologie, en prosodie et en logique, ce pour quoi on le blâmait. Toutefois, il ne suivit pas la méthode du créateur de la logique (Aristote), mais fut original dans cet art et s'y montra hautement qualifié. »

2. Voir à propos d'al-Ǧubbā'ī, l'ouvrage d'Ahmed Alami, *L'Ontologie modale*, Paris, Vrin, 2001.

démiurgique de la constitution du monde, dans le dialogue du *Timée*, est confirmé par la religion, on a là un commencement du monde ; en revanche Aristote a parlé de l'éternité de la matière et d'un monde illimité dans le passé et dans le futur. Pourtant, selon al-Fārābī, Platon « a, dans l'exemple du mythe, emprunté cette voie qu'Aristote a suivie dans la transmission de la logique »[1]. Les divergences entre les deux philosophes ne sont pas des divergences profondes, mais des divergences de style. Ainsi, concernant l'éternité du monde, on ne peut pas attribuer de façon certaine cette thèse à Aristote, dans la mesure où il en parle comme d'une opinion prévalente, notoire, dans les *Topiques*, nullement comme d'une assertion close, démonstrativement certaine. Si Aristote a choisi d'en parler dans les *Topiques* et non dans les *Seconds Analytiques*, c'est que pour lui la question de l'éternité du monde ou de sa création ne relève que des prémisses communément admises de la dialectique : « Aristote a expliqué dans ce livre et dans d'autres que, dans la prémisse généralement acceptée, la vérité et la fausseté n'étaient pas prises en considération, car ce qui est généralement accepté est quelquefois faux et n'est pas rejeté, dans la dialectique, pour sa fausseté, et quelquefois vrai et est alors utilisé pour sa notoriété dans la dialectique et pour sa vérité dans la démonstration[2]. » De l'utilité donc de ces distinctions logiques entre le fortement vrai (dialectique) et le vrai (démonstration) concernant les opinions relatives à la nature du monde. Al-Fārābī considère que l'esprit philosophique se distingue par l'usage des deux expressions suivantes : « en tant que » et « sous un certain rapport », sans lesquelles « les sciences et la philosophie deviendraient vaines »[3].

1. Al-Fārābī, *Didascalia in rhetoricam Aristotelis*, texte établi par J. Langhade et M. Grignaschi, Beyrouth, Dar al-Machreq, 1971, p. 213-214.

2. Al-Fārābī, *L'Harmonie entre les opinions des deux sages, le divin Platon et Aristote*, Damas, IFEAD, 1999, § 54, p. 128.

3. *Ibid.*, § 18, p. 78.

Revenons à cette huitième nuit philosophique. La thèse défendue par Mattā est que la logique est un instrument qui aide à distinguer le parler correct du parler incorrect, mais al-Sīrāfī lui rétorque que le parler en général n'existe pas. Seuls existent le parler arabe, grec, turc, etc. Aussi la logique ne peut-elle être que la codification d'une grammaire particulière et non une grammaire fantômatique d'un parler improbable. Il n'y a pas d'autre moyen d'atteindre les intelligibles qu'une langue particulière. La logique ne transcende donc pas la langue. Mais pour Mattā, s'il en est ainsi, c'est l'entreprise même de la traduction qui se trouverait menacée. Or il y a bien quelque chose qui est passé de la culture grecque à la culture syriaque, puis à la culture arabe, et qui n'est réductible à aucune des trois formes linguistiques. Il y a donc comme un trésor de significations qui passe d'une culture à l'autre et qui est relativement indépendant de telle ou telle langue. D'un côté la logique est présentée comme un art du raisonnement, de l'autre comme un art de parole où il est impossible de séparer l'énonciation de la signification : la logique n'est rien d'autre qu'une façon de parler un langage spécifique logiquement. Le passage du substantif (« logique ») à l'adverbe (« logiquement ») est le lieu même de la controverse.

La question de l'altération ou non de la signification une fois que l'on passe à une traduction est un thème majeur de la philosophie arabe. Averroès reprochera explicitement à Avicenne de convoquer la question de l'altération de la signification, à propos des prédicats isolés ou réunis, et prendra appui pour cela sur al-Fārābī[1] . Le Sage, à savoir Aristote, n'a pas cru bon de soulever la question de l'altération de la signification à propos de prédicats réunis comme dans « Zayd est médecin clairvoyant » : Zayd peut n'être pas clairvoyant, tout en étant « médecin clairvoyant ». Or Avicenne avait noté que, « s'il y a des prédicats tenus pour

1. Averroès, *Essai sur les prédicats isolés*, in *Commentaire moyen sur le* De interpretatione, trad. fr., Paris, Vrin, 2000, p. 157-163.

vrais isolément et tenus pour vrais s'ils sont réunis, il faut que leur mode de désignation au moment où ils sont réunis et leur signification soient leur mode de désignation au moment de l'isolement. En revanche, si la signification s'altère au moment de la réunion ou de la séparation, s'il advient alors une fausseté, le prédicat qui a été tenu pour faux dans la séparation n'est pas le prédicat qui est tenu pour vrai dans la réunion et, de la même manière, celui qui est vrai dans la séparation diffère du faux dans la réunion »[1]. Averroès renoue avec al-Fārābī pour contrer cet argument venu de l'usage et de la coutume, selon lequel les significations s'altèrent. La même problématique se retrouve dans cette huitième nuit philosophique ; Mattā, élève d'al-Fārābī, insiste sur la préservation des significations par-delà les traductions, dès lors qu'il s'agit de significations ayant réussi l'épreuve aristotélicienne d'être l'une des dix catégories (avec une mention spéciale pour la première catégorie dont seule la forme seconde est universelle). Il y a comme une dignité plus grande à prendre en compte en premier les significations et non les énonciations pour un logicien comme Mattā.

Le paradigme théorétique : cosmologie, politique, épopée

Le mode hypothético-déductif d'al-Fārābī indique bien la démarche du philosophe qui n'entend pas parler d'une culture ou d'une histoire définie, mais de l'enchaînement des concepts : à supposer qu'une religion soit transportée d'une nation à une autre, il est possible qu'elle s'y développe avant la philosophie. De cette situation possible, al-Fārābī déduit l'intelligibilité d'un fait réel : la présence de la religion révélée en terre d'Islam avant celle de la philosophie grecque. De même, « le premier gouvernant », dont parle *Le Livre*

1. *Ibid.*

de la religion, n'est jamais le premier eu égard aux faits, c'est le premier dans une expérience de pensée, expérience caractérisée par l'idée que le premier est celui qui implante le mode de vie vertueux dans l'âme des citoyens. Le premier gouvernant est comme « le premier [...] ayant enclos un terrain » dont parle Rousseau dans la deuxième partie du *Discours sur l'origine de l'inégalité parmi les hommes*, ouvrage où Rousseau inaugure une méthode généalogique qui « commence par écarter tous les faits », pour les rendre intelligibles. Ce ne sont pas des « premiers » eu égard à l'origine, mais eu égard au mode hypothético-déductif d'une démarche généalogique qui entend rendre compte de la genèse concomitante du pouvoir politique et des formes humaines de regroupement civilisationnel. Le premier gouvernant d'al-Fārābī est premier par l'action inspirée de sa connaissance, et non le premier eu égard au temps : « la profession royale vertueuse première consiste en la connaissance de toutes les actions qui procurent l'implantation des genres de vie et habitus vertueux dans les cités et nations » (§14b). Al-Fārābī construit ainsi un modèle de cité, qui n'est pas idéal au sens de quelque chose de recherché mais au sens d'une simulation discursive qui va fonctionner comme un étalon de mesure de la cité réelle ; c'est « l'autre cité » dont parle Leo Strauss : « "l'autre cité" se situe à mi-chemin entre "ce monde" et "l'autre monde", dans la mesure où elle est encore une cité terrestre, mais aussi une cité n'existant pas en fait, mais seulement dans le "discours" »[1]. L'étalon de mesure a ceci de particulier qu'il ne demande pas, comme l'idéal, à ce que la réalité lui soit conforme de façon contraignante. Il se contente de donner une mesure, non une contrainte. Dans *Le Livre de la religion,* al-Fārābī est plus proche du Platon des *Lois* (739c) parlant de la « cité première » que de celui de *La République* parlant de la « belle cité ». La cité des *Lois* est rapportée à sa cause, Zeus, autant qu'à son excellence comme cité dont la cause est divine :

1. Leo Strauss, *Le Platon de Fārābī*, *op. cit.*, p. 81.

« Un questionneur a posé une question sur la cause de l'institution des lois, "cause" signifiant ici la cause efficiente et leur efficience étant leur instituteur. Un répondant lui a répondu alors que leur instituteur était Zeus, Zeus étant chez les Grecs le père de l'humanité, sur qui s'arrête la cause[1]. » Al-Fārābī construit son modèle à partir d'une fusion de plusieurs dialogues de Platon : *La République* fournit une cité parfaite dans le discours ; le *Timée* nous donne les « êtres divins et naturels intelligés et connus selon cette science » de la cité ; et *Les Lois* nous délivre « le mode de vie vertueux qui est adopté par les gens de cette cité »[2]. *Le Livre de la religion* croise ces trois thématiques.

La religion dans sa version théorique est d'abord une cosmologie. On sous-estime aujourd'hui la part épique et cosmique de la religion que l'on veut souvent réduire à une « réglementation des actions » humaines. Or elle est aussi « définition de l'opinion » au sens où elle renferme des enjeux théoriques qui engagent la hiérarchie des êtres spirituels, la génération du monde. Si l'étude d'une physique et d'une métaphysique peut être justifiée par le texte sacré, il faut que celui-ci contienne des thématiques relatives au premier principe et à la génération des corps. Par ailleurs, dans les « opinions », il y a la part proprement théorique et la part liée « à la volonté ». Dans ce cas, le récit des « bonnes actions » des prophètes et des « rois vertueux » fait partie du texte religieux. Tous ces premiers rois de l'humanité dont parle le Coran, par exemple, forment la trame épique de la religion : celle-ci comporte alors « le récit de ce à quoi ils ont eu part, de ce qui a particularisé chacune de leurs bonnes actions et de ce que leurs âmes ont trouvé dans l'au-delà, les leurs et celles des cités et nations qui leur ont obéi et ont suivi leur exemple » (§2). C'est par ce biais que la religion est un récit épique et c'est par ce biais qu'a lieu l'éduca-

1. Al-Fārābī, *Compendium des* Lois *de Platon, op. cit.*, § 4, voir *infra*, p. 140.
2. Al-Fārābī, *La Philosophie de Platon, ses parties..., op. cit.*, § 33 et 34, p. 61.

tion de la jeunesse, puisque se constitue comme un *topos* de l'exemple à suivre que l'éducateur, en tant qu'homme politique, doit rappeler aux jeunes gens de la cité. La politique est d'abord une enquête sur le cosmos afin de déterminer quelle place revient à l'homme dans celui-ci. La place de l'homme dans la cité n'est pas distincte de celle de l'homme dans le cosmos. La loi divine est d'abord une injonction de connaissance avant d'être une injonction pratique : il s'agit d'enquêter sur l'univers et sur « la hiérarchie des êtres » qui sont les principes supérieurs à l'âme humaine. S'inspirant des *Lois* de Platon, al-Fārābī présente la genèse de l'univers comme un moyen de rendre compte de l'origine de l'âme humaine et de la cité. N'oublions pas que, dans *Les Lois*, Socrate fait l'éloge des lois de Minos, renouant, contre les tragiques grecs, avec le récit homérique – Minos étant le fils de Zeus et élevé par celui-ci dans l'art législatif. La loi est alors « si loin d'être l'opinion de la cité qu'elle est un art et qu'elle se fonde sur un art, l'art le plus élevé, l'art du dieu le plus élevé »[1], les lois de Minos étant les lois les meilleures dont le dialogue *Les Lois* fait l'éloge. Dans la perspective d'al-Fārābī, il y a là non seulement l'articulation de la loi avec la divinité, mais aussi le recours à l'épopée. Loin d'être une philosophie de la religion, *Le Livre de la religion* est un livre de l'éloge du récit épique et de la loi divine en tant qu'elle inspire l'homme. À la suite de Platon, al-Fārābī n'hésite pas à considérer comme divins « les fêtes » et « les moments de plaisir »[2]. Le législateur est attentif aux vers et versets, chantés dans sa communauté ; c'est la part épique de son travail : « Si donc un législateur ordonnait aux hommes de s'écarter des plaisirs, sa loi ne tiendrait pas debout et l'on ne s'y attacherait pas, en raison du penchant au plaisir qui est dans la nature. Il a cependant adopté des fêtes et des moments de plaisir, et il s'agit d'un plaisir divin[3]. »

1. Leo Strauss, *Le Platon de Fārābī, op. cit.*
2. *Compendium des* Lois, § 26, voir *infra*, p. 149.
3. *Ibid.*

Une continuité réelle existe entre la Bible, le Coran d'une part, et la pensée antique, de l'autre, comme l'a souligné à de nombreuses reprises Leo Strauss : « L'idée directrice sur laquelle Grecs et Juifs sont d'accord, c'est exactement l'idée de la loi divine comme d'une loi une et totale qui est en même temps loi religieuse, loi civile et loi morale. Et c'est bien une philosophie grecque de la loi divine qui est à la base de la philosophie juive et musulmane de la Tora ou de la šarī'a[1]. » Al-Fārābī, dans *Le Livre de la religion* comme dans le *Compendium des* Lois nous rappelle cette « base » en faisant coïncider l'idée de loi divine avec celle de l'excellence, au sens grec du terme.

Par ailleurs, il ne parle pas de l'islam en particulier mais de la religion en général. Il situe celle-ci d'abord par rapport à un cosmos : autant dire que le propos d'al-Fārābī repose sur un décentrement anthropologique. Ce n'est pas l'homme qui est au premier plan, mais bien Dieu, le monde et les choses qui y sont agencées, parmi lesquelles il prend place.

Le paradigme théorétique est d'emblée fonctionnel dans *Le Livre de la religion* : al-Fārābī commence par parler de « religion vertueuse » et de « religion vicieuse », mais cette opposition n'est pas morale, elle est à lire épistémiquement comme une distinction entre une religion couplée au savoir et une religion de l'ignorance, l'une qui est acquisition de la félicité par le moyen d'un « gouvernant vertueux » et l'autre qui est dans « une supposition » de vertu mais non dans la vertu à proprement parler. Le gouvernant vertueux réalise une félicité de tous, non pas du plus grand nombre mais de tous les habitants de la cité ; en revanche, le gouvernant vicieux est celui qui se sépare, dans les objectifs qu'il poursuit, de ceux de sa cité, en instrumentalisant les habitants de celle-ci pour son bien particulier, qui est un « bien d'ignorance », comme la gloire, la prospérité, etc.

Se glisse là le thème de l'imitation de la vérité : les noms désignent des images bien plus que des concepts quand la

1. Leo Strauss, *Maïmonide, op. cit.*

religion n'est pas une philosophie vraie. La philosophie ressemble certes à la religion vertueuse, mais al-Fārābī sait très bien que peu de gens pratiquent la philosophie. Il faut donc bien donner une consistance à la dialectique qui s'occupe de ce qui est bien connu de tous et à la rhétorique qui est un art de persuader tout le monde, car, ainsi, la religion trouve sa destination : s'adresser à tous. Le § 6 du *Livre de la religion* note ainsi que « la dialectique et la rhétorique ont pour cette raison acquis une valeur immense en ce qu'elles permettent de vérifier les opinions de la religion auprès des citoyens ». Vérifier, ce n'est pas encore établir : la dialectique et la rhétorique ont ainsi une fonction importante mais épistémiquement auxiliaire par rapport à la démonstration. Il faudrait penser au § 149 du *Livre des particules*[1] où al-Fārābī indique que la religion « dépend d'une philosophie parfaite », mais peut, lors de sa migration d'un lieu à un autre, être reçue comme une religion déliée des choses spéculatives, auquel cas il peut se produire que beaucoup l'opposent à la philosophie, perçue alors comme l'usurpatrice d'un savoir déjà établi par la religion. « Pour cette raison, il est possible que les adeptes de la philosophie soient obligés, pour leur propre sauvegarde, de s'opposer aux adeptes de la religion. Ce n'est pas à la religion elle-même qu'ils chercheront à s'opposer, mais à la croyance que professent ses adeptes selon laquelle la religion est contraire à la philosophie. » Or une religion est dévoyée lorsqu'elle prétend présenter des vérités que l'homme ne peut acquérir ni par soi, ni par la démonstration (§ 4). Les images qu'elle renferme n'ont pas d'autonomie par elles-mêmes, leur valeur dénotative vient des « choses spéculatives » que la philosophie établit démonstrativement.

La religion, dans le traité qui porte son nom, est placée sous l'égide du gouvernant. Elle est un moyen de gouverner. L'opposition entre la vertu et l'ignorance indique assez que

1. Al-Fārābī, *Le Livre des particules*, éd. de Muhsin Al Mahdi, Beyrouth, seconde édition, 1990, p. 155.

la vertu est prise sous le paradigme théorétique du savoir. Les biens de l'ignorance peuvent être visés par le gouvernant falsificateur. Le gouvernant vertueux règle actions et opinions selon une capacité qui lui est inspirée par Dieu. Al-Fārābī prend au sérieux le rôle de l'imagination dans la fixation des *habitus* dans la cité. Le gouvernant doit susciter des choses dans l'imagination de ses citoyens. Les actions de glorification de Dieu et des prophètes font partie de la religion vertueuse : le rite est lu comme une forme de catalyseur du lien social.

Par ailleurs, « les opinions » sont soit la vérité, soit son illustration : on trouve toujours ce souci de mettre en évidence les expédients poétiques de la vérité pour que la cité dans son entier ait quelques clartés de tout.

Il peut sembler étonnant de voir sous la plume d'un philosophe l'idée que la religion enferme des démonstrations. Pour al-Fārābī, chaque fois que les images de la religion se coupent des choses spéculatives desquelles elles sont l'image, on peut parler de religion dévoyée. Religion vertueuse et philosophie sont identifiées. Il y a, chez lui, l'idée que la religion est, tout comme la philosophie, spéculative et pratique. « Les choses pratiques de la religion ce sont les universaux dont la philosophie s'occupe », mais c'est bien la philosophie qui a en charge les démonstrations, c'est elle qui « donne les démonstrations de ce qui est compris dans la religion vertueuse ». La démonstration est comme l'étalon de mesure qui permet de rendre compte des coefficients de certitude dont l'homme dispose quand il dit comprendre quelque chose.

Néoplatonisme

Les liens d'al-Fārābī avec le néoplatonisme sont avérés et l'on convoque généralement pour cela la pseudo-théologie d'Aristote, autrement dit les *Ennéades* IV à VI de Plotin, attribuées de façon erronée à Aristote. C'est dans ce cadre qu'il nous appartient de saisir comment al-Fārābī a abordé philosophiquement la connaissance de Dieu. Notons, à la suite de Zimmermann[1], cette originalité d'avoir cherché à décrire Dieu non pas négativement, comme cela se fait chez nombre de théologiens chrétiens, mais de façon indéfinie : il y a ontologiquement quelque chose de l'Un plotinien, mais logiquement cela passe par la substitution d'un indéfini à du défini. Décrire Dieu de façon indéfinie, c'est considérer le nom de Dieu comme un nom commun et non comme un nom propre. Cette distinction entre nom propre et nom commun est majeure car elle est au fondement de la possibilité de l'affirmation de l'existence de Dieu. Pour pouvoir affirmer l'existence de Dieu, il faut se donner le moyen logique de le nier. Tant que ce moyen n'existe pas, l'affirmation de l'existence de Dieu ne peut pas avoir lieu non plus. Il n'y a pas de sens à nier un nom propre, en revanche, il y a un sens à nier un nom commun qui est par nature un nom indéfini. La profession de foi musulmane comprend elle-même cette possibilité puisqu'elle met à la base de l'affirmation de l'unicité de Dieu la possibilité logique de sa négation ; la profession de foi musulmane dit : « il n'y a pas d'autre divinité que Dieu », Dieu ne peut être affirmé que si toute autre propriété de ce qu'il est est niée aux autres divinités. Dieu est donc plus un nom commun qu'un nom propre, ce qui permet de l'affirmer ou de le nier. Il n'y a pas de sens à nier un nom propre.

Dieu est pour al-Fārābī l'existant premier (*al-mawjūd al-'awwal*) et la première cause (*al-sabab al-'awwal*), mais il est aussi immatériel et sans forme définie.

Dieu est premier ; le premier intellect est le second être, tout aussi incorporel, immatériel que le premier. Ce premier intellect est le seul de la hiérarchie à n'être pas associé aux planètes et aux étoiles. Il y a une production-émanation des neuf autres intellects. Avec l'émanation des intellects

1. F. W. Zimmermann, *op. cit.*, p. 120, 125 et 230.

s'engendrent les étoiles fixes. Le dixième est l'intellect agent, producteur de formes intelligibles. Il fait le lien entre le monde céleste et le monde sublunaire. Il est lié à l'homme quand celui-ci est dans un état de perfection, quand il s'est élevé à la plus haute pensée dont il s'est rendu capable, qui est l'intellect acquis.

Notons encore un élément non aristotélicien chez al-Fārābī : sa conception de l'imagination. Celle-ci n'est pas tributaire des sens comme chez Aristote, elle est susceptible de traduire les intelligibles, d'être informée directement par l'intellect, ce qui lui donne un aspect visionnaire. Elle s'inspire selon Walzer d'une « théorie positive de la *mantikê* divinatoire, du pouvoir irrationnel du visionnaire » [1]. Ce qui est en revanche aristotélicien, c'est l'usage politique qui est fait de cette autre imagination qui est assujettie aux images sensibles et que l'homme politique peut utiliser pour implanter dans l'âme humaine les habitus vertueux.

Dans son ouvrage, *Les Vues des habitants de la cité vertueuse*, al-Fārābī présente un monde ordonné selon une hiérarchie cosmologique d'abord, politique ensuite. Dans *Le Livre de la religion*, on trouve un écho de ce monde ordonné par la présentation des « opinions théoriques de la religion » (§ 2) et des « opinions pratiques » de celle-ci. La genèse du monde est une procession qui commence par les « êtres spirituels » et se termine par « les choses comprises au sein du monde », et dont l'agencement traduit la justice de Dieu. Ce qui est soumis à la justice de Dieu, ce ne sont pas tant les actions particulières des hommes que leur place dans l'univers, « la venue de l'âme et de l'intellect » en l'homme, « sa hiérarchie par rapport au monde et son rang par rapport à Dieu ».

1. R. Walzer, « al-Fārābī », in *L'Éveil de la philosophie islamique*, *op. cit.*, p. 66.

Transmettre dans la cité

L'importance de la rhétorique et de la dialectique tient à ce que la « religion vertueuse n'est pas destinée aux seuls philosophes ». Il faut donc prendre au sérieux les « choses bien connues ou persuadées » qui permettent transmission, examen, éducation et formation du caractère. Dès lors que la religion présente son contenu sans démonstration, la rhétorique et la dialectique ont pris « une valeur immense » (§ 6), en « ce qu'elles permettent de vérifier les opinions de la religion auprès des citoyens, de les examiner, de les défendre, de les implanter solidement en leur âme et de secourir ces opinions s'il arrive quelqu'un qui désire plonger ses sectateurs dans l'erreur par son discours ». La dialectique se tient ici aux frontières de la démonstration et non de la sophistique, mais il lui arrive de dériver du côté sophistique quand elle est en proie à des oppositions supposées, qui ne sont pas véritables, comme l'opposition entre la religion et la philosophie. La « rhétorique » d'Aristote, que les Arabes traduisent par « al-ḫatāba » qui signifie d'abord « éloquence », relève chez al-Fārābī du septième art logique de l'*Organon*. Fidèle à la tradition alexandrine d'un *organon long*[1], al-Fārābī considère que l'art de persuader relève de la logique et s'inscrit dans ce long parcours éducatif dont parle Platon dans *La République*. Pour al-Fārābī, soucieux d'harmonie entre les philosophies de Platon et d'Aristote, « l'exemple que Platon donne dans son livre, *La République*, au sujet de la caverne – comment l'homme sort de la caverne et ensuite y revient – est tout à fait adapté à l'ordre qu'Aristote a placé dans les parties de la logique[2] ». Il y a derrière ce souci d'harmoniser des philosophies – que certains théologiens ont voulu opposer pour en interdire l'enseignement, souli-

1. Voir Ali Benmakhlouf, « Le projet d'un *organon long* chez les philosophes arabes lecteurs d'Aristote », *Critique*, avril 1996.

2. Al-Fārābī, *Didascalia in Rhetoricam Aristotelis*, *op. cit.*, p. 213-214.

gnant ainsi qu'on ne saurait se mettre à l'école de gens qui se contredisent – le souci de concilier aussi les deux faces de la rhétorique : la part logique relative à la construction des enthymèmes et la part politique relative à la persuasion des foules. Al-Fārābī ne renonce à aucun de ces deux aspects. Le législateur est celui qui éduque (logiquement) en vue d'une fixation d'un habitus (politique). Dans le projet éducatif, la *Rhétorique* prend place à la suite des *Réfutations sophistiques* : une fois qu'on a rendu univoques les significations, on peut persuader la foule de ce qu'il est utile de croire[1].

Législation et jurisprudence

La législation et l'éducation marchent en parallèle, les deux se font graduellement. Il n'y a pas du tout l'idée que les lois vont vers plus de dégradation et l'homme vers plus de dépravation. L'histoire n'est pas lue comme celle d'une décadence progressive après les premiers jours de l'âge d'or prophétique : il y a toujours moyen pour une cité de « revenir à la santé » (§ 17) et pour l'homme d'être un peu plus vertueux. Al-Fārābī développe l'idée d'une convenance de chaque législateur avec son temps : chacun légifère selon ce « qui est le plus correct de son temps » (§ 8). L'altération et le changement sont nécessaires car le législateur est pris dans la finitude, il ne peut tout prévoir, tout faire, tous les incidents qui demandent une réglementation n'ont pas pu se produire en un seul temps, « et il est ainsi bien des choses qui ont licence d'advenir en un autre temps et en une autre

1. Pour plus de détails sur la rhétorique d'al-Fārābī, voir l'article de Maroun Aoued, « Le texte arabe du chapitre sur la rhétorique d'Ibn Ridwan et ses correspondants dans la *Didascalia in Rhetoricam Aristotelis ex Glosa al-Fārābī* », in *La* Rhétorique *d'Aristote, traditions et commentaires de l'Antiquité au XVIIᵉ siècle,* textes réunis par Gilbert Dahan et Irène Rosier-Catach, Paris, Vrin, 1998, p. 169-225.

contrée, où l'on a besoin d'une action définie et réglementée à propos de cet incident et où il n'a rien légiféré » (§ 7).

La jurisprudence intervient quand à un législateur succède un homme qui suit et applique, et non un homme qui réglemente à son tour. Al-Fārābī distingue nettement entre l'imitation et l'application. Dans l'imitation, on produit une création sous forme d'altération ; dans l'application, on se contente de suivre l'exemple du législateur sans l'être à son tour : naît alors la jurisprudence, présentée comme un art auquel on est « contraint » dans une telle situation. Al-Fārābī est loin de considérer la jurisprudence comme la reine des sciences. Or c'est bien ainsi qu'elle était perçue au Moyen Âge, dans la mesure où ses praticiens étaient dépositaires de la loi divine et que même le calife ne pouvait qu'administrer, sans légiférer. En redonnant au « premier gouvernant » le rôle d'un législateur, al-Fārābī réduit la place du jurisconsulte.

Pour une telle science, il faut bien connaître les usages de la langue afin : 1) d'éviter de prendre pour une métaphore ce qui ne l'est pas ; 2) de maîtriser le rapport des significations particulières aux significations universelles, le rapport de l'univoque au plurivoque. N'oublions pas que le Coran[1] lui-même reconnaît qu'il y a des versets non univoques, pour lesquels on peut avoir soit une attitude fidéiste de ne pas les interpréter, soit une attitude interprétative s'il s'avère que derrière eux un comportement est induit. Le juge doit aussi avoir une excellente connaissance des coutumes et traditions, écrites ou non, faire preuve d'une capacité logique à recon-

1. « Lui qui a fait descendre sur toi l'Écrit, dont tels signes, sa patrie-mère, sont péremptoires, et tels autres ambigus. Qui a dans son cœur une déviance, eh bien !, s'attache à l'ambigu par passion du trouble » (Coran, 3, 7, trad. fr. de J. Berque, Paris, Sindbad, 1990). La suite du verset admet deux lectures, selon que l'on fait une césure ou non après le mot « Dieu » : « Nul n'en connaît l'interprétation sinon Dieu et les hommes de science profonde. Ils disent : Nous y croyons. »

naître les divergences et les ressemblances : autant dire qu'il doit être un bon dialecticien au sens aristotélicien du terme.

La jurisprudence a pour al-Fārābī une double orientation : pratique et théorique. En tant que pratique, elle fait partie de la science politique. En tant que théorique, elle relève de la « philosophie théorique ». On pourrait dire qu'il y a le travail du juge et le travail du juriste. La science politique s'occupe de félicité : al-Fārābī est ici fidèle à Aristote, la cité est la forme que l'homme entretient pour activer son essence, qui est d'être heureux. Si le bonheur constitue l'homme, et ne peut donc lui-même être objet de choix, en revanche, les moyens d'y parvenir sont à choisir. D'où une réflexion sur les vrais biens et les biens apparents. La « vraie félicité » est celle qui est « recherchée pour elle-même » (§ 11), c'est celle qui est propre à l'intellect se pensant lui-même. Tant que l'intellect est dans une altérité quelconque, tant qu'il ne fait pas un avec l'intelligible, il reste lié à une âme qui est pouvoir dans un corps. C'est pourquoi la félicité suprême, le plaisir que Dieu connaît toujours et que l'homme ne connaît qu'à de brefs moments n'est pas de ce monde, mais dans l'au-delà, quand l'intellect, comme dit Aristote, ne « se souvient plus » (*De anima*, 429c).

Les mœurs et les caractères apparaissent dans le texte au moment où l'on parle des moyens d'atteindre la félicité. Notre but ultime est la félicité au-delà, mais la politique nous donne les moyens de nous préparer à ce but, par l'entraide entre les différents corps de métiers. C'est au sein du groupe que les *habitus* de vertu se fixent, sont « en acte », sinon nous n'aurions affaire qu'à un homme inaccompli, toujours en puissance, et comme à côté de son essence. Al-Fārābī développe l'idée d'une continuité entre les *habitus* de vertu ici-bas et la félicité suprême au-delà. Il n'y a pas d'un côté l'homme prudent dont parlent les premiers livres de l'*Éthique à Nicomaque*, de l'autre l'homme contemplatif du dixième livre de cette *Éthique*. L'art royal de l'homme prudent dans la figure du législateur-roi doit s'identifier à la philosophie comme science de la félicité suprême. Ce devoir-être de l'identification a été souligné par Leo Strauss comme un trait distinctif de la philosophie politique d'al-Fārābī : « L'identification de la philosophie, comme art théorique le plus élevé, à l'art royal, comme art pratique le plus élevé, ne peut être strictement valide que si les produits déterminés des deux arts, la science des êtres et le mode de vie désiré, sont identiques, en d'autres termes, si la contemplation elle-même est la plus haute forme d'action[1]. » Si l'art théorique se rapporte aux universaux, l'art royal relève à la fois de l'universel et du particulier. En tant qu'il relève du particulier, il est « prudence », art qui demande « une longueur de l'expérience sur les personnes individuelles » (§ 14d).

Al-Fārābī, dans un autre texte[2], identifie l'art royal à la méthode de formation de la jeunesse telle que Thrasymaque entend la mettre en pratique dans *La République* de Platon. C'est que la méthode de pure « investigation philosophique » pratiquée par Socrate ne suffit pas. Il faut la compléter par celle de Thrasymaque, qui sait s'adresser aux jeunes et qui forme avec Socrate les deux visages du philosophe-législateur ou du législateur-īmām de la cité. Passant en revue le projet éducatif de Platon dans *La Philosophie de Platon, ses parties, l'ordre de ses parties du commencement jusqu'à la fin*, al-Fārābī indique que Platon « expliqua la méthode de Thrasymaque et montra que Thrasymaque[3] était plus à même que Socrate de former le caractère de la jeunesse et d'instruire le grand nombre ; et le philosophe, le prince et le législateur doivent être capables d'utiliser les deux méthodes : la méthode socratique avec l'élite, et la méthode de Thrasymaque avec la jeunesse et le grand nombre » (§ 36). La méthode socratique permet de combattre l'ignorance mais elle est pur amour, aussi ne convient-elle qu'à l'élite. La méthode de Thrasymaque convient aux « jeunes gens et au vulgaire ».

1. Leo Strauss, *Le Platon de Fārābī, op. cit.*, p. 87.
2. Al-Fārābī, *La Philosophie de Platon, ses parties…, op. cit.*
3. Voir *La République*, 498c 9-d 1.

Elle opère graduellement pour déplacer le grand nombre vers un mode de vie vertueux. Mais, le législateur ne peut faire ce déplacement que s'il possède la connaissance ; d'où la nécessaire mixité des deux méthodes.

Ce philosophe-législateur a le souci plus des possessions que des dispositions. Les possessions sont durables, les dispositions ne sont qu'éphémères. Il s'agit « d'implanter solidement le genre de vie » (14 a) approprié à la réalisation de la vertu. Pour ce faire, les images mais aussi les discours persuasifs ont une consistance positive et ne peuvent pas être dénigrés au point de les rejeter de la formation du citoyen. Al-Fārābī n'est pas Platon. La philosophie doit être « un art royal », ce qu'elle n'est pas d'emblée quand on la limite à la pratique socratique de l'examen de la pensée comme « *logos* intérieur ». Le prophète, dans *Les Vues des habitants de la cité vertueuse,* est une figure de ce législateur-philosophe ; il est distingué par sa puissance d'imagination et par la manière dont son intellect reçoit les intelligibles de l'intellect agent. Son imagination, directement informée par l'intellect, lui permet d'aller vite et bien, mais les hommes sont sortis du régime prophétique et le régime historique qui est le leur ne peut plus prendre le prophète que comme mesure et non comme idéal.

La science politique est science de gouvernement en général. Il faut donc y inclure l'ordre du monde et la hiérarchie des êtres qu'al-Fārābī présente dans la pure tradition néoplatonicienne. Au § 20 du *Livre de la religion*, il décrit la dispersion de l'être suite à l'éloignement de l'être le plus parfait : « plus les êtres deviennent pluriels en chaque rang, et plus leur perfection est déficiente ». Le « premier gouvernant » administre la cité « à la faveur de ce que l'inspiration de Dieu lui procure » (§ 27), si bien que Dieu se trouve administrant le monde et la cité ; celle-ci est donc administrée par Dieu grâce à la médiation du « premier gouvernant » qu'on peut identifier au prophète, mais à aucun moment il n'est dit dans ce texte que ce prophète est l'un des prophètes historiquement déterminés. Il apparaît plutôt comme un schème universel pour rendre compte d'une administration de la cité selon la perfection.

Connaissance et mode de vie

Le mode de vie désiré, le mode de vie parfait, de l'être parfait, ne serait pas susceptible d'être atteint chez Platon par un « art syllogistique religieux ». L'*Euthyphron* ou dialogue sur la piété serait, selon al-Fārābī, un dialogue insuffisant pour établir le mode de vie requis par Platon.

Il y a une « délectation », un plaisir à accomplir la philosophie, une folie digne d'éloge, non pas celle du lion ou du bouc, mais celle de l'homme « possédé de l'amour du bien et de la quête des vertus pratiquées dans les lieux de culte et dans les temples », celui qui a une « âme divine », c'est-à-dire qui « est pris de désir et d'amour pour les choses divines »[1]. L'abandon à la divinité, le fait d'en être possédé, est un réquisit pour atteindre la perfection philosophique et politique.

Al-Fārābī considère que, pour l'obtention du bonheur, il ne peut y avoir de simples considérations pratiques. Il faut aussi toute la conception théorique autour de la perfection, notion dont s'occupe le *Timée,* traité sur les êtres divins, donc parfaits.

Ordre du monde et ordre du discours : le statut de la loi, du poème et de la loi comme poème

La perfection suppose un ordre. Al-Fārābī nous parle dans *Le Livre de la religion* du rang de l'homme par rapport à

1. Al-Fārābī, *La Philosophie de Platon, ses parties..., op. cit.*, § 7, p. 53.

Dieu et aux êtres spirituels. Si nous scrutons maintenant l'homme, nous verrons que son âme aussi « possède un ordre proportionné ». Or, pour rendre compte de cet ordre, il convient de s'arrêter à un discours spécifique « sur la proportion et l'agencement ». Il nous a semblé important de joindre à ce texte sur la religion un texte qui problématise la question de la place de l'homme et de la proportion des choses. On y apprend que la question de l'ordre du monde passe par celle de « l'ordre du discours ». C'est bien la poésie dans son versant psychologique et politique, fait de suggestion imaginative et de congruence entre âme et rythme, qui rend compte de ce lien entre monde et discours quant à l'ordre. Le *Compendium des* Lois *de Platon* prolonge cette thématique de l'ordre par le biais d'une analyse fine de la loi comme poème, dans la mesure où le législateur inscrit la loi par le moyen du chant rythmé dans l'âme des citoyens. *Le Livre de la religion* et le commentaire sur les *Lois* de Platon constituent deux façons d'aborder la loi divine comme « loi excellente », prise dans l'horizon d'une perfection cosmique à laquelle l'homme participe. Le texte des « préliminaires indispensables à l'étude de la philosophie » vient rappeler que c'est au moyen de l'étude philosophique que cette perfection cosmique peut être appréhendée par l'homme. Certes, cela est difficile, mais n'oublions pas que « la goutte d'eau à force d'opiniâtreté force le rocher » (§ 19). L'usage d'expressions poétiques de ce genre rattache al-Fārābī à toute une tradition poétique arabe illustre où tantôt le vers, tantôt l'hémistiche, sont utilisés comme des apophtegmes ou des proverbes potentiels. Le texte intitulé *Le Livre de la poésie* explore les règles poétiques selon une méthode comparative entre Arabes et Grecs, méthode qui évite d'essentialiser aussi bien les uns que les autres et qui offre au lecteur, mieux que des pièces doctrinales, des outils pour penser. Le dernier texte sur *Les Règles de l'art des poètes* revient sur cette thèse forte du caractère syllogistique de toutes les formes de pensée. Le poème est un énoncé imitatif qui a une nature syllogistique, au sens où notre plaisir poétique nous fait dire à l'écoute d'un poème : « c'est bien cela ». Certes, nous ne le disons pas comme si nous étions en présence d'un énoncé apophantique, mais l'illustration, la comparaison, la ressemblance relèvent bien de règles universelles qui sont en tant que telles du domaine de la logique.

Bagdad, le chaos et le bon sens

Retracer, comme nous venons de le faire, un milieu philosophique et plus généralement intellectuel dans le Bagdad du Xe siècle ne peut manquer de susciter des comparaisons avec le chaos que vit cette ville aujourd'hui. Il semble que le travail de la civilisation ait été balayé par les violences quotidiennes qui se sont emparées de la ville. Comment continuer à l'appeler *madīnat al-salam* (ville de paix), sinon comme une injonction pour qu'elle en retrouve les traits ? Freud marquait son étonnement, à la suite de la Première Guerre mondiale, devant la pulsion destructive qui peut submerger l'homme. Ce qui est perdu à chaque fois, c'est « le bon sens » (*good sense*) qui selon A.N. Whitehead est la signature d'une civilisation. Le bon sens, ce n'est ni le sens commun (*common sense*), ni le lieu commun (*common place*) ; c'est plutôt ce qu'une culture stabilise d'elle-même dans une forme de spontanéité faite de plaisirs partagés, de convivialité, d'esprit devenu rythme social. Si avec al-Fārābī, on peut dire que « à force d'opiniâtreté, la goutte d'eau force le rocher », il n'est pas interdit de penser, avec Freud, que la petite voix de l'intellect « n'a de cesse qu'elle ne se soit fait entendre. Après avoir essuyé d'innombrables fins de non-recevoir, souvent répétées, elle finit bien par y parvenir[1] ».

1. S. Freud, *L'Avenir d'une illusion*, *Œuvres complètes*, XVIII, trad. fr., Paris, PUF, 1994, p. 194.

كتاب الملّة

بسم الله الرحيم الرحم

(١) الملّة هي آراء و أفعال مقدّرة مقيّدة بشرائط يرسمها للجمع رئيسهم الأوّل، يلتمس أن ينال باستعمالهم لها غرضاً له فيهم أو بهم محدوداً. و الجمع ربّما كان عشيرة، و ربّما كان مدينة أو صقعاً، و ربّما كان أمّة عظيمة، و ربّما كان أمما كثيرة. و الرئيس ‹الأوّل› إن كان فاضلاً و كانت رئاسته فاضلة في الحقيقة، فإنّه إنّما يلتمس بما يرسم من ذلك أن ينال هو وكل مَن تحت رئاسته السعادة القصوى التي هي في الحقيقة سعادة، و تكون تلك الملّة ‹ ملّة› فاضلة. و إن كانت رئاسته جاهليّة، فإنّه إنّما يلتمس بما يرسمه من ذلك أن ينال هو بهم خيراً ‹مّا من الخيرات› الجاهليّة – إمّا الخير الضروريّ الذي هو الصحّة و السلامة و إمّا يسار و إمّا لذّة و إمّا كرامة و جلالة و إمّا غلبة – و يفوز هو بذلك الخير و يسعد به دونهم، و يجعل مَن تحت رئاسته آلات يستعملهم في أن يصل بهم إلى غرضه و يستديمه. و إمّا أن يلتمس بذلك أن ينال ذلك الخير ‹هم› دونه، أو هو و هم جميعاً - و هذان هما أفضل رؤساء الجاهليّة. و إن كانت رئاسته تلك رئاسة ضلالة - بأن يظنّ هو بنفسه الفضيلة و الحكمة و يظنّ به و يعتقد فيه ذلك مَن تحت رئاسته من غير أن يكون كذلك - كان الذي يلتمس بذلك

Le Livre de la religion[1]

Définition de la religion. Religion vertueuse et religion vicieuse

(1) Une religion, ce sont des opinions et des actions réglementées et rattachées à des clauses, que prescrit le premier gouvernant d'un groupe de gens, en revendiquant d'acquérir, à la faveur de leur adoption par eux, un objectif défini qu'il a sur eux ou grâce à eux. Ce groupe peut être un clan, ce peut être une cité ou un district, ce peut être une nation immense, ce peut être une pluralité de nations.

Ainsi, si le premier gouvernant est réellement vertueux et si son gouvernement est réellement vertueux, il revendique seulement, dans ce qu'il en prescrit, d'acquérir, avec tous ceux qui sont sous son gouvernement, la félicité ultime qui est réellement félicité, et cette religion est une religion vertueuse.

Si, en revanche, son gouvernement est ignorant, il revendique seulement, dans ce qu'il en prescrit, d'acquérir grâce à eux l'un des biens de l'ignorance, soit le bien nécessaire, c'est-à-dire la santé et la sécurité, soit une prospérité, soit une jouissance, soit un prestige et une splendeur, soit une victoire : alors, il remporte ce bien, y trouve sa félicité à l'exclusion des gens et fait de ceux qui se trouvent sous son gouvernement des instruments qu'il emploie pour atteindre son objectif et le perpétuer. Ou bien il revendique par là de leur conférer ce bien à son exclusion, ou bien à la fois à eux et à lui-même – et ce sont là les deux gouvernements ignorants les plus vertueux.

Si donc ce sien gouvernement est un gouvernement fourvoyé, en ce qu'il a en son âme une supposition sur la vertu et sur la sagesse et que ceux qui sont sous son gouvernement ont cette supposition et cette opinion à leur sujet sans qu'il en aille ainsi, ce qu'il revendique alors,

1. Texte arabe : *Kitāb Al Milla, wa nuṣūṣ uḫrā*, texte établi par Mushin Mahdi, Beyrouth Dar-al-Machreq, deuxième édition, 1991.

أن ينال هو و مَن تحت رئاسته شيئاً يُظَنّ به السعادة القصوى من غير أن تكون لها حقيقة. و إن كانت «رئاسته» رئاسة تمويه من حيث يتعمّد ذلك ومَن تحت رئاسته لا يشعرون بذاك، فإنّ أهل رئاسته يعتقدون فيه و يظنّون به الفضيلة والحكمة، و يكون ملتمسه بما يرسمه إمّا في الظاهر فأن ينال هو و هم السعادة القصوى و إمّا في الباطن فأن ينال بهم أحد الخيرات الجاهليّة. فإنّ الرئيس الأوّل الفاضل إنّما تكون مهنته ملكيّة مقرونة بوحي من الله إليه. و إنّما يقدّر الأفعال و الآراء التي في الملّة الفاضلة «بالوحي»، و ذلك بأحد وجهين أو بكليهما: أحدهما أن توحى إليه هذه كلّها مقدّرة، و الثاني أن يقدّرها هو بالقوّة التي استفادها «هو» عن الوحي و الموحي تعالى حتّى تكشّفت له بها الشرائط التي بها يقدّر الآراء والأفعال الفاضلة، أو يكون بعضها بالوجه الأوّل و بعضها بالوجه الثاني. و قد تبيّن في العلم النظريّ كيف يكون وحي الله تعالى إلى الإنسان الذي يوحى إليه و كيف تحصل في الإنسان القوّة عن الوحي و الموحي.

(٢)و [ان] الآراء التي في الملّة الفاضلة منها آراء في أشياء نظريّة و آراء في أشياء إراديّة.

c'est [44] d'acquérir, avec ceux qui sont sous son gouvernement, quelque chose dont il suppose que c'est la félicité ultime, sans que cette dernière ait de réalité.

Si, d'autre part, son gouvernement est un gouvernement falsificateur, en ce qu'il agit ainsi de propos délibéré sans que ceux qui sont sous son gouvernement s'en aperçoivent, ses gouvernés sont d'opinion et supposent qu'il s'agit bien de la vertu et de la sagesse et sa revendication, dans la prescription qu'il donne, est en apparence d'acquérir avec eux la félicité ultime, mais au fond des choses il s'agit d'acquérir grâce à eux l'un des biens de l'ignorance.

Quant au premier gouvernant qui est vertueux, son métier est seulement le métier de roi, apparié à une inspiration venue de Dieu, et, quand il règle les actions et les options qui sont celles de la religion vertueuse, c'est uniquement à la faveur de cette inspiration, et cela selon une ou chacune des deux manières que voici : la première est qu'elles lui soient toutes inspirées de manière réglée, et la seconde qu'il les règle lui-même à la faveur d'une capacité dont il bénéficie par l'inspiration et par Celui qui l'inspire (Exalté soit-il !) – tant et si bien que lui sont dévoilées les clauses qui lui servent à régler les opinions et actions vertueuses, ou bien que certaines procèdent de la première manière et les autres de la seconde. Et on a déjà vu clairement, à propos de la science théorique, comment s'effectue l'inspiration de Dieu (Exalté soit-il !) vers un homme qu'il inspire et comment l'inspiration et l'inspirateur donnent jour en lui à cette faculté.

Les opinions et actions de la religion vertueuse

(2) Parmi les opinions qui sont dans la religion vertueuse, il y a des opinions sur des choses liées à la théorie et des opinions sur des choses liées à la volonté.

فالنظريّة ما يوصف الله تعالى به، ثمّ ما يوصف به الروحانيّون و مراتبهم في أنفسهم و منازلهم من الله تعالى و ما فعْل كلّ واحد منهم، ثمّ كون العالم و ما يوصف به العالم و أجزاؤه و مراتب أجزائه، و كيف حدثت الأجسام الأوَل و أنّ من الأوَل أجساماً هي أصول سائر الأجسام [ثمّ] ‹التي› تحدث أوّلا أولا و تبطل، و كيف حدثت سائر الأجسام عن التي هي من الأجسام أصول، ومراتب هذه، و كيف ارتباط الأشياء التي يحويها العالم بعضها ببعض و انتظامها، و أنّ كلّ ما يجري فيها عدل لا جور فيه، و كيف نسبة كلّ واحد منها إلى الله تعالى و إلى الروحانيّين، ثمّ كون الإنسان و حصول النفس فيه، و العقل و مرتبته من العالم و منزلته من الله و من الروحانيّين، ثمّ أن توصف النبوّة ما هي، و الوحي كيف هو و كيف يكون، ثمّ ما يوصف به الموت و الحياة الآخرة، و السعادة التي يصير إليها الأفاضل و الأبرار و الشقاء الذي يصير إليه الأراذل والفجّار في الحياة الآخرة. و الضرب الثاني ما يوصف به الأنبياء و الملوك الأفاضل و الرؤساء الأبرار و أئمة الهدى و الحقّ الذين توالوا في الزمان السالف، و اقتصاص ما اشتركوا فيه و الذي اختصّ به كلّ واحد من أفعال الخير، و ما آلت إليه أنفسهم و أنفس مَن انقاد لهم و اقتدى بهم من المدن و الأمم في الآخرة، و ما يوصف به الملوك الأراذل و الرؤساء الفجّار المتسلّطون من أهل الجاهليّة و أئمة الضلال الذين كانوا في الزمان السالف، و اقتصاص ما اشتركوا فيه و ما اختصّ به كلّ واحد من أفعال الشرّ، و ما

Les théoriques sont ce qui sert à caractériser Dieu, puis ce qui sert à caractériser les êtres spirituels, leur hiérarchie respective, leur rang par rapport à Dieu (Qu'il soit exalté !) et leur action à chacun, puis la génération du monde et ce qui sert à caractériser le monde, ses parties et la hiérarchie de ses parties, la manière dont ont été créés [45] les corps prôneurs, le fait qu'il y a d'entrée de jeu des corps qui sont les principes des autres corps qui sont créés et anéantis successivement, la manière dont les autres corps ont été créés à partir de ces corps qui sont des principes, leur hiérarchie, la manière dont les choses comprises au sein du monde sont reliées et agencées les unes par rapport aux autres, le fait que, dans tout ce qui arrive, il y a de la justice, et non de l'injustice, et la manière dont chacune des ces choses est en rapport avec Dieu (Qu'il soit exalté !) et avec les êtres spirituels, puis la génération de l'homme et la venue de l'âme et de l'intellect en lui, sa hiérarchie par rapport au monde et son rang par rapport à Dieu et aux êtres spirituels, puis la caractérisation de ce qu'est la prophétie, ce qu'il en est de l'inspiration et de la manière dont elle advient, puis ce qui caractérise la mort et la vie dans l'au-delà, ainsi que la félicité atteinte par les vertueux et par les pieux et la cure atteinte par les vicieux et les libertins dans la vie de l'au-delà.

La seconde sorte est ce qui caractérise les prophètes, les rois vertueux, les gouvernants pieux et les prêtres de l'orthodoxie et de la vérité qui se sont succédé par le passé, le récit de ce à quoi ils ont eu part, de ce qui a particularisé chacune de leurs bonnes actions et de ce que leurs âmes ont trouvé dans l'au-delà, les leurs et celles des cités et nations qui leur ont obéi et ont suivi leur exemple, ce qui caractérise les rois vicieux et les gouvernants libertins qui ont régné parmi les gens de l'Ignorance, ainsi que les prêtres fourvoyés qui ont vécu par le passé, le récit de ce à quoi ils ont eu part, de ce qui a particularisé chacune de leurs mauvaises actions et de ce que

آلت إليه أنفسهم و أنفس من انقاد لهم و اقتدى بهم من المدن والأمم في الآخرة، و ما يوصف به ‹مَن› في الزمان الحاضر من الملوك الأفاضل و الأبرار وأئمة الحق، و ذكر ما شاركوا فيه مَن تقدمهم و ما اختصّ به هؤلاء من أفعال الخير، و ما يوصف به الرؤساء الفجّار و أئمة الضلال و أهل الجاهليّة الذين في الزمان الحاضر، واقتصاص ما شاركوا فيه مَن تقدّم و ما اختصّوا به من أفعال الشرّ و ما تؤول إليه أنفسهم في الآخرة. و ينبغي أن تكون الصفات التي توصف بها الأشياء التي تشتمل عليها آراء الملة صفات تخيّل إلى المدنيّين جميع ما في المدينة من الملوك و الرؤساء و الخدم و مراتبهم و ارتباط بعضهم ببعض و انقياد بعضهم لبعض و جميع ما يُرسَم لهم ليكون ما يوصف لهم من تلك مثالات يقتفونها في مراتبهم و أفعالهم. فهذه هي الآراء التي في الملّة.

(٣) وأمّا الأفعال فأوّلها الأفعال و الأقاويل التي يُعظَّم الله بها و يُمجَّد، ثمّ التي يُعظَم بها الروحانيّون الملائكة، ثمّ التي يُعظم بها الأنبياء و الملوك الأفاضل و الرؤساء الأبرار و أئمّة الهدى الذين كانوا فيما سلف، ثمّ التي يُخسَّس بها الملوك الأراذل و رؤساء الفجّار و أئمّة الضلال ممّن سلف وتُقبَّح به أمورهم. ‹ثمّ› التي يُعظَم بها مَن في الزمان من الملوك الأفاضل و الرؤساء الأبرار وأئمّة الهدى و يُخسَّس مَن في الزمان من أضدادهم. ثمّ من بعد هذا كلّه تقدير الأفعال التي بها تكون معاملات أهل المدن، إمّا فيما ينبغي أن يعمله الإنسان بنفسه و إمّا فيما ينبغي أن يعامل به غيره، و تعريف العدل في شيء شيء من هذه الأفعال.

فهذه جملة ما تشتمل عليه الملّة الفاضلة.

leurs âmes ont trouvé dans l'au-delà, les leurs et celles des cités et nations qui leur ont obéi et ont suivi leur exemple, ce qui caractérise les rois vertueux, les pieux et les prêtres de vérité à l'époque actuelle, l'évocation de ce en quoi ils sont associés à leurs prédécesseurs et de ce qui particularise leurs bonnes actions, ce qui caractérise les gouvernants libertins, les prêtres fourvoyés et les gens de l'Ignorance à l'époque actuelle, et le récit de ce en quoi ils sont associés à leurs prédécesseurs, des mauvaises actions qui les particularisent et de ce que leurs âmes vont trouver dans l'au-delà.

Et il faut que les caractérisations qui servent à caractériser les choses embrassées par les opinions de la religion <vertueuse> soient suggérées à l'imagination des citoyens par tous les rois et gouvernants de la cité, ainsi que par leurs ministres et par leur hiérarchie, avec le lien qui les unit les unes aux autres, leur conformité les unes avec les autres et tout ce qui leur est prescrit, afin qu'à partir de ce qui leur est décrit il y ait des illustrations qu'ils suivent dans leur hiérarchie et dans leurs actions. Telles sont donc les opinions qui se trouvent dans la religion [46].

(3) Quant aux actions, ce sont en premier lieu les actions et les discours qui exaltent Dieu et le glorifient, puis ceux qui exaltent les êtres spirituels et les anges, puis ceux qui exaltent les prophètes, les rois vertueux, les gouvernants pieux, les prêtres de l'orthodoxie qui ont existé par le passé, puis ceux qui abominent les rois vicieux, les gouvernants libertins et les prêtres fourvoyés du temps passé et vilipendent leurs œuvres, puis ceux qui glorifient les rois vertueux, les gouvernants pieux et les prêtres de l'orthodoxie de l'époque actuelle et abominent ceux qui sont au contraire en l'époque actuelle. Ensuite, et après tout cela, c'est de réglementer des actions qui constituent des occupations des gens de la cité, soit dans le travail qu'un homme doit faire par lui-même, soit dans ce en quoi il doit associer un autre à son travail, et de faire connaître la justice en chacune de ces actions.

(٤) و الملّة و الدين يكادا يكونانِ اسمين مترادفين، و كذلك الشريعة و السنّة، فإنّ هذين إنّما يدلاّن ويقعان عند الأكثر على الأفعالِ المقدَّرة من جزأي الملّة. و قد يمكن أن تسمّى الآراء المقدَّرة أيضاً شريعة، فيكون الشريعة و الملّة و الدين أسماء مترادفة. فإنّ الملّة تلتئم من جزئين: من تحديد آراء و تقدير أفعال. فالضرب الأوّل من الآراء المحدودة في الملّة ضربان: إمّا رأيٌ عُبّر عنه باسمه الخاصّ به الذي جرت العادة بأن يكون دالاً على ذاته، و إمّا رأيٌ عُبّر عنه باسم مثاله المحاكي له، فالآراء المقدَّرة التي في الملّة الفاضلة إمّا حقّ و إمّا مثال الحقّ. و الحقّ بالجملة ما تيقّن به الإنسان إمّا بنفسه بعلم أوّل و إمّا ببرهان. و كلّ ملّة لم يكن الضرب الأوّل من الآراء التي فيها يشمل على ما يمكن أن يتيقّن به الإنسان لا من ذاته و لا ببرهان، و لا كانٍ فيه مثال لشيء يمكن أن يتيقّن به بأحد هذين الوجهين، فتلك ملّة ضلالة.

Quelques points de dénomination

(4) « Religion » et « foi » sont presque des noms synonymes, et il en va de même pour « loi divine » et « coutume religieuse », parce que ces deux derniers mots ne désignent et ne recouvrent, dans la plupart des cas, que les actions réglementées du point de vue des deux parties de la religion. Il peut arriver que les opinions réglementées portent aussi le nom de « loi divine » : alors, « loi divine », « religion » et « foi » sont des noms synonymes. En effet, la religion est l'unité des deux parties, la définition d'opinion et la réglementation d'actions.

Quant à la première sorte des opinions définies par la religion, elle est de deux sortes : ou bien il s'agit d'une opinion exprimée par son nom particulier, celui dont l'habitude s'est prise qu'il désigne cette opinion elle-même, ou bien il s'agit d'une opinion désignée par le nom de l'illustration qui l'imite, car les opinions réglées de la religion vertueuse sont ou bien une vérité, ou bien une illustration de la vérité.

Religion et philosophie

Or la vérité, de manière générale, est ce dont l'homme acquiert une certitude, soit par lui-même et à la faveur d'une science première, soit à la faveur d'une démonstration. Et toute religion où ne se trouve pas cette première sorte d'opinions qui comprend ce dont un homme peut acquérir la certitude, soit par soi, soit par démonstration, et où il ne se trouve pas d'illustration de quelque chose dont on puisse acquérir la certitude de l'une de ces deux manières, est une religion fourvoyée.

(٥) فالملّة الفاضلة شبيهة بالفلسفة. و كما أنّ الفلسفة منها نظريّة و منها عمليّة، فالنظريّة الفكريّة هي التي إذا علمها الإنسان لم يمكنه أن يعملها، و العمليّة هي التي إذا علمها الإنسان أمكنه أن يعملها، ‹كذلك الملّة›. و العمليّة في الملّة هي التي كلّيّاتها في الفلسفة العمليّة. و ذلك أنّ التي في الملّة من العمليّة هي تلك الكلّيّات مقدّرة بشرائط قيّدت بها، فالمقيَّد بشرائط هو أخصّ ممّا أطلق بلا شرائط، مثل قولنا «الإنسان الكاتب» هو أخصّ من قولنا «الإنسان». فإذن الشرائع الفاضلة كلّها تحت الكلّيّات في الفلسفة العمليّة. و الآراء النظريّة التي في الملّة براهينها في الفلسفة النظريّة، و تؤخذ في الملّة بلا براهين. فإذن الجزءان اللذان منهما تلتئم الملّة هما تحت الفلسفة، لأنّ الشيء إنّما يقال إنّه جزء لعلم أو إنّه تحت علم بأحد وجهين: إمّا أن تكون براهين ما أخذ فيه بلا براهين هي في ذلك العلم أو إذا كان العلم الذي يشتمل على الكلّيّات هو الذي يعطي أسباب الجزئيّات التي تحته. فالجزء العمليّ من الفلسفة إذن هو الذي يعطي أسباب الشرائط التي يُقدَّر بها الأفعال لأجل أي شيء شرطت و أيّ غرض قصد أن يُنال بتلك الشرائط. و إذا كان علم الشيء هو العلم البرهانيّ، فهذا الجزء من الفلسفة هو الذي يعطي إذن برهان الأفعال المقدَّرة التي في الملّة الفاضلة. و قد كان الجزء النظريّ من الفلسفة هو الذي يعطي براهين الجزء النظريّ من الملّة، فإذن الفلسفة هي التي تعطي براهين ما تحتوي عليه الملّة الفاضلة. فإذن المهنة الملكيّة التي عنها تلتئم الملّة الفاضلة هي تحت الفلسفة.

(5) Ainsi la religion vertueuse ressemble-t-elle à la philosophie. De même qu'il y a une philosophie théorique et une philosophie pratique, la théorique et spéculative étant celle qu'un homme, quand il la sait, ne peut mettre en pratique [47] et la pratique celle qu'un homme, quand il la sait, peut mettre en pratique, il en va de même pour la religion.

De plus, les choses pratiques de la religion sont ce dont les universaux se trouvent dans la philosophie pratique. En effet, les choses pratiques de la religion sont ces universaux réglementés par des clauses qui leur ont été attachées. Or ce qui est attaché à des clauses est plus particulier que ce qui est absolu et sans clause : par exemple, lorsque nous disons « l'homme qui écrit », cela est plus particulier que « l'homme ». Il s'ensuit donc que toutes les lois divines vertueuses tombent sous les universaux de la philosophie pratique.

Quant aux opinions théoriques de la religion, leurs démonstrations se trouvent dans la philosophie théorique et elles sont prises dans la religion sans démonstration.

Il s'ensuit donc que les deux parties dont l'agglomération fait la religion tombent sous la philosophie, parce qu'on ne dit d'une chose qu'elle est partie d'une science, ou tombe sous une science, que de l'une des deux manières que voici : premièrement en tant que les démonstrations de ce qui y est pris sans démonstration se trouvent dans cette science, ou bien lorsque la science qui embrasse les universaux est ce qui donne les causes des particuliers qui tombent sous elle.

Il s'ensuit donc que la partie pratique de la philosophie est ce qui donne les causes des clauses qui réglementent les actions en vue de quelque chose que l'on soumette à une clause et de quelque fin que l'on prenne pour objectif d'atteindre au moyen de ces clauses. Si d'autre part la science d'une chose en est la science démonstrative, c'est donc cette partie de la philosophie qui donne les démonstrations de ce qui est compris dans la religion vertueuse. Il s'ensuit donc que le métier royal, à partir duquel la religion s'agglomère, tombe sous la philosophie.

(٦) و إذا كان الجدل يعطي الظنّ القويّ فيما تعطي فيه البراهين اليقين أو في كثير منها، و ‹كانت الخطابة تقنع› في كثير ممّا ليس شأنه أن يبرهَن و لا أيضاً ممّا ينظر فيه الجدل، و كانت الملةِ الفاضلة ليست إنّما هي للفلاسفة أو لمن منزِلته أن يفهم ما يخاطَب به على طريق الفلسفة فقط، بل أكثر مَن يُعلم آراء الملّة و يُلقّنها و يؤخذ بأفعالها ليست تلك منزلته – و ذلك إمّا بالطبع و إمّا لأنّه مشغول عنه – و كانوا أولئك ليس ممّن لا يفهم المشهورات أو المقتعات، صار الجدل و الخطابة لذلك السبب عظيمي الغناء في أن تُصحَّح بهما آراء الملّة عند المدنيّين و تُنصَر بهما و يدافَع عنها و تُمكَّن في نفوسهم و في أن تُنصَر بهما تلك الآراء إذا ورد مَن يروم مغالطة أهلها بالقول وتضليلهم و معاندتها.

(٧) و الرئيس الأوّل قد يلحقه و يعرض له أن لا يقدّر الأفعال كلّها و يستوفيها فيقدّر أكثرها، و ‹قد› يلحقه في بعض ما يقدّره أن لا يستوفي شرائطها كلها بل يمكن أن تبقى أفعال كثيرة ممّا سبيلها أن تقدّر فلا يقدّرها لأسباب

Religion et dialectique, religion et rhétorique

(6) Et puisque la dialectique donne une supposition forte dans les choses où les démonstrations donnent la certitude, ou dans beaucoup d'entre elles, puisque la rhétorique persuade un grand nombre de choses qui n'ont pas pour nature d'être démontrées, ni non plus d'être examinées par la dialectique, et puisque la religion vertueuse n'est pas destinée aux seuls philosophes, ni aux hommes qui ont rang pour comprendre les propos qui ne sont tenus que sur un mode philosophique, et que ceux à qui on enseigne les opinions de la religion, à qui on les inculque et qui s'occupent de ses actions n'ont pas ce rang (cela [48] soit par nature, soit parce que des occupations les en détournent) mais que ce ne sont pas des hommes à ne pas comprendre les choses bien connues ou persuadées, la dialectique et la rhétorique ont pour cette raison acquis une valeur immense en ce qu'elles permettent de vérifier les opinions de la religion auprès des citoyens, de les examiner, de les défendre, de les implanter solidement en leur âme et de secourir ces opinions s'il arrive quelqu'un qui désire plonger ses sectateurs dans l'erreur par son discours, les fourvoyer et la controverser.

Compléments et rectifications à apporter.
Premier cas : le législateur ultérieur

(7) Il peut s'attacher ou advenir accidentellement que le premier gouvernant ne réglemente pas et n'épuise pas toutes les actions, tout en réglementant la plupart d'entre elles. Il peut aussi s'attacher à lui, dans une partie de ce qu'il règle, qu'il n'en épuise pas toutes les clauses.

Il est alors possible qu'il reste un grand nombre d'actions qui devraient être réglementées et qui ne sont pas réglementées pour des raisons accidentelles,

تعرض: إمّا لأنّ المنيّة تخترمه و تعاجله قبل أن يأتي على جميعها و إمّا لأشغال ‹ضروريّة› تعوقه من حروب و غيرها و إمّا لأنّه لا يقدّر الأفعال إلاّ عند حادث حادث و عارض عارض ممّا يشاهده ‹هو› أو ‹ممّا› يسأل عنه، فيقدّر حينئذ و يشرّع و يسنّ ما ينبغي أن يُعْمَل في ذاك النوع من الحوادث، فلا تعرض كل العوارض في زمانه و لا في البلد الذي هو فيه، فتبقى أشياء كثيرة ممّا يجوز أن يعرض في غير زمانه أو في غير بلده يُحتاج فيها إلى فعل محدود مقدَّر في ذلك الشيء العارض فلا يكون ‹هو› شرّع فيها شيئاً، أو يعمد إلى ما يظنّ أو يعلم أنّها من الأفعال أصول تمكّن غيره أن يستخرج عنها الباقية فيشرّع فيها كيف و كم ينبغي أن تُعْمَل و يترك الباقية عَلْماً منه أنّه يمكن أن يستخرجها غيره إذا ‹قصد قصده و› احتذى حذوه، أو يرى أن يبتدئ في أن يشرّع و يقدّر الأفعال التي هي أعظم قوّة و أكثر نفعاً و أشدّ غنى و جدوى في أن تلتئم بها المدينة و ترتبط و ينتظم أمرها، فيشرّع في تلك وحدها و يترك الباقية إمّا لوقت فراغه ‹لها› أو لأنّ غيره ‹يمكنه أن› يستخرجها، إمّا في زمانه و إمّا بعده، إذا احتذى حذوه.

(٨) فإذا خلفه بعد وفاته من هو مثله في جميع الأحوال كان الذي يخلفه هو الذي يقدّر ما لم يقدّره الأوّل، و ليس هذا فقط، بل ‹و› له ‹أيضاً› أن يغير كثيراً مما شرعه الأوّل، فيقدّره غير ذلك التقدير إذا علم أنّ ذلك هو الأصلح في زمانه، لا لأنّ الأوّل أخطأ، لكن الأوّل قدّره بما هو الأصلح في زمانه، و قدّر هذا بما هو الأصلح بعد زمان الأوّل، و يكون ذلك مما لو شاهده الأوّل لغيره أيضاً. و كذلك إذا

soit parce que le trépas l'a emporté et a réclamé sa dette avant qu'il ait tout parcouru, soit à cause d'occupations nécessaires, guerres et autres, qui l'ont entravé, soit parce qu'il ne réglementait les actions qu'au fur et à mesure des événements et des incidents dont il était témoin ou sur lesquels on venait le questionner : alors, il réglementait, légiférait et instituait ce qu'il faut faire lors d'événements de cette espèce, mais tous les incidents ne sont pas advenus de son temps, ni dans la contrée où il se trouvait et il est ainsi bien des choses qui ont licence d'advenir en un autre temps ou en une autre contrée, où l'on a besoin d'une action définie et réglementée à propos de [49] cet incident où il n'a rien légiféré. Ou bien il se décide pour les actions dont il suppose ou sait que ce sont des principes qui mettent autrui à même d'en déduire le reste, légifère à leur sujet la qualité et la quantité selon lesquelles il faut les accomplir et délaisse le reste en sachant qu'un autre est capable de le déduire s'il adopte son objectif et suit son exemple. Ou bien il est d'avis de commencer la législation et de réglementer les choses de la plus haute importance, de la plus grande utilité et de la valeur et de l'efficace les plus fortes pour agglomérer la cité, la lier et l'ordonner : il ne légifère alors que sur ces dernières et laisse le reste, soit pour un moment de loisir, soit pour qu'un autre soit à même de les déduire, soit de son temps, soit après lui, s'il suit son exemple.

(8) Ainsi, si lui succède, après son décès, un homme semblable à lui à tous égards, c'est ce successeur qui règle ce que le premier n'avait pas réglé. Et les choses ne s'arrêtent pas là, mais il a aussi licence d'altérer bien des choses légiférées par le premier et de les régler selon un autre règlement, s'il sait que ce dernier est le plus concret de son temps, non pas parce que le premier se serait trompé, mais parce que le premier les avait réglementées d'après ce qui était le plus concret en son temps, qu'il les règle d'après ce qui est le plus concret après son temps et que cela relève de ce dont, si le premier en avait été témoin, il l'aurait altéré lui aussi. De même s'il

خلف الثاني ثالث مثل الثاني في جميع أحواله، و الثالث رابع، فإنّ للتالي أن يقدر من تلقاء نفسه ما لا يجده مقدراً، و له أن يغير ما قدره من قبله، لأنّ الذي قبله لو بقي لغير أيضاً ذلك الذي ‹غيره الذي› بعده.

(٩) و أمّا إذا مضى واحد من هؤلاء الأئمّة الأبرار الذين هم الملوك في الحقيقة و لم يخلفه مَن هو مثله في جميع الأحوال احتيج في كل ما يعمل في المدن التي تحت رئاسة مَن تقدّم إلى أن يحتذي في التقدير حذو من تقدّم و لا يخالف و لا يغيّر بل يُبقي كل ما قدّره المتقدّم على حاله، و ينظر إلى كلّ ما يحتاج إلى تقدير ممّا لم يصرّح به مَن تقدّم فيستنبط و يستخرج عن الأشياء التي صرّح الأوّل بتقديرها، فيضطرّ حينئذ إلى صناعة الفقه، و هي التي يقتدر الإنسان بها على أن يستخرج و يستنبط صحّة تقدير شيء شيء ممّا لم يصرّح واضع الشريعة بتحديده عن الأشياء التي صرّح ‹فيها› بالتقدير، و تصحيح ذلك بحسب غرض واضع الشريعة بالملّة ‹بأسرها› ‹التي شرّعها› في الأمّة التي لهم شرّعت. و ليس يمكن هذا التصحيح أو يكون صحيح الاعتقاد لآراء تلك الملّة فاضلاً بالفضائل التي هي في تلك الملة فضائل. فمَن كان هكذا فهو فقيه.

(١٠) و إذا كان التقدير في شيئين – في الآراء و ‹في› الأفعال – لزم

en succède au deuxième un troisième [50], semblable au deuxième à tous égards, et au troisième un quatrième : le suivant a licence de régler de sa propre initiative ce qu'il ne trouve pas avoir été réglé, et il a liberté d'altérer ce que son prédécesseur a réglé, parce que son prédécesseur, s'il était resté, aurait altéré lui aussi ce qu'a altéré son successeur.

Compléments à apporter. Le second cas :
naissance et tâche du juriste

(9) En revanche, lorsque l'un de ces prêtres pieux qui sont les rois réels trépasse sans que lui succède un homme semblable à lui à tous égards, ce dernier homme a besoin, pour tout ce qui se fait dans les cités qui se trouvaient sous le gouvernement de son prédécesseur, de suivre dans la réglementation l'exemple du précédent, sans diverger ni altérer, et que tout ce que le précédent avait réglé reste en place.

Il considère alors tout ce qui a besoin d'être réglé parmi ce que le prédécesseur n'avait pas explicité, le découvre et le déduit à partir de ce que le premier avait explicité en réglementant, et c'est ici que l'on se trouve contraint à l'art de la jurisprudence, savoir celui qui sert à un homme à déduire et à découvrir selon une réglementation valide chacune des choses que le législateur n'avait pas explicitée dans sa définition, à partir de ce dont il a explicité la réglementation, et la vérification de cela eu égard à l'objectif qui était celui du législateur pour la totalité de la religion pour la nation qui n'avait pas de législation. Et cette vérification ne peut avoir lieu s'il n'y a un homme dont la croyance sur les opinions de cette religion est valide et qui est vertueux des vertus en cette religion. Et l'homme qui est ainsi fait est un juriste.

(10) De la sorte, dès lors que la réglementation consiste en deux choses, les opinions et les actions, cela implique

أن تكون صناعة الفقه جزئين: جزءاً في الآراء و جزءاً في الأفعال. فالفقيه في الأفعال يلزمه أن يكون قد استوفى علم كلّ ما صرّح واضع الشريعة بتحديده من الأفعال. و التصريح ربّما كان بقول و ربما كان بفعل يفعله واضع الشريعة، فيقوم فعله ذلك مقام قوله في ذلك الشيء أنّه ينبغي أن يُفعَل فيه كذا و كذا. و أن يكون مع ذلك عارفاً بالشرائع التي إنّما شرّعها الأوّل بحسب وقت مّا ثمّ أبدل مكانها غيرها و استدامها ليحتذي في زمانه حذو الأخيرة لا الأولى. و يكون أيضاً عارفاً باللغة التي بها كانت مخاطبة الرئيس الأوّل، و عادات أهل زمانه في استعمالهم لغتهم، و ما كان منها يُستعمَل في الدلالة على الشيء بجهة الاستعارة له و هو في الحقيقة اسم غيره، لئلاّ يظنّ بالشيء الذي استعير له اسم شيء آخر ‹أنه عند› ما لفظ به أراد ذلك الشيء الآخر، أو يظنّ أنّ هذا هو ذاك. و يكون له مع ذلك جودة فطنة للمعنى الذي أريد بالاسم المشترَك في الموضع الذي استُعمل فيه ذلك الاسم، و كذلك متى كان الاشتراك ‹في القول›. و يكون له جودة فطنة أيضاً للذي يُستعمَل على الإطلاق و مقصد القائل أخصّ منه، و الذي يُستعمَل في ظاهر القول على التخصيص و مقصد القائل أعمّ منه، و الذي يُستعمَل على التخصيص أو على العموم أو على الإطلاق و مقصد القائل هو ما يدل ذلك عليه في الظاهر. و يكون له معرفة بالمشهور من الأمور و الذي هو في العادة. و يكون له مع ذلك قوّة على أخذ التشابه و التباين في الأشياء، و قوّة على اللازم للشيء من غير اللازم– و ذلك يكون بجودة الفطرة و بالدربة الصناعيّة – و يصل إلى ألفاظ واضع الشريعة في جميع ما شرّعه بقول، و إلى أفعاله فيما شرّعه بأن فعله و لم ينطق به

que l'art de la jurisprudence ait deux parties, l'une sur les opinions et l'autre sur les actions.

Quant au juriste sur [51] les actions, cela implique qu'il ait épuisé la science de toutes les actions que le législateur a explicitées dans sa définition (cette explicitation peut avoir été effectuée au moyen d'un discours, ou bien au moyen d'une action que le législateur accomplit, cette action de sa part tenant lieu d'un discours de sa part sur cette chose qui doit être faite comme ceci et comme cela), qu'il connaisse en outre les lois que le premier n'a instituées qu'eu égard à un moment donné, puis qu'un autre a remplacées et perpétuées, afin de suivre à son époque l'exemple des dernières, et non celui des premières, et qu'il connaisse également la langue dans laquelle le premier gouvernant conversait, l'habitude qui était celle des hommes de son temps dans l'emploi de leur langue, ce qui en était employé pour désigner quelque chose sous un point de vue métaphorique tout en étant en réalité le nom d'autre chose, afin d'éviter de supposer de la chose à laquelle on a appliqué métaphoriquement le nom d'une autre que en prononçant ce mot, il a voulu dire cette autre chose, ou bien de supposer que celle-ci est celle-là. Il lui faut en outre une excessive perspicacité de ce qui s'emploie dans l'absolu tandis que l'objectif de son auteur était plus particulier, de ce qui s'emploie, à en juger par l'apparence du discours, de manière particulière alors que l'objectif de l'auteur était plus général, et de ce qui s'emploie de manière particulière, ou générale ou absolue et où l'objectif de l'auteur est bien ce qu'il désigne en apparence. Et il faut qu'il ait la connaissance des faits bien connus et de ceux qui sont dans la coutume, qu'il ait en outre une capacité à prendre les ressemblances et les divergences parmi les choses, une capacité pour ce qui est impliqué par quelque chose et ce qu'elle n'implique pas (ce qui ne s'acquiert que par une excellente disposition innée et par une expérience formée par l'art), qu'il se penche sur les mots du législateur dans tout ce qu'il a légiféré par un discours, ainsi que sur ses actions là où il a légiféré par son acte et sans le prononcer,

إمّا بالمشاهدة و السماع منه إن كان في زمانه و صَحَبه و إمّا بالأخبار عنه – و الأخبار عنه إمّا مشهورة و إمّا مقنعة، و كل واحدة من هذه إمّا مكتوبة و إمّا غير مكتوبة. و الفقيه في الآراء المقدرة في الملّة ينبغي أن يكون قد علم ما علمه الفقيه في الأعمال. فالفقه في الأشياء العمليّة من الملّة إذن إنّما يشتمل على أشياء هي جزئيّات الكلّيات التي يحتوي عليها المدنيّ، فهو إذن جزء من أجزاء العلم المدنيّ و تحت الفلسفة العمليّة. و الفقه في الأشياء العلميّة من الملّة مشتمل إمّا على جزئيّات الكلّيات التي تحتوي عليها الفلسفة النظريّة و إمّا على ‹ما هي› مثالات لأشياء تحت الفلسفة النظريّة، فهو إذن جزء من الفلسفة النظريّة و تحتها ‹و العلم النظريّ الأصل›.

(١١) و العلم المدنيّ يفحص أوّلا عن السعادة. و يعرّف أن السعادة ضربان: سعادة يُظنّ بها أنّها سعادة من غير أن تكون كذلك، و سعادة هي في الحقيقة سعادة – و هي التي تُطلب لذاتها و لا تطلب في وقت من الأوقات ليُنال بها غيرها، و سائر الأشياء الأخر إنّما تُطلب لتنال هذه، فإذا نيلت كفّ الطلب. و هذه ليست تكون في هذه الحياة بل في الحياة الآخرة التي ‹تكون› بعد هذه، و هي تسمّى السعادة القصوى. و ‹أمّا› التي يُظنّ بها أنّها سعادة و ليست كذلك فهي

soit par témoignage et par ouï-dire, s'il existe [52] à son époque des compagnons de cet homme, soit à la faveur de traditions (et ces traditions sont soit bien connues, soit masquées, et dans chacun de ces deux cas, elles sont ou bien écrites, ou bien non écrites).

Quant au juriste sur les opinions réglées de la religion, il faut qu'il sache déjà ce que sait le juriste sur les actes.

Il s'ensuit donc que la jurisprudence sur les choses pratiques de la religion embrasse seulement des choses qui sont les particuliers des universaux qu'englobe la science politique, et qu'il ne s'agit que de l'une des parties de la science politique et qu'elle tombe sous la philosophie pratique, tandis que la jurisprudence sur les choses scientifiques de la religion embrasse ou bien des particuliers des universaux englobés par la philosophie théorique, ou bien des illustrations de choses qui tombent sous la philosophie théorique, et qu'elle est par conséquent l'une des parties de la philosophie théorique et tombe sous elle, la science théorique étant le principe.

La science politique. La fin : la félicité

(11) Or l'investigation de la science politique porte au premier chef sur la félicité. Elle fait connaître alors que la félicité est de deux sortes, une félicité dont l'on suppose qu'elle est félicité sans qu'elle le soit, et une félicité qui est en réalité félicité, savoir celle que l'on recherche pour elle-même et que l'on ne recherche à aucun moment pour acquérir autre chose grâce à elle, le reste étant seulement recherché pour acquérir cette dernière, car une fois qu'elle est acquise, la recherche est satisfaite. Et cette dernière ne se trouve pas en cette vie, mais dans celle qui lui fait suite dans l'au-delà, et porte le nom de félicité ultime. Quant à celle que l'on suppose qu'elle est félicité sans qu'elle le soit,

مثل الثروة و اللذّات أو الكرامة و أن يُعظَّم الإنسان أو غير ذلك من التي تُطلَب و تُقتنى في هذه الحياة من التي يسمّيها الجمهور خيرات.

(١٢) ثمّ يفحص عن الأفعال و السير و الأخلاق و الشيم و الملكات الإراديّة حتّى يستوفيها كلّها و يأتي عليها.

(١٣) ثمّ يبيّن أنّ هذه ليس يمكن أن توجَد جميعاً في إنسان واحد، ‹و لا أن يستعملها إنسان واحد›، بل إنّما يمكن أن تُستعمَل و تظهر بالفعل بأن تتوزّع في جماعة. و يبيّن أنّها إذا توزّعت في جماعة، فليس يمكن [أن يقوم] مَن يُفوَّض إليه نوع من هذه أن يقوم بذلك و لا أن يستعمله دون أن يعاونه آخر بالنوع الذي فوّض إليه القيام به، و لا أيضاً ذلك يمكنه أن يقوم بما فُوّض إليه دون أن يعاونه ثالث بالنوع الذي فوّض إليه القيام به. و أنّه لا يمتنع مع ذلك أن [لا] يوجد فيهم من لا يمكنه القيام بفعله الذي فوّض إليه دون أن تعاونه جماعة كل واحد منهم بالنوع الذي فوّض إليه القيام به: مثال ذلك أنّ الذي يفوَّض إليه القيام بأمر الفلاحة لا يتمّ فعله دون أن يعاونه النجّار بأن يعدّ له خشبة الكراب و يعدّ له الحدّاد حديدة الكراب و يعدّ له البقّار بقر الفَدان. فيبيّن أنّ الأفعال و الملكات الإراديّة ليس يمكن أن يُبلَغ بها الغرض دون أن تتوزّع أنواعها في جماعة عظيمة إمّا واحد واحد منها على واحد

il s'agit par exemple de la richesse et des jouissances, ou du prestige et de l'exaltation d'un homme, ou d'autre chose parmi ce qui est recherché et possédé en cette vie et que le vulgaire nomme bien [53].

La science politique. Les moyens : nécessité du corps social

(12) Ensuite, elle investigue les actions, les genres de vie, les mœurs, les caractères et les habitus volontaires, jusqu'à avoir épuisé et parcouru tout cela.

(13) Ensuite, elle fait voir que tout ne peut se trouver à la fois en un seul homme, ni être employé par un seul homme, mais que cela ne peut être employé et se manifester en acte qu'en se répartissant au sein d'un groupe. Elle fait alors voir que, si cela est réparti au sein d'un groupe, il ne peut se faire qu'il y ait une personne déléguée à une espèce de ces choses qui s'en occupe et en use sans qu'un autre l'aide au moyen de l'espèce dont l'occupation lui a été déléguée, et que ce dernier à son tour ne peut s'occuper de ce qui lui a été délégué sans qu'un troisième l'aide au moyen de l'espèce dont l'occupation lui a été déléguée. Que, de surcroît, rien n'empêche qu'il y ait parmi eux quelqu'un qui ne puisse s'occuper de l'acte qui lui a été délégué sans se faire aider par un groupe, chacun l'aidant au moyen de l'espèce dont l'occupation lui a été déléguée. Par exemple, celui à qui l'occupation agricole a été déléguée ne mène pas son acte à terme sans que le menuisier l'aide en lui procurant le bois de la charrue, sans que le forgeron lui procure le fer de la charrue, sans que le bouvier lui procure les bœufs de l'attelage. Elle fait voir ainsi que les actions et les habitus volontaires ne peuvent permettre d'atteindre le but sans que les espèces en soient réparties au sein d'un groupe immense, soit chacune pour chaque

واحد من الجماعة أو واحد واحد على طائفة طائفة من الجماعة، حتى يكون تعاون طوائف الجماعة بالأفعال و الملكات التي فيها على تكميل الغرض بجملة الجماعة كتعاون أعضاء الإنسان بالقوى التي فيها على تكميل الغرض بجملة البدن، و أنّه يلزم لذلك أن يكون الجماعة متجاورين في مسكن [بالتجاور] ‹واحد›، و يحصي أصناف الجماعات المتجاورة في مسكن واحد، و أنّ منها جماعة مدنيّة و منها جماعة أميّة و غير ذلك.

(١٤) ثمّ يميّز السير و الأخلاق و الملكات التي إذا استُعملت في المدن أو الأمم عمرت بها مساكنهم و نال بها أهلها الخيرات في هذه الحياة الدنيا و السعادة القصوى في الحياة الأخرى، و يفردها عن التي ليست كذلك، و أنّ التي تُنال بها السعادة القصوى من الأفعال و السير و الأخلاق و الشيم و الملكات الإراديّة هي الفاضلة وحدها و هي الخيرات وحدها و هي الجميلة في الحقيقة، و ما عداها من الأفعال و الملكات فهي المظنون بها ‹أنها› خيرات أو فضائل أو جميلة من غير أن تكون كذلك، بل هي في الحقيقة شرور.

(١٤ آ) و يبيّن أنّ التي شأنها أن توزّع في المدينة أو في المدن أو في أمّة أو في أمم لتُستعمَل استعمالاً مشتركاً إنّما يتأتّى ذلك برئاسة تمكّن تلك الأفعال و الملكات في المدينة أو في الأمّة و تجتهد في أن تحفظها عليهم حتّى لا تزول عنهم و لا تبيد، و أنّ الرئاسة التي بها تمكّن فيها تلك السير و الملكات و تحفظها عليهم ليس يمكن أن تكون إلّا بمهنة و صناعة و ملكة و قوّة تكون عنها الأفعال التي بها تمكّن فيهم و

individu du groupe, soit chacune pour chaque classe du groupe, de sorte que l'assistance apportée par les classes du groupe au moyen des actions et des habitus qui sont les siens permette à l'objectif d'atteindre sa perfection dans la totalité du corps, et que cela implique que les gens de ce groupe soient voisins dans un lieu d'habitation unique et qu'il y ait parmi eux un groupe civique, un groupe national, etc. [54].

La science politique. Les moyens : le gouvernement

(14) Ensuite, on discrimine les genres de vie, les mœurs et les habitus dont l'usage parmi les cités ou les nations leur permet de développer leur lieu d'habitation et procure à ses habitants les biens dans cette vie ici-bas et la félicité ultime dans celle de l'au-delà, en les isolant de ceux qui ne le permettent pas, et on établit que les actions, genres de vie, mœurs, caractères et habitus volontaires qui permettent d'acquérir la félicité ultime sont les seules vertus, les seuls biens et les choses réellement belles, tandis que les autres actions et possessions sont celles dont on suppose que ce sont des biens, des vertus ou de belles choses sans l'être et étant en réalité mauvaises.

(14a) Et l'on fait voir que, pour ceux qui ont pour nature d'être répartis au sein de la cité, ou de cités, ou d'une nation, ou de nations, afin qu'on en use d'un usage partagé, cela ne se produit qu'au moyen d'un gouvernement qui implante solidement ces actions et possessions au sein de la cité ou de la nation et déploie des efforts pour les préserver en elle, de sorte qu'ils ne disparaissent ni ne se perdent pour elle, que le gouvernement qui permet d'y implanter solidement ces genres de vie et possessions et de les y préserver ne peut procéder que d'un métier, d'un art, d'un habitus et d'une faculté dont procèdent les actions qui permettent de les implanter et

تحفظ عليهم. و هذه المهنة هي مهنة الملك و المهنة الملكيّة أو ما شاء الإنسان أن يسمّيها بدل اسم الملك. و السياسة هي فعل هذه المهنة، و ذلك أن تفعل الأفعال التي بها تُمكّن تلك السير و تلك جميع الأفعال التي بها تمكن تلك السير و تلك الملكات في المدينة و الأمّة و تُحفظ عليهم. و إنّما تلتئم هذه المهنة بمعرفة جميع الأفعال التي بها يتأتّى التمكين أوّلا و الحفظ بعد ذلك. و أنّ الرئاسة التي بها تمكّن في المدينة أو ‹في› الأمّة السير و الملكات التي تنال بها السعادة القصوى و تحفظها عليهم الرئاسة الفاضلة. و المهنة الملكيّة التي بها تكون هذه الرئاسة هي المهنة الملكيّة الفاضلة. و السياسة الكائنة عن هذه المهنة هي السياسة الفاضلة. و ‹المدينة› أو الأمّة المنقادة لهذه السياسة هي المدينة الفاضلة و الأمّة الفاضلة. و الإنسان الذي هو جزء من هذه المدينة أو الأمّة هو الإنسان الفاضل. و الرئاسة و المهنة الملكيّة و السياسة التي ليس يقصد بها أن ينال بها السعادة القصوى التي هي السعادة في الحقيقة بل كان يقصد بها أن يحصل خيراً من الخيرات التي في هذه الحياة الدنيا خاصّة – و هي التي يظنّها الجمهور خيرات – فإنّها ليست فاضلة، بل تسمّى رئاسة جاهليّة و سياسة جاهليّة و مهنة جاهليّة، بل لا تسمّى مُلكاً، لأنّ المُلك عند القدماء ما كان بمهنة ملكيّة فاضلة. و المدينة أو الأمّة المنقادة لما تمكّن فيها الرئاسة الجاهليّة من الأفعال و الملكات تسمّى المدينة أو الأمّة الجاهليّة، و الإنسان الذي هو جزء من هذه المدينة ‹يسمّى› إنسان جاهليّ. و تنقسم هذه الرئاسة و المدن و الأمم أقساماً كثيرة. و يسمّى كل واحد منها باسم غرضها الذي تقصده من الخيرات المظنونة: إمّا اللذات و إمّا الكرامات و إمّا اليسار و إمّا غير ذلك. و لا يمتنع أن يكون مَن هو جزء من

de les préserver en elle, et que ce métier et cet art, c'est le métier de roi, et le métier royal, ou quelque autre nom que l'on se plaise à lui donner plutôt que le nom de roi. La direction est alors l'acte de ce métier, et elle consiste à accomplir les actions qui permettent l'implantation et la préservation de ces genres de vie et habitus dans la cité et dans la nation. Et cette profession ne consiste qu'en une connaissance de toutes les actions qui assurent en premier lieu cette implantation, puis, après cela, cette préservation.

Et que le gouvernement qui permet que s'implantent dans la cité ou dans la nation les genres de vie et habitus qui [55] permettent d'acquérir la félicité ultime et de la préserver est le gouvernement vertueux, et que le métier royal qui permet ce gouvernement est le métier royal vertueux, que la direction qui procède de ce métier est la direction vertueuse, que la cité ou la nation qui se plient à cette direction sont la cité vertueuse et la nation vertueuse, et que l'homme qui est une partie de cette cité ou nation est l'homme vertueux, tandis que le gouvernement, le métier royal et la direction qui n'ont pas pour but l'acquisition de la félicité ultime qui est réellement la félicité, mais qui ont pour but de déterminer l'un des biens particuliers à cette vie dans l'ici-bas, ceux dont le vulgaire suppose que ce sont des biens, ne sont pas vertueux, mais portent le nom de gouvernement ignorant, de direction ignorante et de métier ignorant, et que cela ne porte même pas le nom de royauté, parce que la royauté, chez les Anciens, est ce qui s'effectue au moyen d'un métier royal vertueux, que la cité, ou la nation, qui se plie aux actions et aux habitus implantés en elle par le gouvernement porte le nom de cité, ou de nation, ignorante, et que l'homme qui est une partie de cette cité porte le nom d'homme ignorant.

Ce gouvernement, ces cités et ces nations ont alors maintes subdivisions, dont chacune porte le nom de l'objectif qu'elle vise parmi les biens supposés, selon qu'il s'agit des plaisirs, des prestiges, de l'opulence ou d'autre chose. Rien n'empêche alors qu'il y ait un homme qui soit une partie

المدينة الفاضلة ساكناً بإرادته أو بلا إرادتهِ في مدينة جاهليّة. و يكون ذلك الإنسان في تلك المدينة جزءاً غريباً منها كما لو اتّفق أن يكون حيوان ‹مّا› رجله مثلاً رجل حيوان ‹من نوع› آخر ‹دونه›. و كذلك حال مَن هو جزء مدينة جاهليّة متى سكن في مدينة فاضلة، ‹يكون كحيوان مّا رأسه مثلاً رأس حيوان من نوع آخر أشرف منه›. و لهذا احتاج الأفاضل الذين دُفعوا إلى سكنى المدن الجاهليّة لعدم المدينة الفاضلة إلى الهجرة إلى المدينة الفاضلة إذا اتّفق وجودها في وقت مّا.

(١٤ب) و أنّ الرئاسة الفاضلة ضربان: رئاسة أُولى و رئاسة تابعة للأولى. فالرئاسة الأولى هي التي تمكّن في المدينة أو الأمّة السير و الملكات الفاضلة أوّلا من غير أن تكون تلك فيهم قبل ذلك و تنقلهم مع ذلك عن السير الجاهليّة إلى السير الفاضلة. فالذي يقوم بهذه الرئاسة هو الرئيس الأوّل. و الرئاسة التابعة للأولى هي التي تقتفي في أفعالها حذو الرئاسة الأولى. و القائم بهذه الرئاسة يسمّى رئيس السنّة وملك السنّة و رئاسته هي الرئاسة السنّيّة. و المهنة الملكية الفاضلة الأولى تلتئم بمعرفة جميع الأفعال التي بها يتأتّى تمكين السير و الملكات الفاضلة في المدن و الأمم، و حفظها عليهم و حياطتها و إحرازها عن أن يداخلها شيء من السير الجاهليّة، فإنّ تلك كلّها أمراض تعرض للمدن الفاضلة – على مثال ما عليه مهنة الطبّ، فإنّها تلتئم بمعرفة جميع الأفعال التي تمكّن الصحّة في الإنسان و تحفظها عليه و تحوطها من أن يعرض لها شيء من الأمراض.

de la cité vertueuse et qui habite, volontairement [56] ou non, dans une cité ignorante. Cet homme est alors dans cette cité une partie qui lui est étrangère, à la façon de ce qui se passerait si un animal donné avait, par exemple, une patte qui est la patte d'un animal d'une autre espèce. Il en va de même de celui qui est une partie d'une cité ignorante quand il habite dans une cité vertueuse : c'est comme un animal dont la tête, par exemple, serait la tête d'un animal d'une autre espèce plus noble. Et, pour cette raison, les vertueux qui ont été poussés à habiter les cités ignorantes en l'absence de cités vertueuses ont besoin de s'exiler vers la cité vertueuse, si le hasard fait qu'elle existe en un temps donné.

(14b) Et que le gouvernement vertueux est de deux sortes : le gouvernement premier et celui qui fait suite au premier. Le gouvernement premier est alors celui qui a implanté dans la cité, ou la nation, les genres de vie et habitus vertueux pour la première fois et sans que ces derniers aient existé en elle auparavant, et qui, de surcroît, la transfère des genres de vie ignorants vers les genres de vie vertueux, et celui qui s'occupe de ce gouvernement est le premier gouvernant. Le gouvernement qui fait suite au premier est celui qui suit dans ses actions l'exemple du premier gouvernement, et celui qui s'occupe de ce gouvernement porte le nom de « gouvernant légal » et de « roi légal », son gouvernement étant le gouvernement légal. La profession royale vertueuse première consiste en la connaissance de toutes les actions qui procurent l'implantation des genres de vie et habitus vertueux dans les cités et nations, ainsi que leur préservation et la garde et la vigilance exercées pour que ne s'y introduise rien des genres de vie ignorants, car, tout cela, ce sont des maladies qui adviennent aux cités vertueuses, en la manière de ce qu'il en est du métier de médecine, car ce dernier consiste seulement en une connaissance des actions qui implantent la santé dans l'homme, la lui préservent, et la gardent en veillant à ce qu'il ne lui advienne aucune maladie [57].

(١٤ج) و الطبيب فبيّن أنّه ينبغي أن يعرف أنّ الأضداد ينبغي أن تقاوَم بالأضداد، و يعرف أيضاً أنّ الحرارة تقاوَم بالبرودة، و يعرف أيضاً أنّ الحُمّى الصفراويّة ينبغي أن تقاوَم بماء الشعير أو بماء التمر الهنديّ. و هذه الثلاثة بعضها أعمّ من بعض: فأعمّها أنّ الأضداد ينبغي أن تقاوَم بالأضداد، و أخصّها أنّ الحُمّى الصفراويّة ينبغي أن تقاوَم بماء الشعير، و قولنا «إنّ الحرارة تقاوَم بالبرودة» متوسّط بين الأعمّ و الأخصّ. غير أنّ الطبيب لمّا كان لمّا عالج إنّما يعالج أبدان الأشخاص و الآحاد، مثل بدن زيد و بدن عمرو، صار لا يجتزئ في علاج حمّى زيد الصفراويّة بما عرفه من أنّ الأضداد تقاوَم بالأضداد، و لا أنّ الحمّى الصفراويّة ينبغي أن تقاوَم بماء الشعير، دون أن يعلم في حمّى زيد هذا علماً أخصّ من تلك الأشياء التي عرفها من صناعته: فيفحص هل حمّاه هذه الصفراويّة ينبغي أن تقاوَم بماء الشعير ‹من› قَبَل امتلاء في بدنه من أشياء باردة رطبة، أو أنّ ماء الشعير يصحّح الخلط فلا يتركه أن ينضح، و أشباه هذه. و إن كان ينبغي أن يُسقى ماء الشعير فليس يجتزئ بأن يكون عرف ذلك معرفة مطلقة دون أن يعرف كم مقدار ما ينبغي أن يُسقى منه في كثرته و كيف ينبغي أن يكون قوام ما يُسقاه منه في الثخن و الرقة و في أيّ وقت من أوقات النهار ينبغي أن يُسقى و في أيّ حال من أحوال زيد هذا المحموم ينبغي أن يُسقى، فيكون قد قدّر ذلك في كميّته و كيفيّته و في زمانه، و ليس

La science politique. Connaissance et expérience

(14c) De la sorte, on voit clairement que le médecin doit connaître que les contraires doivent se repousser par les contraires, connaître aussi que la chaleur se repousse par le froid connaître aussi que les ferveurs bilieuses doivent être repoussées avec du lait d'orgeat, ou du jus de tamarin. De ces trois connaissances, certaines sont plus générales que les autres : la plus générale est que les contraires doivent se repousser par les contraires, la plus particulière est que les ferveurs bilieuses doivent être repoussées avec du lait d'orgeat, et, lorsque nous disons que la chaleur se repousse par le froid, c'est un intermédiaire entre le plus général et le plus particulier.

À ceci près, toutefois, que le médecin, dès lors qu'il guérit, ne guérit que les corps des personnes singulières et d'individus uniques, par exemple le corps de Zayd et le corps de 'Amr ; il ne se contente pas, lorsqu'il guérit la ferveur bilieuse de Zayd, de connaître que les contraires se repoussent par les contraires, ni que la ferveur bilieuse doit être repoussée par le lait d'orgeat, sans savoir cela, de cette ferveur bilieuse-ci à la faveur d'une science plus particulière que ces choses que son art a fait connaître : il explore la question de savoir si cette ferveur bilieuse-ci doit être repoussée par le lait d'orgeat du point de vue où il emplit son corps de choses froides et humides, ou si le lait d'orgeat corrige le tempérament en ne laissant pas suer, et choses semblables. Et, s'il faut faire boire du lait d'orgeat, il ne se contente pas de connaître cela d'une connaissance absolue, sans connaître en quelle quantité donnée il faut lui en faire boire, comment doit être constitué ce qu'il lui en fait boire, en épaisseur et en dilution, à quel moment de la journée il faut le lui faire boire, et quel doit être l'état de ce Zayd pris de ferveurs quand il le lui fait boire, car il a alors réglé cela dans la quantité, dans la qualité et dans le temps, et il ne

يمكنه أن يقدّر دون أن يشاهد العليل ليكون تقدير ذلك بحسب ما يشاهد من حال هذا العليل الذي هو زيد. و بيّن أنّ تقديره هذا ليس يمكن أن يكون استفاده من كتب الطبّ التي تعلّمها و ارتاض بها و لا بقدرته على معرفة الكلّيات و الأشياء العامّة التي هي مثبتة في كتب الطبّ، بل بقوّة أخرى تحدث بمزاولة أعمال الطبّ في واحد واحد من آحاد الأبدان و بطول مشاهدته لأحوال المرضى و التجربة التي تحصل له في طول الزمان عن معاناته العلاج و توليه ذلك في شخص شخص. فإذن الطبيب الكامل إنّما تتمّ له مهنته حتّى يتأتّى بها الأفعال الكائنة عن تلك المهنة بقوتين اثنتين: إحداهما بالقدرة على معرفة الكلّيات التي هي أجزاء صناعته على الإطلاق و باستيفائها حتّى لا يشذّ عنه شيء، ثمّ بالقوّة التي تحدث له عن طول أفعال صناعته في شخص شخص.

(١٤د) و كذلك حال المهنة الملكيّة الأولى. فإنّها تشتمل أوّلا على أشياء كلّيّة. و ليس يجتزئ في أن يفعل أفعالها تلك بأن يكون قد استوعب معرفة الأشياء الكلّيّة و بقدرته عليها دون أن يكون معه قوّة أخرى استفادها عن طول التجربة و المشاهدة يقدر بها على تقدير الأفعال في كمّيّتها و كيفيّتها و أزمانها و سائر ما يمكن أن تُقدَّر بها الأفعال و يشترط فيها شرائط إمّا بحسب مدينة مدينة أو أمّة أمّة أو واحد واحد، أو بحسب حال يحدث و بحسب عارض في وقت وقت، إذا كانت أفعال المهنة الملكيّة إنّما هي في المدن الجزئيّة: أعني هذه المدينة و تلك المدينة أو هذه الأمّة و تلك الأمّة أو هذا الإنسان و ذلك الإنسان. و القوّة التي يقتدر بها الإنسان على استنباط الشرائط التي يقدّر بها الأفعال بحسب

peut régler sans observer le patient afin de réglementer cela eu égard à ce qu'il voit de l'état du patient qui est Zayd. Et l'on voit clairement qu'il ne peut tirer cette réglementation des livres de médecine qu'il a étudiés et dans lesquels il s'est exercé, ni à la faveur de sa faculté de connaître les universaux et les choses générales qui sont établies dans les livres de médecine : il le fait à la faveur d'une autre faculté qui naît de la pratique des actes médicaux sur chacun des corps individuels, de la longue durée de son observation des états maladifs [58] et de l'expérience qu'il a acquise, avec la longueur du temps, à la suite de son effort pour guérir et de son administration de cet effort sur chaque personne singulière. Il s'ensuit donc que le métier du médecin parfait ne trouve l'achèvement qui lui permet de procéder aux actions qui résultent de ce métier qu'à la faveur de deux facultés : premièrement la capacité de connaître les universaux qui sont les parties de son art dans l'absolu et de les épuiser tous sans exception, puis la faculté qui naît en lui avec la durée dans les actions de son art sur chaque personne singulière.

(14d) Il en va donc de même du premier métier royal. En effet, il n'embrasse en premier que des choses universelles. Toutefois, on ne se contente pas, pour en exécuter les actes, d'avoir complètement assimilé la connaissance des choses universelles, ni de cette capacité, sans avoir en outre une autre faculté acquise à la force de la longueur de l'expérience et de l'observation qui lui permet de réglementer les actions dans la quantité, dans la qualité, dans le temps et dans le reste des choses qui peuvent servir à réglementer les actions et à y établir des clauses, eu égard soit à chaque cité, soit à chaque nation, soit à chaque individu, soit eu égard à un état qui survient ou à un incident en chaque moment différent, si tant est que les actions du métier royal n'aient lieu que dans les cités particulières, j'entends dans cette cité-ci et dans cette cité-là, ou dans cette nation-ci et dans cette nation là ou dans cet homme-ci et dans cet homme-là. Or la faculté qui rend un homme capable de déduire les clauses qui lui servent à réglementer les actions eu égard à

ما يشاهد في جمع جمع أو مدينة مدينة أو طائفة طائفة أو واحد واحد، و بحسب عارض عارض في مدينة أو أمّة أو في واحد يسمّيها القدماء التعقل. و هذه القوّة ليست تحصل بمعرفة كلّيات الصناعة و استيفائها كلّها لكن بطول التجربة في الأشخاص.

(١٥) و العلم المدنيّ الذي هو جزء من الفلسفة يقتصر فيما يفحص عنه من الأفعال و السير و الملكات الإراديّة و سائر ما يفحص عنه على الكلّيّات و إعطاء رسومها، و يعرّف أيضاً الرسوم في تقديرها في الجزئيّات كيف و بأيّ شيء و بكم شيء ينبغي أن تُقدَّر، و يتركها غير مقدّرة بالفعل، لأنّ التقدير بالفعل لقوّة أخرى غير الفلسفة، و عسى أن تكون الأحوال و العوارض التي بحسبها يكون التقدير بلا نهاية و غير محاط بها. و هذا العلم جزءان: جزء يشتمل على تعريف السعادة و ما هي السعادة في الحقيقة و ما هي المظنون بها أنها سعادة و على إحصاء الأفعال و السير و الأخلاق و الشيم و الملكات الإراديّة الكلّيّة التي شأنها أن تكون في المدن و الأمم، و يميّز الفاضل منها من غير الفاضل. و جزء يشتمل على تعريف الأفعال التي بها تُمكّن الأفعال و الملكات الفاضلة و تُرتّب في أهل المدن و

ce qu'il observe sur chaque groupe individuel, sur chaque cité individuelle, sur chaque classe individuelle ou sur chaque individu et eu égard à chaque incident advenant en une cité, en une nation [59] ou en un individu, les Anciens lui ont donné le nom de « prudence ». Cette faculté ne s'acquiert pas par la connaissance des universaux de l'art et par leur assimilation complète, mais par la longueur de l'expérience sur les personnes individuelles.

La science politique.
Les tâches de la philosophie politique

(15) Quant à la science politique qui est une partie de la philosophie, elle se borne, pour ce qu'elle explore des actions, modes de vie et habitus volontaires et du reste de ce qu'elle explore, à explorer les universaux et à donner leur description. Elle fait aussi connaître par la description, au sujet de leur réglementation dans les particuliers, comment, par quelle chose et en combien de choses il faut les réglementer, en les laissant non réglementés en acte, parce que la réglementation en acte appartient à une autre faculté que la philosophie, et qu'il se peut que les dispositions et les accidents eu égard auxquels la réglementation s'effectue soient infinis ou non cernables. Cette science a alors deux parties : une partie qui embrasse l'enseignement de la félicité, de ce qui est réellement félicité et de ce dont on suppose que c'est la félicité, et la recension de toutes les actions, tous les genres de vie, mœurs, caractères et habitus volontaires qui ont pour nature de se trouver dans les cités et nations – et en cela elle fait le départ entre le vertueux et le non vertueux ; et une partie qui embrasse l'enseignement des actions qui servent à implanter les actions et habitus vertueux et les ordonnent parmi les habitants des cités,

الأفعال التي بها يُحفَظ عليهم ما مُكّن فيهم.

(١٦) ثمّ يحصي أصناف المهن الملكيَة غير الفاضلة [و الرئاسات [كم هي، و يعطي رسوم الأفعال التي تفعلها كلّ واحدة من تلك المهن الملكيّة حتّى يُنال بها غرضها من أهل المدن التي تحت رئاستها. و يبيّن أنّ تلك الأفعال و السير و الملكات التي هي غير فاضلة هي أمراض المدن الفاضلة، و سيرها و سياساتها أمراض المهنة الملكيّة الفاضلة. و أمّا الأفعال و السير و الملكات التي في المدن غير الفاضلة فهي أمراض المدن الفاضلة.

(١٧) ثمّ [لا] يحصي كم الأسباب و الجهات التي من قبَلها لا يؤمَن في الأكثر أن تستحيل الرئاسات الفاضلة و ‹سير› المدن الفاضلة إلى السير و الملكات غير الفاضلة، و كيف تكون استحالاتها إلى غير الفاضلة. و يحصي و يعرّف الأفعال التي بها تُضبَط المدن و السياسات الفاضلة حتّى لا تفسد و لا تستحيل إلى غير الفاضلة، و الأشياء التي بها يمكن إذا استحالت و مرضت أن تُرَدَّ إلى صحّتها.

(١٨) ثم يبيّن أنّ المهنة الملكيّة الفاضلة الأولى لا يمكن أن تكون أفعالها عنها على التمام إلاّ بمعرفة كلّيّات هذه الصناعة بأن تُقرَن إليها الفلسفة النظريّة و بأن ينضاف إليها التعقّل – و هو القوّة الحاصلة عن التجربة الكائنة بطول مزاولة أفعال الصناعة في آحاد المدن و الأمم و آحاد جمع جمع، و تلك هي القدرة على جودة استنباط الشرائط التي تُقدَّر بها الأفعال و السير و الملكات

ainsi que les actions qui préservent pour eux ce qui en a été implanté.

(16) Ensuite, elle recense les différentes sortes de métiers royaux non vertueux et leur nombre, elle donne la description des actions accomplies par chacun de ces métiers royaux de façon à atteindre leur objectif à partir des habitants des cités qui sont sous leur gouvernement, et elle fait voir que ces actions, genres de vie et habitus qui ne sont pas vertueux sont des maladies pour les cités vertueuses, et leurs genres de vie et leurs directions des maladies pour le métier royal vertueux, tandis que les actions, genres de vie et habitus qui se trouvent dans les cités non vertueuses sont des maladies pour les cités vertueuses.

(17) Ensuite, elle recense le nombre des causes et des façons sous lesquelles on ne peut se garantir, dans la plupart des cas, que les gouvernements vertueux et le genre de vie des cités vertueuses ne se transformeront pas pour devenir les genres de vie [60] et les habitus non vertueux, ainsi que la manière dont s'effectue leur transformation vers les non-vertueux. Elle dénombre alors et fait connaître les actions qui servent à ajuster les cités et les politiques vertueuses de sorte qu'elles ne se corrompent pas et ne se transforment pas pour devenir non vertueuses, ainsi que les choses qui leur permettent, si elles se sont transformées et sont devenues malades, de revenir à la santé.

(18) Ensuite, elle fait voir que, pour le métier royal vertueux premier, les actions qui en procèdent ne peuvent être achevées que par une connaissance des universaux de cet art qui les apparie à la philosophie théorique et à laquelle se greffe la prudence, cette dernière étant la faculté acquise à partir de l'expérience produite par la durée d'une mise en œuvre des actions de l'art sur chaque cité, nation et groupe distinct et la première étant la capacité d'exceller dans la découverte des clauses qui permettent de réglementer les actions, les genres de vie, les habitus

بحسب جمع جمع أو مدينة مدينة أو أمّة أمّة، إمّا بحسب وقت مّا قصير أو بحسب وقت ما طويل محدود أو بحسب الزمان إن أمكن، و تقديرها أيضاً بحسب حال حال يحدث و عارض عارض يعرض في المدينة أو في الأمّة أو في الجمع – و أنّ هذه هي التي تلتئم بها ‹المهنة› الملكيّة الفاضلة الأولى. و أمّا التابعة لها التي رئاستها سنيّة فليس تحتاج إلى الفلسفة بالطبع. و يبيّن أنّ الأجود و الأفضل في المدن و الأمم الفاضلة أن يكون ملوكها و رؤساؤها الذين يتوالون في الأزمان على شرائط الرئيس الأوّل. و يعرّف كيف ينبغي أن يُعمَل حتّى يكون ملوكها الذين يتوالون على أحوال من الفضيلة واحدة بأعيانها، و أيّ شرائط يُتفقد في أولاد ملوك المدينة حتّى إن وُجدت في واحد منهم أمل فيه أن يصير ملكاً على مثل حال الرئيس الأوّل. و يبيّن مع ذلك كيف ينبغي أن يربّى و كيف ينشأ و بماذا يؤدّب حتّى يصير ملكاً على التمام. و يبيّن مع ذلك أنّ الملوك الذين رئاساتهم جاهليّة ليس يحتاجون إلى كلّيات هذه الصناعة و لا إلى الفلسفة، بل يمكن كلّ واحد منهم أن يصير إلى غرضه في المدينة بالقوّة التجربيّة التي تحصل له في جنس الأفعال التي ينال بها مقصوده و يصل بها إلى غرضه من الخيرات المظنونة متى اتّفقت له جودة قريحة خبيثة [فان] قوية للتأتّي لاستنباط ما يحتاج إليه هو في تقدير الأفعال التي يفعلها هو و في تقدير الأفعال التي يستعمل فيها أهل المدينة، و تكون مهنته التي هو بها ملك ملتئمة عن أشياء حصلت بالتجربة – إمّا بتجربته هو أو بتجربة غيره من المشاركين له في مقصده ممّن مقصده من الملوك مقصده هو، فاقتفاه فيها أو تأدّب بها، و جمع إليها ما

eu égard à chaque groupe, chaque cité ou chaque nation, soit eu égard à un temps bref donné, soit eu égard à un temps long donné et défini, soit eu égard au temps, si cela est possible, leur réglementation s'effectuant également eu égard à chacune des situations qui adviennent et à chacun des incidents dans la cité, la nation ou le groupe, et que c'est ce dont l'agglomération produit le métier royal vertueux premier.

Quant à ce qui fait suite, le gouvernement légal, il n'a pas besoin par nature de la philosophie. Elle fait alors voir que le plus excellent et le meilleur, dans les cités et les nations, est que leurs gouvernants et leurs rois soient ceux qui se succèdent dans le temps en respectant les clauses du premier gouvernant. Elle fait connaître comment il faut faire pour que les rois qui se succèdent aient des dispositions d'une vertu une et identique et quelles clauses sont requises chez les descendants des rois de la cité de sorte que, si on les trouve chez l'un d'eux, il y ait lieu d'espérer qu'il devienne un roi sur le modèle du premier gouvernant.

Elle fait voir en outre que les rois dont le gouvernement est ignorant n'ont pas besoin des universaux de cet art, ni de la philosophie [61], mais que chacun d'eux peut atteindre son objectif dans la cité à la faveur de la faculté empirique qu'il acquiert dans le genre des actions qui lui permettent de remplir le but qu'il se fixe et d'atteindre son objectif parmi les biens supposés, lorsque le hasard fait qu'il a une inclination mauvaise forte à parvenir à découvrir ce dont il a besoin pour réglementer les actions qu'il accomplit lui-même et pour réglementer celles dans lesquelles il utilise les habitants de la cité : le métier qui en fait un roi est alors un agglomérat de choses acquises empiriquement, soit à la faveur de sa propre expérience, soit à la faveur de celle d'un autre parmi les rois qui sont associés à son objectif et dont le but est le sien propre (alors, il suit son précédent en ces choses, ou bien se discipline grâce à elles, et y ajoute

جرّبه هو – و عن أمور استنبطها هو بخبث قريحته و دهائه عن الأصول التي حصلت له بالتجربة.

(١٩) ثمّ يعرّف بعد ذلك مراتب الأشياء التي في العالم و بالجملة مراتب الموجودات. فيبتدئ من الأشياء التي هي أشد تأخراً من أجزاء العالم، و هي التي ليست لها رئاسة على شيء أصلاً و إنما تصدر عنها من الأفعال التي تخدم بها فقط لا الأفعال التي تروس بها. و يرتقي منها إلى الأشياء التي تروس هذه بلا توسّط و هي أقرب الأشياء التي تروس هذه. و يعرّف مراتبها من الرئاسة أيّ مراتب هي و كم مقدار رئاستها، و أنّها بعد ليست تامّة الرئاسة، و أنّ الهيئات و القوى الطبيعيّة التي لها ليست كافية في أن تكون لها من أجلها رئاسات بأنفسها حتّى تستغني ن أن تروسها غيرها، بل يلزم ضرورة أن تكون هناك رئاسات فوقها تدبّرها.فيرتقي منها إلى أقرب الأشياء التي تروس هذه، و يعرّف مراتبها في الرئاسة أيّ مراتب هي، و كم مقدار رئاستها، و أنّها بعد ليست تامة الرئاسة، و

sa propre expérience), mais aussi à partir de faits qu'il a découverts à la faveur de son penchant et de son astuce mauvais et à partir des principes qu'il avait acquis empiriquement.

La science politique. Philosophie, politique et ordre du monde.

(19) Ensuite, et après cela, elle fait connaître la hiérarchie des choses qui se trouvent dans le monde et, de manière générale, la hiérarchie des êtres.

Elle commence alors par les parties du monde qui l'emportent en postérité et par celles qui n'ont de gouvernement sur rien du tout et qui produisent seulement les actions qui leur sont ancillaires, non celles qui les gouvernent, et s'élève graduellement jusqu'à celles qui gouvernent ces dernières de manière immédiate et qui sont les plus rapprochées de celles qui les gouvernent. Elle fait alors connaître quel est leur rang dans la hiérarchie par rapport au gouvernement et de quel degré est leur gouvernement, qu'elles n'achèvent pas par conséquent le gouvernement et que les aspects et les facultés naturelles qui sont les leurs ne suffisent pas pour qu'elles aient à cause de ces dernières le gouvernement par elles-mêmes et en se dispensant d'être gouvernées par d'autres ; au contraire, cela implique nécessairement qu'il y ait des gouvernements au-dessus d'elles qui les administrent. À partir de là, elle s'élève donc graduellement jusqu'aux plus rapprochées des choses qui gouvernent ces dernières, fait connaître quel est leur rang dans la hiérarchie du gouvernement, le degré qui est celui de leur gouvernement, et qu'elles n'achèvent pas, par conséquent, le gouvernement, mais que

أنّ الهيئات و القوى الطبيعيّة التي لها ليست كافية في أن تكون لها من أجلها رئاسات بأنفسها حتّى تستغني عن أن ترؤسها غيرها، بل يلزم ضرورة أن تكون هناك رئاسات فوقها تدبّرها. فيرتقي منها إلى أقرب الأشياء التي ترؤس هذه، و يعرّف مراتبها في الرئاسة أيّ مراتب هي، و كم مقادير رئاساتها، و أنّها أيضاً ليست تامّة إلاّ أنّها أتمّ من رئاسات ما دونها، و يعرّف أيضاً أنّ قواها و هيئاتها الطبيعيّة ليست بعد كافيّة في أن تكون رئاساتها بأنفسها حتّى لا يكون لها رئيس أصلاً، بل يلزم ضرورة أن تكون فوقها رئاسات أخرَ تدبّرها. فيرتقي أيضاً إلى أقرب الأشياء التي ترؤس هذه أيضاً، و يعرّف من أمرها ما عرف من تلك الأوَل. فلا يزال يرتقي هكذا من أشياء في مراتب سفلى إلى أشياء في مراتب عليا أتمّ رئاسة من التي دونها. و هكذا يرتقي من الأكمل إلى الأكمل فالأكمل من الموجودات، و يعرّف أنّه كلّما يرتقي إلى مرتبة ‹أعلى› و إلى موجود أكمل في نفسه و أكمل رئاسة يلزم أن يكون عدد ما فيها من الموجودات أقلّ و أن يكون كلّ واحد من الموجودات التي فيها أزيد وحدة في نفسه و أنقص كثرة. و يبيّن مع ذلك [أن] الكثرة في الشيء و الوحدة التي به. و لا يزال يرتقي على كمال هذا النظام من رتبة رئاسة إلى رتبة رئاسة أكمل منها إلى أن ينتهي إلى رتبة لا يمكن أن يكون فيها إلاّ موجود واحد – واحد في العدد و واحد من كل وجوه الوحدة – و لا يمكن أيضاً أن تكون فوقها رئاسة بل يكون الرئيس الذي في تلك الرتبة يدبّر كلّ ما دونه و لا يمكن أن يدبّره آخر أصلاً و يرؤس كل ما دونه،

les aspects et les facultés naturelles qui sont les leurs ne suffisent pas pour qu'elles aient grâce à elles le gouvernement par elles-mêmes et en se dispensant [62] d'être gouvernées par d'autres ; au contraire, cela implique nécessairement qu'il y ait au-dessus d'elles des gouvernements qui les administrent. À partir de là, elle s'élève graduellement jusqu'aux plus rapprochées des choses qui gouvernent ces dernières, fait connaître quel est leur rang dans la hiérarchie du gouvernement, de quel degré est leur gouvernement, qu'elles non plus ne sont pas achevées, sinon qu'elles sont plus achevées que les gouvernements de ce qui est en-dessous d'elles, et fait là encore connaître que leurs facultés et leurs aspects naturels ne suffisent pas, par conséquent, pour que leur gouvernement soit par lui-même et sans avoir du tout de gouvernant ; au contraire, cela implique nécessairement qu'il y ait au-dessus d'elles d'autres gouvernements qui les administrent. Elle s'élève donc, là encore, jusqu'aux plus rapprochées des choses qui gouvernent à leur tour ces dernières, et en fait connaître ce qu'elle a fait connaître de ces réalités-là. Elle ne cesse ainsi de s'élever de la sorte en passant des choses de rang bas aux choses de rang élevé et d'un gouvernement plus achevé que celui de celles qui sont en dessous.

De la sorte, elle s'élève de plus parfait en plus parfait, et ainsi de suite, parmi les êtres, et fait connaître que, plus le rang auquel elle parvient en s'élevant est élevé et plus cet être est parfait, en lui-même et dans son gouvernement, plus cela implique que le nombre des êtres qui s'y trouvent soit restreint et que chacun des êtres qui s'y trouvent soit un et d'une pluralité moindre. Elle fait voir en outre la pluralité de la chose et l'unité qui est en elle.

Elle ne cesse ainsi de s'élever dans la perfection de cet agencement d'un rang de gouvernement à un autre plus parfait jusqu'à ce qu'elle s'arrête sur un rang où il ne peut y avoir qu'un être unique, un numériquement, et un de tous points de vue, et au-dessus duquel il ne peut non plus y avoir de gouvernement. Au contraire, le gouvernant qui occupe ce rang administre tout ce qui est sous lui et gouverne tout ce qui est sous lui sans pouvoir être administré par rien d'autre.

و أنّه لا يمكن أن يكون فيه نقص و لا بوجه من الوجوه أصلاً، و لا يمكن أن يكون كمال أتمّ من كماله و لا وجود أفضل من وجوده، و أنّ كل ما دونه ففيه بوجه من الوجوه نقص، و أنّ أقرب المراتب إليه أكمل المراتب التي دون رتبته.

(٢٠) ثمّ لا يزال كلّما انحطّ كانت الموجودات في كلّ رتبة أزيد كثرة و أنقص كمالاً إلى أن ينتهي إلى آخر الموجودات و هي التي أفعالها أفعال خدمة، و أنّ هذه المتأخّرة لا شيء أشدّ تأخّرا منها في الوجود و لا يمكن أن تكون أفعالها أفعال رئاسة أصلاً، و أنّ ذلك الأوّل الواحد الأقدم الذي لا شيء يمكن أن يكون أشدّ تقدما منه لا يمكن أن يكون فعله فعل خدمة أصلاً، و أنّ كلّ واحد من المتوسّطات التي هي في المراتب التي دون الرئيس الأوّل أفعالها فيما دونها أفعال رئاسة تخدم بها الرئيس الأوّل. و يعرّف مع ذلك ائتلافها و ارتباط بعضها ببعض و انتظامها و انتظام أفعالها و تعاضدها حتّى تكون على كثرتها كشيء واحد عن قوّة تدبير ذلك الواحد لها و نفاذه في جميعها على قدر مرتبته و بحسب ما يلزم أن يكون عليه مَن هو في تلك الرتبة من الوجود على مقدار استئهاله الطبيعيّ الذي له و ما يلزم أن يُفوَّض إليه من الأعمال التي يخدم بها أو يرؤس بها أو بجميع الأمرين.

(٢١) ‹ثمّ يأخذ نظائر هذه في القوى النفسانية الإنسانية›.

(٢٢) ثمّ يأخذ نظائر هذه في أعضاء بدن الإنسان.

(٢٣) ثمّ يأخذ نظائر هذه أيضاً في المدينة الفاضلة و يجعل منزلة

Et elle fait connaître qu'il ne peut [63] y avoir en lui de déficience, aucune sous aucun point de vue, qu'il ne peut y avoir de perfection plus achevée que la sienne, que tout ce qui est sous lui comporte de la déficience selon un point de vue ou un autre et que les rangs les plus rapprochés de lui sont les plus parfaits des rangs qui sont sous lui.

(20) Ensuite, plus elle se rabaisse, plus les êtres deviennent pluriels en chaque rang et plus leur perfection est déficiente, jusqu'à ce qu'elle s'arrête sur le dernier des êtres, et il s'agit de ceux dans les actions sont des actions ancillaires. Elle fait alors connaître qu'il n'est rien qui l'emporte en postérité d'existence sur ces choses postérieures et que leurs actions ne peuvent en rien être des actions gouvernantes, que cette réalité première une et antérieure par rapport à laquelle il ne peut rien être d'antérieur ne peut avoir d'action qui soit en rien une action ancillaire, tandis que chacun des intermédiaires qui occupent les rangs en dessous du premier gouvernant ont des actions en ce qui est sous eux qui sont des actions gouvernantes ancillaires du premier gouvernant. Elle fait en outre connaître leur agencement et relation les uns avec les autres, leur ordonnancement ainsi que celui de leurs actions, et leur coopération de sorte que leur pluralité soit comme une chose unique en vertu de la puissance de leur administration par cette réalité une et de son influence sur chacun d'eux eu égard à son rang et en fonction du type d'existence que cela implique pour celui qui a ce rang, à la mesure du mérite naturel qui est le sien et des actions que cela implique qui lui soient déléguées, parmi les ancillaires, les gouvernants ou les deux à la fois.

(21) Ensuite, elle entreprend des considérations analogues à propos des facultés psychiques de l'homme.

(22) Ensuite, elle entreprend des considérations analogues à propos des membres du corps humain.

(23) Ensuite, elle entreprend encore des considérations analogues à propos de la cité vertueuse, et y établit le rang

الملك و الرئيس الأوّل فيها منزلة الإله الذي هو المدبّر الأوّل للموجودات و للعالم و أصناف ما فيه.

(٢٤) ثمّ لا يزال يُنزل المراتب فيها إلى أن ينتهي من أقسام أهل المدينة إلى الطوائف التي أفعالهم أفعال لا يمكن أن يرؤسوا بها بل يخدموا فقط، و ملكاتهم الإراديّة التي لهم ملكات لا يمكن أن يُرأس بها بل أن يُخدَم فقط، و أنّ الطوائف التي في المراتب المتوسّطة أفعالها أفعال تروُس بها ما دونها و تخدم بها من فوقها، و أنّ الأقرب فالأقرب إلى رتبة الملك أكمل هيئات و أفعالاً، فلذلك تكون أكمل رئاسة، إلى أن ينتهي إلى رتبة المهنة الملكيّة. و بيّن أنّ تلك المهنة لا يمكن أن يخدم بها إنسان أصلاً بل هي مهنة و ملكة يُرأس بها فقط.

(٢٥) ثمّ يبتدئ بعد ذلك فيرتقي من أُولى المراتب فيها و هي مراتب الخدمة إلى أقرب ما فوقها من مراتب الرئاسة. و لا يزال يرتقي بالقول و الصفة من رتبة سفلى إلى رتبة أعلى منها إلى أن ينتهي إلى رتبة ملك المدينة ‹الذي يرؤس و لا يخدم›.

(٢٦) ثمّ يرتقي من تلك الرتبة إلى رتبة مدبّر ملك المدينة الفاضلة ‹و الرئيس الأوّل› من الروحانيّين، و هو الذي جُعل الروح الأمين و هو الذي به يوحي الله تعالى إلى الرئيس الأوّل للمدينة، فينظر ما رتبته و أيّ رتبة هي من مراتب الروحانيّين.

(٢٧) ثمّ لا يزال هكذا ‹يرتقي في التعريف› إلى أن ينتهي إلى

du roi et du premier gouvernant au rang qui est celui de la divinité, qui est le premier administrateur des êtres, du monde et des différentes sortes de ce qui se trouve en lui.

(24) Ensuite, elle ne cesse de descendre dans sa hiérarchie, jusqu'à ce qu'elle s'arrête, parmi les subdivisions des habitants de la cité, sur les classes dont les actions sont des actions qui ne peuvent leur permettre de gouverner, et qui leur permettent seulement de servir, [64] et dont les habitus volontaires qui sont les leurs sont des habitus qui ne peuvent permettre de gouverner, mais seulement de servir. Et elle fait connaître que les actions des classes qui occupent les rangs intermédiaires sont des actions qui permettent de gouverner ce qui est sous elles et de servir ce qui est au-dessus d'elles, que plus elles sont rapprochées du roi, plus leurs aspects et leurs actions sont parfaits, que par conséquent leur gouvernement est plus parfait, jusqu'à ce qu'elle s'arrête sur le rang du métier royal. Et l'on voit clairement que ce métier ne peut être ancillaire pour aucun homme du tout, et que c'est un métier et un habitus qui permettent seulement de gouverner.

(25) Ensuite, et après cela, elle se met à s'élever des premiers de ces rangs, qui sont des rangs ancillaires, jusqu'au plus rapproché des rangs gouvernants qui sont au-dessus d'eux, et elle ne cesse de s'élever, par le discours et par la caractérisation, du rang le plus bas au plus élevé, jusqu'à s'arrêter sur celui du roi de la cité, <qui gouverne et qui ne sert pas>.

(26) Ensuite, elle s'élève de ce rang à celui de celui qui administre le roi de la cité vertueuse et du premier gouvernant parmi les êtres spirituels, celui qu'on a posé être l'esprit sain et par qui Dieu (Qu'il soit exalté !) inspire le premier gouvernant de la cité, et elle considère alors ce qu'est son rang et de quel rang il s'agit parmi la hiérarchie des êtres spirituels.

(27) Ensuite, elle ne cesse <de s'élever ainsi dans l'enseignement> jusqu'à ce qu'elle s'arrête sur la divinité (Que sa louange soit

الإله جل ثناؤه. و يبيّن كيف ينزل الوحي من عنده رتبة رتبة إلى الرئيس الأوّل، فيدبّر الرئيس الأوّل المدينة أو الأمّة و الأمم بما يأتي به الوحي من الله تعالى فينفذ التدبير أيضاً من الرئيس الأوّل إلى كل قسم من أقسام المدينة أيضاً على ترتيب إلى أن ينتهي إلى الأقسام الأخيرة. و يبيّن ذاك بأنّ الله تعالى هو المدبّر أيضاً للمدينة الفاضلة كما هو المدبّر للعالم، و أنّ تدبيره تعالى للعالم بوجه و تدبيره للمدينة الفاضلة بوجه آخر غير أنّ بين التدبيرين تناسب و بين أجزاء العالم و أجزاء المدينة أو الأمّة الفاضلة تناسب، و أنّه يلزم أيضاً أن يكون بين أجزاء الأمّة الفاضلة ائتلاف و ارتباط و انتظام و تعاضد بالأفعال، و أنّ الذي يوجَد في أجزاء العالم من الائتلاف و الارتباط و الانتظام و التعاضد بالأفعال عن الهيئات الطبيعيّة التي لها يجب أن يوجَد مثلها في أقسام الأمّة الفاضلة عن الهيئات و الملكات الإراديّة التي لها. و كما أنّ مدبّر العالم جعل في أجزاء العالم هيئات طبيعيّة بها ائتلفت و انتظمت و ارتبطت و تعاضدت بالأفعال حتّى صارت على كثرتها و كثرة أفعالها كشيء واحد يفعل فعلاً واحداً لغرض واحد كذلك يلزم مدبّر الأمّة أن يجعل و يرسم في نفوس أقسام الأمّة و المدينة هيئات و ملكات إراديّة تحملهم على ذلك الائتلاف و الارتباط بعضها ببعض و التعاضد بالأفعال حتّى تصير الأمّة و الأمم على كثرة أقسامها و اختلاف مراتبها و كثرة أفعالها كشيء واحد يفعل فعلاً واحداً

glorifiée !). Elle fait voir alors comment l'inspiration descend à partir de lui de rang en rang jusqu'au premier gouvernant, le premier gouvernant administrant alors la cité, ou la nation et les nations à la faveur de ce que l'inspiration de Dieu (Qu'il soit exalté !) lui procure, et l'efficace de l'administration passant à son tour du premier gouvernant à chacune des subdivisions de la cité, là encore selon un ordre, jusqu'à ce qu'elle s'arrête sur les dernières subdivisions. Et elle fait voir en cela que Dieu (Qu'il soit exalté !) est aussi celui qui administre la cité vertueuse de même que c'est lui qui administre le monde, [65] que son administration (Qu'il soit exalté !) du monde s'effectue d'une façon et son administration de la cité d'une autre, mais qu'il y a cependant de l'analogie entre les deux administrations et de l'analogie entre les parties du monde et celles de la cité, ou de la nation vertueuse, que cela implique également qu'il y ait entre les parties de la cité vertueuse de l'agencement, de la liaison ; l'ordonnancement et la coopération dans les actions qui se trouvent dans les parties du monde à partir des aspects naturels qui sont les leurs doivent avoir leurs pareils parmi les subdivisions de la nation vertueuse à partir des aspects et habitus qui sont les leurs.

Et de même que l'administrateur du monde a placé parmi les parties du monde des aspects naturels qui permettent leur agencement, leur liaison et leur coopération dans les actions de sorte que leur pluralité et la pluralité de leurs actions deviennent comme une chose unique accomplissant un acte unique en vue d'un but unique, cela implique de même que l'administrateur de la cité place et décrive dans l'âme des subdivisions de la nation et de la cité des aspects et habitus volontaires qui les portent à cet agencement et liaison des uns avec les autres et à cette coopération dans les actions qui font de la pluralité des subdivisions de la nation et des nations, de la différence de leurs rangs et de la pluralité de leurs actions comme une chose unique accomplissant un acte unique

ينال به غرضاً واحداً. و نظير ذلك يتبيّن لمن تأمل أعضاء ‹بدن› الإنسان. و كما أنّ مدبّر العالم أعطى العالم و أجزاءه مع الفطر و الغرائز التي ركزها أشياء أخر يستبقي و يستديم بها وجود العالم و أقسامه على ما فطرها عليه مددًا طويلة جدًّا، كذلك ينبغي أن يفعل مدبّر الأمّة الفاضلة. فإنّه ينبغي أن ‹لا› يقتصر على الهيئات و الملكات الفاضلة التي يرسمها في نفوسهم ليأتلفوا و يرتبطوا و يتعاضدوا بالأفعال دون أن يعطي مع ذلك أشياء أخر يلتمس بها استبقاءهم و استدامتهم على الفضائل و الخيرات التي ركّزها فيهم منذ أوّل الأمر. و بالجملة فإنّه ينبغي أن يتأسّى بالله ‹و يقتفي آثار تدبير مدبّر العالم› فيما أعطى أصناف الموجودات و فيما دبّر به أمورها من الغرائز و الفطر و الهيئات الطبيعيّة التي جعلها و ركزها فيها حتّى تمّت الخيرات الطبيعيّة في كلّ واحد من أصناف العوالم بحسب رتبته و في جملة الموجودات، فيجعل هو ‹أيضاً› في المدن و الأمم نظائرها من الصناعات و الهيئات و الملكات الإراديّة حتّى تتمّ له الخيرات الإراديّة في كلّ واحدة من المدن و الأمم بحسب رتبته و استئهاله ليصل لأجل ذلك جماعات الأمم و المدن إلى السعادة في هذه الحياة و في الحياة الآخرة. و لأجل هذا يلزم أيضاً أن يكون الرئيس الأوّل للمدينة الفاضلة قد عرف الفلسفة النظريّة على التمام، لأنّه لا يمكن أن يقف على شيء ممّا في العالم من تدبير الله تعالى حتّى يأتسي به إلاّ من هناك. و تبيّن مع ذلك أنّ هذه كلّها لا تمكن إلاّ أن تكون في المدن ملّة مشتركة تجتمع بها آراؤهم و اعتقاداتهم و أفعالهم و تأتلف بها أقسامهم و ترتبط و تنتظم و عند ذلك تتعاضد أفعالهم و تتعاون حتّى يبلغوا الغرض الملتمَس و هو السعادة القصوى.

qui permet d'acquérir une fin unique. Et des points semblables apparaissent clairement à qui réfléchit sur les membres du corps humain.

Et de même que l'administrateur du monde a donné au monde et à ses parties, outre les dispositions innées et les instincts qu'il a fixés en eux, d'autres choses qui permettent de maintenir et de perpétuer l'existence du monde et de ses subdivisions dans leurs dispositions naturelles sur une très longue durée, il faut que l'administrateur de la nation vertueuse en agisse de même. En effet, il ne doit pas s'en tenir aux aspects et habitus vertueux qu'il décrit en leur âme pour qu'ils s'agencent, se lient et coopèrent par les actions, sans leur donner en outre d'autres choses par lesquelles il revendique de les maintenir et de les perpétuer dans les vertus et les biens qu'il a fixés en eux d'entrée de jeu. De manière générale, il doit donc s'en remettre et suivre [66] les traces de l'administration du monde par son administrateur dans ce qu'il a donné aux différentes sortes d'êtres et dans ce qui lui a servi à administrer les instincts, les dispositions et les aspects naturels qu'il a placés et fixés en eux de manière à ce que les biens naturels soient achevés en chaque sorte des êtres du monde eu égard à son rang et à celui de la totalité des êtres, et placer également dans les cités et nations des arts des aspects et des habitus volontaires semblables, de façon à achever les biens volontaires en chaque cité et nation eu égard à leur rang et à leur mérite, afin d'amener par là la totalité des nations et des cités à la félicité en cette vie et dans celle de l'au-delà.

Par là, cela implique aussi que le premier gouvernant de la cité vertueuse connaisse déjà complètement la philosophie théorique, parce qu'il ne peut rien apercevoir de ce qui est dans le monde par l'administration de Dieu (Qu'il soit exalté !) de manière à s'en remettre à lui, sinon par là.

De surcroît, il apparaît clairement que rien de cela ne peut se faire s'il n'y a dans les cités une religion partagée qui unisse leurs opinions, croyances et actions, qui agence, relie et ordonne leurs subdivisions, et qui fasse, ce faisant, que leurs actions coopèrent et s'entre-assistent de sorte qu'elles atteignent le but revendiqué, savoir la félicité ultime.

Textes complémentaires d'al-Fārābī

Il nous a semblé utile de joindre au texte du Livre de la religion *quelques textes qui forment autour de lui une mosaïque où politique, poétique et logique s'entrecroisent, conformément au projet d'un* organon long *présent chez al-Fārābī (voir la présentation). Ils permettent d'éclairer la question de l'ordre, de la loi, et du lien entre discours politique, discours philosophique et discours poétique.*

Les Préliminaires indispensables à l'étude de la philosophie

La philosophie est la science qui permet de comprendre le monde comme ordre, c'est-à-dire comme hiérarchie, en assignant aux réalités naturelles et aux êtres physiques leur rang par rapport aux êtres spirituels. Or l'ordre qui définit la perfection de l'âme humaine ainsi que celle de la cité est à la fois identique à et fixé par l'ordre du monde : perfection psychologique, perfection politique et perfection cosmique sont appréhendées par la philosophie.

(1) Abū Naṣr al-Fārābī a dit :

Les choses qu'on a besoin d'avoir étudiées et connues avant d'étudier la philosophie tirée d'Aristote sont au nombre de neuf :

– la première est le nom des sectes qui ont existé en philosophie ;

– la deuxième, le but d'Aristote en chacun de ses livres ;

– la troisième, connaître la science par laquelle il faut aborder l'étude de la philosophie ;

– la quatrième, connaître la fin visée dans l'étude de la philosophie ;

– la cinquième, connaître la voie empruntée par qui désire la philosophie ;

– la sixième, connaître l'espèce de discours qui est celui d'Aristote et comment il y recourt dans chacun de ses livres ;

– la septième, la raison qui a invité Aristote à recourir aux obscurités dans ses livres ;

– la huitième, connaître la disposition qui doit être celle de l'homme qui aborde la science de la philosophie ;
– la neuvième, les choses dont a besoin qui veut étudier les livres d'Aristote.

I. Le nom des sectes qui ont existé en philosophie

(2) Le nom des sectes qui ont existé en philosophie est dérivé de sept choses [2] :
– premièrement, du nom de l'homme qui enseigne la philosophie ;
– deuxièmement, du nom du pays dont cet enseignant était originaire ;
– troisièmement, du nom de l'endroit où il enseignait ;
– quatrièmement, du mode de vie qui était le sien ;
– cinquièmement, des opinions qui étaient celles des sectateurs de cette école sur la science de la philosophie ;
– sixièmement, des opinions qui étaient celles de ses membres sur la fin visée dans l'étude de la philosophie ;
– septièmement, des actions qui étaient manifestées dans l'étude de la philosophie.

(3) La secte qui a été nommée d'après le nom de l'homme qui enseigne la philosophie est celle des sectateurs de Pythagore.

La secte nommée d'après le nom du pays dont provenait le philosophe est celle de l'école d'Aristippe, qui était de Cyrène.

La secte nommée d'après le nom de l'endroit où il enseignait la philosophie est celle de l'école de Chrysippe, à savoir l'école du Portique, et ils ne portaient ce nom que parce que leur étude se déroulait dans le Portique d'un temple d'Athènes.

La secte qui a été nommée d'après le mode de vie de son école et d'après ses mœurs est celle de l'école de Diogène – et ils sont connus sous l'appellation de « Chiens », parce qu'ils prônaient le refus des prescriptions imposées aux gens dans les cités, l'affection pour les proches et pour leurs frères et la haine pour les autres, or ce trait de mœurs n'appartient qu'aux chiens.

La secte nommée d'après les opinions de l'école sur la philosophie est celle qui se rattache à Pyrrhon et à son école et qui porte le nom d'empêchante, parce qu'il prônait l'empêchement des gens devant la science.

La secte qui a été nommée d'après les opinions de ses sectateurs sur la fin visée dans l'étude de la philosophie est celle qui se rattache à Épicure et à son école et qui est appelée la secte [3] du plaisir. En effet, ils étaient d'opinion que la fin visée en philosophie est le plaisir qui suit la connaissance de cette dernière.

L'école nommée d'après les actions que ses membres manifestaient est celle des Péripatéticiens, à savoir l'école d'Aristote et de Platon. En effet, ces deux philosophes enseignaient en marchant, afin que l'exercice du corps accompagnât celui de l'âme.

II. Connaître le but d'Aristote en chacun de ses livres

(4) Parmi ses livres, certains sont particuliers, ceux qui ne servent à étudier qu'une notion unique, d'autres universels, d'autres encore intermédiaires entre les particuliers et les universels.

Ses livres particuliers, ce sont ses lettres. Parmi les universels, les uns sont des mémoires dans la lecture desquels il est fait mémoire de la science qu'il connaît déjà et les autres servent à étudier la science de la philosophie, dont les uns sont particuliers et les autres généraux.

Parmi ses livres particuliers, les uns servent à étudier la science de la philosophie, les autres servent à étudier les actes de la philosophie et, parmi eux, certains servent à étudier des réalités divines, d'autres des réalités physiques, d'autres encore les réalités didactiques.

(5) Parmi les livres qui servent à étudier les réalités physiques, les uns servent à étudier les réalités générales à toutes les natures, les autres à étudier les faits qui particularisent chacune des natures.

Le livre qui sert à étudier les réalités générales à toutes les natures est celui qui porte le nom de Leçon sur la nature : on y étudie la connaissance des principes qui sont ceux de toutes choses, celles des choses qui ont rang de principe et celles des corrélats de ces choses ainsi que des choses qui ont rang de corrélats. Les principes sont la matière, la forme et les principes qui leur ressemblent et sont des principes, non pas en réalité, mais par approximation. Les corrélats des principes sont le temps et le lieu. Les simili-corrélats [4] sont le vide et l'infini.

Parmi les livres qui servent à étudier les réalités particulières à chacune des natures, dans les uns il enseigne la connaissance des choses qui n'ont pas de génération, et dans les autres, celle des choses engendrées. Pour les choses qui n'ont pas de génération, une partie de leur science leur est générale à toutes et une partie leur est particulière à toutes. Quant aux choses engendrées, la science qui leur est commune à toutes est celle de la modification et du mouvement : la réalité de la modification s'étudie dans son livre Sur la génération et la corruption et la réalité du mouvement s'étudie dans les derniers traités du livre du Ciel. Parmi ceux qui sont particuliers à chacune, il y a ceux qui sont particuliers aux simples et ceux qui sont particuliers aux composées. Les choses qui sont particulières aux simples parmi les choses naturelles[1] s'étudient dans son livre sur les Signes célestes. Quant aux choses qui sont particulières aux

1. Corr. de *ṭabā'i'* en *basīṭa min al-ṭabā'i'* (éd. Dieterci) [NdT].

composées, les unes sont universelles et les autres partielles. Les partielles s'étudient à partir de son livre sur l'Âme et de son livre sur la Sensation et le Sensible

(6) Quant aux livres qui servent à étudier les sciences didactiques, ce sont les livres sur les Spectacles, son livre sur les Lignes et son livre sur les Expédients.

(7) Quant aux livres qui servent à étudier les choses employées en philosophie, certains servent à étudier la correction des mœurs, d'autres le gouvernement des cités, d'autres encore le gouvernement de la maison.

Quant aux livres qui servent à étudier la démonstration employée en philosophie, certains sont lus avant la science de la démonstration, d'autres servent à étudier la démonstration, d'autres encore ont besoin d'être lus après la science de la démonstration.

Quant à ceux qui s'étudient avant la démonstration, certains servent à étudier les parties de la conclusion qui permet que la démonstration soit valide, certains servent à étudier les parties des prémisses qui sont employées dans la démonstration. Celui qui sert à étudier les parties de la conclusion qui rend la démonstration valide, c'est son livre appelé Arminiyās. Ce qui sert à étudier les parties des prémisses employées dans la démonstration se trouve dans son livre qui porte le nom de Qātigūriyās [5].

Ceux qui servent à étudier la démonstration, ce sont ses livres sur la démonstration. Certains de ces livres servent à étudier la forme de la démonstration et d'autres la matière dont la démonstration est issue. La forme de la démonstration s'étudie à partir de son livre sur le Syllogisme, qui porte le nom d'Anūlūtiqā, et sa matière dans son livre sur la démonstration, connu sous le nom d'*Afūdūtiqā*.

Ceux qui ont besoin d'être lus après la science de la démonstration, ce sont ceux qui servent à faire le départ entre la démonstration valide, la fausse et celle qui est pure fausseté pour une part et adultérée pour une autre.

La démonstration fausse d'une fausseté pure s'étudie à partir de son traité sur l'Art de la poésie. Quant à la démonstration adultérée, il y a celle où le vrai et le faux sont en proportion égale, celle où le faux l'emporte sur le vrai, et celle où le vrai l'emporte sur le faux. Celle où vrai et faux sont en proportion égale s'étudie à partir de son livre sur l'Art de l'éloquence, celle où le faux est moindre que le vrai à partir de son livre sur les Lieux de la dialectique, celle où le faux l'emporte sur le vrai à partir de son livre sur l'Art de ceux qui induisent en erreur.

III. La science par laquelle il faut aborder l'étude de la philosophie

(8) Quant à la science qu'il faut aborder avant d'étudier la philosophie, les disciples de Platon considèrent que c'est la science de la géométrie, et ils prennent à témoin un propos de Platon, ce dernier ayant écrit sur la porte de son temple :

> « Que nul s'il n'est géomètre n'entre auprès de nous. »

– cela parce que les démonstrations employées en géométrie sont les plus valides de toutes.

(9) D'autre part, les descendants de Théophraste sont d'avis que l'on commence par la science de la correction des mœurs. En effet, qui n'a pas lui-même des mœurs valides ne peut étudier une science de manière valide. En témoigne Platon, quand il dit [6] :

> « Qui n'est pur et immaculé n'approche pas le pur et l'immaculé. »

ainsi qu'Hippocrate, là où il dit :

> « Aux corps qui ne sont pas purs, toute nourriture est surcroît de mal. »

(10) Quant à Boèthos, qui était de Sidon, il est d'avis que l'on débute par la science de la physique, parce qu'elle est plus connue, plus proche et plus familière.

(11) Cependant Andronicos, son élève, est d'avis que l'on commence par la science de la logique, car c'est l'instrument qui permet d'éprouver le correct et de le distinguer du vain en toutes choses.

(12) Or il n'est nécessaire de repousser aucune de ces opinions. En effet, il faut, dès avant les leçons qui mènent à la science de la philosophie, corriger les mœurs de l'âme concupiscente de sorte que la concupiscence se porte sur la seule vertu, celle qui est réellement vertu et non celle dont on s'imagine qu'elle l'est, j'entends le plaisir et le désir de vaincre, ce qui s'effectue par la correction des mœurs, non par le seul discours mais aussi par les actions. Ensuite, et après cela, on corrige l'âme ratiocinante, de manière à comprendre ainsi la voie de la vérité, qui garantit de l'erreur et de l'attachement dans la vanité, ce qui s'effectue par l'exercice dans la science de la démonstration. Or la démonstration est de deux sortes, l'une géométrique, l'autre logique : il faut donc commencer par tirer de la science de la géométrie, dans une certaine mesure, ce dont on a besoin dans les démonstrations géométriques, puis s'y exercer ensuite dans la science de la logique.

IV. La fin visée dans l'étude de la philosophie

(13) La fin visée dans l'étude de la philosophie c'est la connaissance du Créateur (Qu'il soit exalté !) – du fait qu'il est un et immobile, que c'est la cause efficiente de toutes choses, que c'est lui qui a mis en ordre ce monde – de sa générosité, de sa sagesse, de sa justice [7].

Quant aux actions accomplies par le philosophe, elles consistent à s'assimiler au Créateur à la mesure de la capacité humaine.

V. La voie empruntée par qui désire la philosophie

(14) La voie que doit emprunter celui qui désire étudier la philosophie consiste à viser ces actions et à chercher à atteindre cette fin.

Or on vise les actions au moyen de la science complète qui passe par l'acte, et on n'atteint la fin dans la science qu'en connaissant les réalités naturelles, car ces dernières sont plus proches de notre compréhension, puis la géométrie, et on atteint la fin dans l'action en corrigeant d'abord l'homme lui-même, puis le reste, dans sa maison ou dans sa cité.

VI. L'espèce du discours d'Aristote et comment il y recourt en chacun de ses livres.

(15) L'espèce du discours employée par Aristote dans ses livres est de trois types. Dans ses livres particuliers, il emploie un discours qui est resserré et qui tient les indiscrets à l'écart. Dans ses commentaires, il emploie un discours fermé et profond. Dans ses épîtres, il suit la règle qui impose le discours à employer dans l'épître, à savoir le discours clair et bref.

VII. La raison qui a invité Aristote à recourir aux obscurités dans ses livres

(16) Les raisons pour son emploi des obscurités résident en trois choses. [8] La première est de purifier la nature de l'étudiant : étudie-t-il correctement ou non ? En deuxième lieu, pour ne pas prodiguer la philosophie à tout le monde et la réserver à qui en est digne. En troisième lieu, pour exercer la pensée à la fatigue de la recherche.

VIII. Connaître la disposition qui doit être celle de l'homme qui aborde la science de la philosophie

(17) La disposition qui doit être celle de l'homme qui aborde la science d'Aristote est qu'il ait déjà lui-même pris les devants et corrigé les mœurs de son âme concupiscente de sorte que sa concupiscence se porte sur la seule vérité, non sur le plaisir, et qu'il ait en outre corrigé la faculté de l'âme ratiocinante de manière à avoir une volonté saine.

(18) À l'égard d'Aristote, il ne doit avoir ni affection qui le meuve à préférer ce dernier à la vérité, ni animosité qui l'incite à le tenir pour faux. À l'égard de son professeur, il ne doit manifester ni ascendant fort, ni humilité excessive, car le fort ascendant incite l'étudiant à avoir de l'animosité pour son professeur, et ce qu'il tire de son professeur avec une humilité excessive l'incite à le mépriser et à le négliger ainsi que sa science.

(19) Il a besoin d'une diligence et d'une opiniâtreté violentes, car on a dit : « La goutte d'eau à force d'opiniâtreté force le rocher ».

Ne guère s'occuper d'autre chose que de la science, car la multiplicité des préoccupations diverses fait de son possesseur un homme confus et désordonné.

Avoir longue vie, car, si guérir les corps, Hippocrate l'a dit, accroît la vie, combien *a fortiori* n'en va-t-il pas ainsi pour la guérison de l'âme [9] ?

IX. Les choses dont a besoin qui veut étudier les livres d'Aristote

(20) Les choses dont on a besoin sont : premièrement le but dans le traité de la logique, deuxièmement l'utilité de sa science, troisièmement la raison de la dénomination de ses livres, quatrièmement son authenticité,

cinquièmement son ordonnancement, sixièmement la connaissance du discours employé dans ses livres, septièmement les parties qui subdivisent chacun de ses livres.

D'autre part le syllogisme est composé de deux choses : en premier lieu les prémisses qui constituent le syllogisme, en second lieu la forme qui informe le syllogisme. La science de ces choses se tire du livre des *Analytiques*. Quant aux prémisses, elles sont faites des définitions et des formes, lesquelles sont les parties dernières du discours.

Les genres simples des choses sur lesquelles repose le discours sont au nombre de dix, dont chacun désigne chacune de ces choses[1] : on les trouve dans le livre des *Catégories*. Les formes des prémisses se trouvent dans le livre du Barīrmīnās. Les prémisses du syllogisme se trouvent dans son livre de la Démonstration [10].

On a donc besoin de lire ces livres avant la logique, parce qu'ils incitent à connaître la cause dans la description de chacun d'eux.

Il ne reste plus qu'à connaître les chapitres qui subdivisent chacun de ses livres, et on a besoin de savoir cela pour lire chacun d'eux.

Reliqua desunt

Les Préliminaires indispensables à l'étude de la philosophie,
dans *Almantiqiyyāt li-l-Fārābī*, éd. par Danechpajouh, Qom, 1408h., vol. 1, p. 1-15.

1. Corr. de *'agnās* en *'ašīā'* [Ndt].

Discours d'al-Fārābī sur la proportion et l'agencement

Le discours sur la proportion et l'agencement éclaire la question du rang de l'homme dans la hiérarchie des êtres en mimant l'ordre dans le monde par l'ordre du discours poétique. Les rythmes entrent en résonance avec l'ordre proportionné de l'âme, de manière à former un « discours naturel » au sein duquel sont pertinentes les catégories logiques de vérité et de fausseté.

(1) Le Second Maître, Abū Nasr al-Fārābī (Dieu sanctifie son âme !) a dit :

Fondements psychologiques et politiques de la poésie

(2) Étant donné que l'âme possède un ordre proportionné, même si ce n'est pas sur le mode du combien, qui était déjà connu par son immense penchant, parmi tous les sensibles, pour les composés proportionnés, à l'exclusion des simples, soit parmi les choses de la vue (et ce sont, par exemple, les agencements de couleurs, les dessins où varient les pigments, les figures, les arceaux et les rinceaux qui possèdent de l'égalité, de l'ordre et de la proportion dans leur agencement), soit parmi les choses du goût (comme les mets composés à partir des condiments et des épices), soit parmi les choses de l'odorat (comme les parfums composés, tels que le gālia[1], l'aloès

1. Parfum composé à base de musc et d'ambre [NdT].

et l'encens), soit parmi les choses de l'ouïe (comme les sons et les chansons composées et proportionnées) – et c'est pourquoi les ornements, les dessins, l'art de la cuisine et celui de la parfumerie ont vu le jour – et que, de plus, parmi les notions du discours, il en est certaines qui ne persuadent pas l'auditeur, soit à cause de l'inconsistance de leur fondement, savoir la sensation et l'imagination, soit à cause de la faiblesse du vulgaire pour se les représenter par le pur discours, et d'autres qu'il appelle de ses vœux, les hommes politiques ont été contraints, pour le bon état du monde, de mettre en œuvre ce qui contribue au bon état des gens et à la satisfaction de leurs besoins par la composition du discours, et les paroles ont été rythmées avec l'agencement des chansons et des cadences qui endiguent l'imagination.

La matière de la poésie : congruence des notions de l'âme et des rythmes

(3) Or l'âme ressentait une contraction répugnant aux objets incompatibles et une dilatation l'attirant à des objets congruents. Or rien de cela n'est étranger à une certaine proportion de rythme et à l'agencement sonore de ce qui y correspond. Pour ces différentes espèces de mouvement et de dilatation, de repos et de contraction, on a donc fabriqué des rythmes, des poésies et des sons qui, du point de vue de la conformité et de la ressemblance, se sont trouvés susceptibles de recevoir la notion, jusqu'à ce que les Anciens aient disposé de douze [505] espèces de rythmes pour agencer les chansons, sur douze classes parmi leur société, qui sont comme la racine et la règle, dont les lieux ont déjà été discutés jusqu'au moment où ils ont employé, pour chacune de ces notions, l'agencement et le rapport qui lui est congruent, chacun de ces rythmes, chacune de ces notions se réfléchissant dans ce qui était associé.

(4) Si donc on veut examiner avec précision leurs effets, il faut se distinguer dans les sciences mathématiques, et ensuite dans les sciences physiques, afin de connaître la conformité de l'ordre du tempérament avec l'ordre du rythme. Toutefois, étant donné que le but ici est de réaliser l'effet et d'atteindre le but, posons qu'il en va comme de celui qui pratique l'astronomie avec les éphémérides et le pur calcul, au lieu de l'Almageste et de l'astronomie démonstrative. Il suffit donc de recourir à ce qui en est congruent parmi les poésies de chaque langue en se réglant sur le goût et sur l'expérience, à la façon dont nous trouvons que cela s'est produit dans l'émoi de la danse et du dastabanad[1] à partir du rapport de double, du rapport de un plus un demi, de celui des égaux et du double, [de celui de un et de un demi] dans l'émoi de la guerre et de l'inimitié au moyen des rapports égaux, dans l'observation des tambours et tambourins avec ceux du même, du tiers et du double et un tiers, et lors de la translation des masses au moyen de celui du double et des multiples.

(5) Quant à la cadence et à l'agencement sonore, c'est comme un discours naturel et commun à toutes les nations et à de nombreux animaux. En effet, on en chasse beaucoup au moyen des mélodies et des chansons, et beaucoup ont recours à la chanson simple, comme le rossignol et d'autres oiseaux.

La forme de la poésie : syllogisme poétique et suggestion imaginative

(4) Cependant, de même qu'il appartient au syllogisme sophistique de donner l'illusion que la chose est son

1. Terme persan, tiré de *dast*, la main, et qui désigne une espèce de danse.

contraire, lorsqu'on a l'illusion que l'immobile est en mouvement, par exemple quand on suppose que la lune est en mouvement en raison du mouvement des nuages[1], et comme on a l'illusion que le droit est courbe, par exemple le morceau de bois dressé dans l'eau, et que le petit est immense, un dirham dans l'eau par exemple, ou une planète dans la brume, et comme l'illusion que le doux est amer, le miel dans la bouche du fiévreux par exemple, de la même manière le syllogisme poétique suggère que ce qui n'est pas est, je veux dire qu'il donne l'illusion que ce qui n'existe pas existe, comme le reflet du croissant de lune et de la personne dans l'eau, comme l'imagination de la chose que, dans les rêves et dans les songes, nous prononçons exister à cause de son existence dans l'imagination, et comme nous posons des syllogismes au moyen des choses similaires et semblables, par exemple « L'homme est beau ; le soleil est beau ; donc l'homme est un soleil » et « le feu est prompt à agir ; le glaive est prompt à tuer ; donc le glaive est un feu ».

C'est donc sur cela que repose la construction de ce syllogisme, et on s'appuie à cet égard sur la passivité de l'âme suscitée par la conformité du rythme [506] de la poésie avec cette notion.

Le but de la poésie et sa définition

(5) On a donc commis une erreur quand on a dit à propos des subdivisions des livres de logique que la poésie est pure fausseté, parce que l'objectif de la poésie n'est pas d'être fausse, mais son objectif et sa fin sont d'émouvoir l'imagination et la passivité de l'âme, ce qui apparaissait déjà dans sa définition, à savoir : « La poésie est

1. Corr. *ḥisāb* en *saḥāb* [NdT].

un discours agencé, suggérant l'image, enserré dans une cadence conforme, doué de phrases de cadence égale, réitérées et semblables dans leurs lettres ultimes ».

Ici s'achève le discours du Second Maître.

Discours d'al-Fārābī sur la proportion et l'agencement
dans *Almantiqiyyāt li-l-Fārābī*, éd. par Danechpajouh, Qom, 1408h., vol. 1, p. 504-506.

Le Livre de la poésie

Ce traité fait la liaison entre deux ouvrages d'Aristote, la fin des Réfutations sophistiques *et la* Poétique. *Dans les deux cas, l'énoncé est faux, mais, dans un cas, l'énoncé imitatif vise à donner l'illusion de la ressemblance, dans l'autre cas, l'énoncé vise à donner l'illusion de la contradiction. L'énoncé imitatif est aussi un syllogisme en puissance, qu'al-Fārābī appelle « illustration ».*

Définition de la poésie. La poésie arabe et celle des autres nations

(1) Les Arabes ont prêté plus d'attention à la fin des vers en poésie que bien des nations dont nous connaissions les poésies. Par suite, elle ne devient plus parfaite et meilleure qu'à la faveur d'un certain nombre de mots donnés et définis, soit étranges soit bien connus, et du fait que les notions comprises à partir de ses mots sont des réalités qui imitent les réalités sur lesquelles porte le discours, qu'elles sont cadencées, qu'elles sont subdivisées en parties, que leurs parties dans chaque cadence sont des *sulāmīya*[1], des *sabab* et des *watid*[2] en nombre défini, que leur agencement est en chaque rythme un agencement défini, que leur agencement en chaque

1. Corr. de *sulābīyāt* en *sulāmīyāt*, littéralement « phalanges » des doigts. Ce terme désigne ici des parties des pieds des vers, c'est-à-dire des groupes métriques [NdT].

2. *Sabab*, au pluriel *asbab* et *watīd*, au pluriel *'aotād*, littéralement « cordes » et « piquets », désignent des unités métriques dans la prosodie de l'arabe classique [NdT].

partie est celui de l'autre (en effet, c'est ainsi que leurs parties s'égalisent dans le temps de leur élocution), que leurs mots sont agencés en chaque rythme selon un agencement défini et que leur fin est définie, soit au moyen de lettres identiques, soit au moyen de lettres dont le temps d'élocution est égal, que les mots sont de surcroît comme les imitations de la réalité sur laquelle porte le discours, enfin qu'ils sont chantés.

En effet, certaines nations posent que les mélodies sur lesquelles on chante la poésie sont des parties de la poésie à l'instar de certaines de ses lettres, de sorte que, si le discours existe sans la chanson, le rythme est perdu, à la manière dont, si l'une de ses lettres faisait défaut, son rythme serait perdu. D'autres, cependant, ne traitent pas la chanson comme certaines des lettres du discours, mais posent seulement le discours dans ses lettres. Ce qui est le cas, par exemple, des poésies des Arabes. Si ces dernières sont chantées, il peut se faire que la cadence de la chanson diffère de la cadence du discours et que, lorsqu'elle est chantée, la cadence du discours lui-même disparaisse. Les premiers ont donc seulement posé que les mélodies étaient comme les lettres du discours pour se garder de la disparition de la cadence du discours, lorsqu'il est chanté [501].

La définition du vulgaire et celle des Anciens : imitation et rythme sont les critères essentiels

(2) Toutefois le vulgaire, ainsi que nombre de poètes, considèrent seulement que l'énoncé est poésie lorsqu'il est rythmé et constitué de parties articulées en un temps égal, mais ils sont indifférents à la question de savoir s'il est agencé à partir de réalités qui imitent la chose ou non, et sont indifférents à la question de savoir ce qu'il en est de ses mots du moment qu'ils sont châtiés en cette langue, mais choisissent parmi eux ce qui est bien connu et facile.

De surcroît, nombre d'entre eux posent pour clause l'égalité de la fin de ses parties, et cela ou bien en ce que ce sont des lettres unes et identiques, ou bien en ce que ce sont des lettres articulées en des temps égaux. Et le cas d'Homère, le poète des Grecs, fait bien voir qu'il n'observe pas l'égalité des fins.

Si donc l'énoncé est agencé à partir de ce qui imite la chose sans être rythmé par une cadence, il n'est pas compté pour poésie, mais on dit : « c'est un énoncé poétique ». En revanche, s'il est également rythmé, et divisé en parties, cela devient de la poésie.

(3) De la sorte, la tenue et la substance de la poésie consistent, chez les Anciens, en ce que ce soit un énoncé agencé à partir de ce qui imite l'état de fait, en ce qu'elle soit constituée de parties articulées en des temps égaux – puis le reste de ce qui s'y trouve, mais ce n'est pas le nécessaire dans sa substance, et ce ne sont que des choses qui rendent la poésie meilleure. La plus importante de ces deux choses pour la tenue de la poésie, c'est l'imitation, avec la science des choses qui permettent l'imitation, et la moins importante est le rythme.

Les cas frontaliers : rhétorique poétique et poésie rhétorique

(4) Et il peut arriver que la rhétorique emploie l'imitation dans une portion exiguë, quand cela est très proche, clair et bien connu de tous. Il peut se faire aussi que ce soit une erreur commise par un grand nombre de rhéteurs qui ont dans leur nature une capacité pour les énoncés poétiques, ce qui les fait employer l'imitation plus qu'il n'est dans la nature de la rhétorique de l'employer, à ceci près qu'on n'y ajoute pas crédit. De la sorte, leur énoncé est auprès de bien des gens une rhétorique littéraire, mais il s'agit, en réalité, d'un énoncé poétique, où

l'on s'est dévoyé de la méthode rhétorique pour adopter la méthode poétique.

Au rebours, de nombreux poètes, doués d'une faculté pour les énoncés persuasifs, instituent les énoncés persuasifs et les rythment. Alors, pour bien des gens, il s'agit de poésie, mais ce n'est qu'un énoncé rhétorique où l'on s'est dévoyé des manières de la rhétorique.

Enfin, bien des rhéteurs réunissent les deux traits dans leur discours rhétorique, et bien des poètes en font de même, [502] et la plupart de la poésie est ainsi faite.

L'imitation et ses subdivisions

(5) Les énoncés poétiques sont donc ceux qui ont pour nature d'être agencés à partir de choses imitant la réalité sur laquelle porte le discours. Or l'imitation des réalités peut se faire par un acte, et elle peut se faire par un énoncé.

Celle qui se fait par un acte est de deux sortes : dans la première, l'homme imite un chose donnée au moyen de sa main, par exemple en fabriquant une statue qui lui sert par soi à imiter un homme, ou autre chose, ou bien il accomplit un acte qui lui sert à imiter un homme, ou autre chose.

L'imitation par un énoncé, cependant, consiste à agencer le discours que l'on compose ou prononce au moyen de réalités qui imitent la chose sur laquelle porte l'énoncé, cela en posant l'énoncé comme désignant des réalités qui imitent cette chose. Par l'énoncé agencé au moyen de ce qui imite la chose, on revendique alors de susciter l'image de cette chose, soit son image en elle-même, soit son image en autre chose.

L'énoncé imitatif est alors de deux sortes : une sorte qui suggère l'image de la chose elle-même, et une sorte qui suggère l'image de l'existence de la chose en autre chose, ainsi qu'il en va des énoncés scientifiques. En effet, l'un d'eux fait connaître la chose en elle-même, la définition par exemple, tandis que le second fait connaître l'existence de la chose en autre chose, la démonstration par exemple.

Suggestion imaginée et action humaine : le but de la poésie

(6) La suggestion imaginée est alors ce qu'est la science en démonstration, la supposition en dialectique et la persuasion en rhétorique.

En effet, les actions de l'homme suivent ses imaginations en bien des cas : il peut arriver qu'il s'imagine quelque chose à propos de réalités données, et fasse à cet égard ce qu'il ferait si le hasard faisait à cet égard que pour la sensation, ou pour la démonstration, cette chose existât en cette réalité, même si le hasard fait que ce qu'il a imaginé n'est pas tel qu'il l'a imaginé. Par exemple, on dit qu'un homme, lorsqu'il voit quelque chose qui ressemble à ce qui lui répugne, s'imagine sur l'heure de cette chose qu'elle fait partie de ses répugnances, son âme s'endurcit alors contre elle et l'évite, même si le hasard fait qu'elle ne soit pas en réalité telle qu'il l'a imaginée.

De la même manière, il advient à l'homme que, lorsqu'il entend des énoncés imitatifs, il s'imagine alors une réalité donnée à propos de la chose. En effet, de ce qu'il voit de ses yeux, il imagine une réalité donnée dans cette chose si cette même chose lui était caractérisée au moyen d'un énoncé, car cet énoncé lui suggérerait à propos de cette chose l'image de la même réalité dont ce qu'il a vu de ses yeux lui a suggéré l'image à son propos, par exemple dans le cas des énoncés qui suggèrent à propos de quelque chose l'image de la beauté, ou celle de la laideur, ou celle de l'injustice, ou celle de la bassesse, ou celle de la splendeur.

Ainsi, en bien des cas, les actions de l'homme suivent ses imaginations, en bien des cas, elles suivent sa supposition ou sa science, et il arrive, en bien [503] des cas, que sa supposition ou sa science soient contraires à son imagination et que son action se règle sur son imagination, mais non sur la supposition ou la science qu'il a de la chose.

(7) C'est pourquoi l'objectif visé par les énoncés suggestifs d'images est d'inciter leur auditeur à accomplir la chose à propos de laquelle l'image d'une réalité quelconque lui a été suggérée : à la rechercher, à l'esquiver, à lutter pour l'obtenir, à l'exécrer, et autres actions dues à une répulsion ou à une approbation, que l'image qui lui en est suggérée soit vraie ou non, que l'état de fait soit réellement conforme à ce qu'il a imaginé ou ne le soit pas.

Imitation et imitation d'imitation

(8) De même donc que, lorsqu'un homme imite une chose donnée par ce qu'il fait, il peut arriver qu'il fasse ce qui l'imite lui-même et il peut arriver qu'il fasse en outre quelque chose qui imite ce qu'il imite, car il peut arriver qu'il fasse une statue qui imite Zayd, et qu'il fasse en outre un miroir où il regarde la statue de Zayd (et il en va de même pour nous : il peut se faire que nous ne connaissions pas Zayd, et nous regardons alors sa statue, et le connaissons dans ce qu'elle imite pour nous, mais non par sa forme elle-même. Il peut aussi arriver que nous n'ayons pas vu sa statue elle-même, mais que nous ayons vu la forme de la statue dans le miroir : alors nous le connaissons dans ce qui imite ce qui l'imite, et nous nous sommes éloignés de sa réalité de deux degrés), ce même trait s'attache aux énoncés imitatifs : il peut se

faire qu'ils soient agencés à partir de choses qui imitent la réalité elle-même, et il peut se faire qu'ils soient agencés à partir de ce qui imite les choses qui imitent la réalité elle-même, puis de ce qui imite ces dernières choses, et s'éloigne ainsi de cette réalité par l'imitation en bien des degrés.

De même aussi pour l'imagination de la chose à partir de ces énoncés : ces gradations s'attachent à l'imagination qu'on en a, et la chose est imaginée au moyen de ce qui l'imite immédiatement, elle est imaginée au moyen d'une médiation unique, et au moyen de deux médiations, conformément à l'énoncé qui imite la chose.

Or bien des gens posent que l'imitation de la chose par la réalité la plus éloignée est plus complète et meilleure que l'imitation de la chose par la réalité la plus proche, ils posent que l'artisan des énoncés qui sont ainsi faits a plus de mérite dans l'imitation, rentre davantage dans l'art et suit davantage sa démarche.

Le Livre de la poésie
dans *Almantiqiyyāt li-l-Fārābī*, éd. par Danechpajouh, Qom, 1408h., vol. 1, p. 500-503.

Traité sur les règles de l'art des poètes par le Second Maître

*Dans ce texte, al-Fārābī expose la nature syllogistique de tout discours, y compris le discours poétique. L'imitation est la notion qui parcourt l'ensemble de l'*organon long *: le poème est un énoncé imitatif, et l'illustration, la comparaison, la ressemblance, l'imitation font partie des règles universelles du discours qui entrent dans le réseau logique. Le poème est bien une forme de syllogisme.*

Le but d'al-Fārābī dans ce traité

(1) Il a dit : Notre but dans ce traité est d'établir des énoncés et d'évoquer des notions qui mèneront celui qui les connaît à comprendre ce que le Sage a établi dans l'art de la poésie, et notre objectif n'est pas d'épuiser tout ce dont on a besoin en cet art et dans sa mise en ordre, si tant est que le Sage n'ait pas perfectionné l'art qui induit en erreur davantage que le discours sur l'art de la poésie. En effet, il n'avait pas trouvé chez ses prédécesseurs de principes ni de règles lui permettant de les reprendre, de les mettre en ordre, de construire sur eux et de leur donner leur vérité, ainsi qu'il le déclare à la fin de ses discours sur l'art de ceux qui induisent en erreur. Si donc nous aspirions à compléter l'art que le Sage n'a pas aspiré à compléter avec toute sa supériorité et son ingéniosité, ce ne serait pas une chose qui nous incomberait. Le mieux pour nous est donc d'indiquer ce dont nous disposons à ce jour parmi les règles, illustrations et discours qui sont utiles en cet art.

Première partition : l'énoncé imitatif

(2) Nous disons, par conséquent, que les mots ne peuvent manquer d'être, ou bien désignants, ou bien non désignants. Parmi les mots désignants, il y a ceux qui sont isolés et ceux qui sont composés. Parmi les composés, il y a ceux qui sont des énoncés, et ceux qui ne sont pas des énoncés. Parmi les énoncés, il y a ceux qui sont apophantiques et ceux qui ne sont pas apophantiques. Parmi les apophantiques, il y a ceux qui sont vrais, et ceux qui sont faux. Parmi les faux, il y a ceux qui déposent dans l'esprit des auditeurs la chose plutôt que le discours, et ceux qui y déposent le discours qui imite la chose. Ces derniers sont les énoncés poétiques.

(3) Parmi ces imitatifs, il y a alors ceux où l'imagination est plus complète, et ceux où elle est plus déficiente. L'investigation du plus complet et du plus déficient n'incombe qu'aux poètes et aux gens de savoir sur les poésies de chaque langue [494] et de chaque dialecte, et c'est pourquoi ces gens n'ont pas manqué d'en parler, sans que l'on suppose que l'énoncé qui induit en erreur et celui qui imite sont un énoncé unique.

Et, de fait, ils diffèrent à plusieurs égards. Il y a, entre autres, le fait que le but visé par celui qui induit en erreur n'est pas celui de celui qui imite, étant donné que celui qui induit en erreur est celui qui induit de manière erronée l'auditeur à la contradictoire de la chose, de façon à lui donner l'illusion que ce qui est n'est pas et que ce qui n'est pas est. En revanche, celui qui imite une chose ne donne pas l'illusion de la contradictoire, mais celle de la ressemblance.

Il existe alors quelque chose de similaire dans le sens. En effet, la situation qui impose l'illusion que ce qui est immobile est mû, à la façon de ce qui advient à celui qui est à bord du navire lorsqu'il regarde les personnes qui se tiennent sur les berges, ou à l'homme qui est sur terre au printemps lorsqu'il regarde la lune et les planètes au travers de nuages qui passent rapidement, est celle qui induit le sens en erreur. En revanche, la situation qui advient à celui qui regarde les miroirs et les corps polis est celle qui donne l'illusion de la ressemblance.

Deuxième partition : l'illustration

(4) On peut aussi diviser les énoncés selon une autre subdivision. Nous disons alors : l'énoncé ne peut manquer d'être ou bien apophantique, ou bien non apophantique. Parmi l'apophantique, il y a celui qui est un syllogisme et celui qui n'est pas un syllogisme. Parmi le syllogisme, celui qui est en puissance et celui qui est en acte. Celui qui est en puissance est, ou bien une induction, ou bien une illustration. Or l'illustration, dans la plupart de ses emplois, ne s'emploie que dans l'art de la poésie. Ainsi, il apparaît alors clairement que l'énoncé poétique, c'est l'illustration.

Troisième partition : l'énoncé poétique comme syllogisme

(5) On peut aussi diviser les syllogismes et, de manière générale, les énoncés selon une autre subdivision. On dit alors que les énoncés sont, ou bien nécessairement et universellement vrais, ou bien nécessairement et universellement faux, ou bien fortement vrais et fortement faux, ou bien à égalité dans le vrai et le faux. Les universellement et nécessairement vrais sont les démonstratifs, ceux qui sont vrais en partie et majoritairement sont les dialectiques, ceux qui sont vrais à égalité sont les rhétoriques, ceux qui sont vrais en partie et minoritairement sont les sophistiques, ceux qui sont universellement et nécessairement faux sont les poétiques.

On voit alors clairement, à partir de cette subdivision, que l'énoncé poétique est celui qui n'est ni démonstratif, ni dialectique, ni rhétorique, ni induction en erreur et [495] que, en outre, il se ramène à l'une des espèces du *sullogismos* et de ce qui fait suite au *sullogismos*. Où, en disant qui « fait suite », je veux dire l'induction, l'illustration, l'indice et autres choses semblables, dont la valeur est celle d'un syllogisme.

Subdivision des énoncés poétiques (I) : le cas général

(6) Dès que nous avons caractérisé ce qui vient d'être évoqué, il nous convient de caractériser désormais les énoncés poétiques et de dire comment ils se ramifient en espèces. Nous disons donc que les énoncés se ramifient, ou bien en fonction de leurs rythmes, ou bien en fonction de leurs notions.

Pour ce qui est de leur ramification du point de vue des rythmes, le discours qui investigue cela est réservé au musicien et au métricien, quelle que soit la langue de ces énoncés et quel que soit le groupe où cette musique se trouve.

Quant à leur ramification du point de vue de leurs notions, l'investigation en appartient à celui qui est savant dans le domaine des symboles, de l'expression et des poésies, et à celui qui considère leurs notions et ce qui permet de les découvrir en chaque nation et en chaque groupe, ainsi qu'il en va de nos contemporains parmi les savants sur les poésies des Arabes et des Persans qui ont composé les livres à ce sujet et qui ont donné aux poésies les noms de satires, de panégyriques, d'éloges de soi-même, d'énigmes, de facéties, de galanteries, de prescriptions, etc… dans les livres qu'il n'est pas difficile de trouver et qu'on peut se dispenser d'évoquer de manière prolixe.

Subdivision des énoncés poétiques (II) : l'exception grecque

(7) Revenons par conséquent à un autre point de départ, et disons que la majorité des poètes, dans les nations du passé et d'aujourd'hui dont la connaissance est parvenue jusqu'à nous, ont mêlé les manières dans leurs poésies et n'ont pas ordonné un rythme connu à chaque espèce des notions, à l'exception des seuls Grecs. Ces derniers, en effet, ont posé une espèce de rythme pour chaque espèce de la poésie, en faisant par exemple que les rythmes des panégyriques ne soient pas les rythmes des satires, que les rythmes des satires ne soient pas les rythmes des facéties, et ainsi de suite pour le reste. En revanche, il peut arriver que les autres nations et groupes disent les panégyriques sur un grand nombre des rythmes qui leur servent à dire les satires, soit sur tous soit sur la plupart, et n'aient pas sur ce chapitre la précision qui était celle des Grecs.

Les espèces de la poésie grecque

(8) Quant à nous, nous allons dénombrer les différentes sortes de poésie chez les Grecs, en nous réglant sur le dénombrement effectué par le Sage dans ce qu'il a dit sur l'art de la poésie, et indiquer chaque espèce.

Nous disons donc que les poésies des Grecs ne sortaient pas des espèces que je vais dénombrer ici, savoir : *atrāgūdiyya*, dītirambī, qūmūdiyyā, ayambū, [496], darāmātā, ayunī, dīqarāmī, sātūrī, fuyūmūtā, afīqī, rīṭūrī, īfījānāsāūs et aqūstiqī[1].

1. Ces termes sont soit des translittérations arabes des termes grecs avec parfois un déplacement de sens (la « tragédie » devient un éloge et la « comédie » une satire), soit une catégorisation d'espèces poétiques qui ne correspondent pas à une pratique grecque avérée et pour lesquelles nous n'avons pas d'équivalent français [NdT].

(9) Pour ce qui est de la *tarāgūdiyya*, c'est une espèce de la poésie qui a un rythme connu et qui délecte toutes les personnes qui l'écoutent ou la récitent, où l'on évoque le bien et les choses louées et désirables, et qui sert à faire l'éloge des gouvernants des cités. Les joueurs d'instruments de musique la chantaient devant les rois et, après la mort du roi, ils ajoutaient dans ses parties d'autres mélodies et les présentaient à ces rois.

Le *dītirambī* est une espèce de la poésie qui a un rythme double de celui de la *tarāgūdiyya*, où l'on évoque le bien et les mœurs universelles louables et les vertus humaines ; le but visé n'y est pas le panégyrique d'un roi connu, ni d'un homme connu, mais on y évoque les biens universels.

La *qūmūdiyyā* est une espèce de la poésie qui a un rythme connu et où l'on évoque les maux et les satires des gens, leurs mœurs blâmables et leurs caractères peu appréciables. Il pouvait se faire que l'on ajoutât des mélodies parmi ses parties, où l'on évoquait les mœurs blâmables communes aux gens et aux animaux, ainsi que les formes hideuses communes.

L'*ayambū* est une espèce de la poésie qui a un rythme connu et où l'on évoque les discours bien connus, que ces derniers soient des biens ou des maux, pourvu qu'ils soient bien connus, par exemple les proverbes. Cette sorte de poésie était utilisée dans les disputes et les combats, ainsi que dans les moments de colère et d'angoisse.

Quant aux *darāmātā*, cette sorte est spécifique, à ceci près que l'on y évoque les illustrations et les discours bien connus à propos d'hommes connus et de personnalités connues.

L'*ayūnī* est une espèce de la poésie où l'on évoque les discours qui causent de la joie, soit en raison de leur excessive excellence, soit parce qu'ils sont étranges et merveilleux.

Le *dīqarāmī* est une espèce de la poésie qui était employée par les législateurs et où ils évoquaient les frayeurs rencontrées par les âmes humaines lorsqu'elles étaient encore mal dégrossies et inéduquées [497].

L'*afīqī* et le *rītūrī* sont une espèce qui sert à caractériser les prologues politiques et légaux, et par laquelle on évoque la vie des rois, leur histoire, leur époque et leurs affaires.

Le *sāṭūrī* est une espèce de la poésie qui a un rythme créé par les savants musiciens afin de susciter par leur récitation des mouvements chez les bêtes et, de manière générale, chez tous les animaux, parmi ceux que l'on admire lorsqu'ils sortent de leurs mouvements naturels.

La *fuyūmūtā* est une espèce de la poésie qui sert à caractériser la poésie bonne et vicieuse, celle qui est correcte et celle qui est faussée, et qui compare chacune des espèces de la poésie à ce qui lui ressemble parmi les actions belles et bonnes, ou hideuses et mauvaises.

L'*īfījānāsāūs* est une espèce de la poésie créée par les savants physiciens et où l'on célébrait la louange des sciences physiques ; c'est l'espèce de la poésie qui s'écarte le plus de l'art de la poésie.

L'*aqūstiqī* est une espèce de la poésie dont le but est d'instruire ceux qui étudient l'art de la musique, elle se borne à cela et n'a pas d'usage en dehors de ce chapitre.

Telles sont donc les différentes sortes de la poésie chez les Grecs et leurs notions, d'après ce qui est en est arrivé jusqu'à nous grâce à ceux qui connaissent leurs poésies et d'après ce que nous en avons trouvé dans les discours attribués au Sage Aristote sur l'art de la poésie, ainsi qu'à Thémistius et à d'autres Anciens, ainsi qu'aux commentateurs de leurs livres.

L'art et la nature en poésie

(10) Nous avons aussi trouvé, dans certains de leurs discours, des notions qu'ils avaient ajoutées à la fin de leur

dénombrement de ces différentes sortes. Nous allons donc les évoquer également d'après ce que nous avons trouvé.

Nous disons donc que les poètes ont ou bien une complexion et une nature prédisposées à raconter la poésie et à la dire, avec une bonne facilité pour la comparaison et l'illustration, ou bien pour la plupart des espèces de la poésie, ou bien pour une seule de ses espèces, sans connaître l'art de la poésie comme il le faut, mais en s'en tenant à l'excellence de leur naturel et de leur facilité pour ce pour quoi ils sont doués et que en réalité, ils ne sont pas habiles[1] là où ils ont manqué la réflexion ou la solidité parfaites dans l'art. Quant à celui qui l'a nommé habileté poétique, c'est à cause des actions des poètes qu'il manifeste. [498]

Ou bien ils connaissent l'art des poètes d'une connaissance véritable, sans qu'aucune de ses particularités ni aucune de ses règles ne leur échappent, quelle que soit l'espèce de leur activité poétique, et ils excellent dans les illustrations et les comparaisons à la faveur de l'art. Ce sont ces derniers qui méritent le nom de poètes habiles.

Ou bien encore ce sont des copieurs de ces deux classes et de leurs actions : ils préservent leurs actions et suivent leur exemple dans les illustrations et les comparaisons sans avoir de naturel poétique, ni de connaissance des règles de l'art. La plupart de ces derniers ne sont que fautes et erreurs.

Nature et coercition

(11) Et nous disons que la production artistique de chacun de ces trois groupes ne peut manquer de résulter ou bien

1. Le terme arabe est *musalağsīn*, que nous traduirons toujours par «habiles» dans la suite, et *musalağsān* par «habileté».

d'une nature, ou bien d'une coercition. Je veux dire par là que celui qui est prédisposé au panégyrique et à dire le bien peut, dans certains cas, se trouver contraint à dire certaines satires, et de même pour le reste, tandis que celui qui a étudié l'art, qui s'est habitué lui-même à l'une des espèces de la poésie et l'a adoptée parmi ses espèces, peut se trouver forcé[1] par un événement qui lui advient à pratiquer ce à quoi il ne s'est pas habitué et qu'il ne s'était pas choisi pour lui-même, et que cela procède alors d'une contrainte, issue soit de son âme, soit de l'extérieur. Le plus louable est alors ce qui procède d'une nature.

Le bon poète et le mauvais

(12) Ensuite, la situation des poètes, lorsqu'ils disent de la poésie, varie en perfectionnement et en insuffisance, et cela advient ou bien à partir de leur esprit, ou bien à partir de la réalité elle-même.

À partir de leur esprit, parce qu'il peut arriver que leur esprit ne leur prête pas assistance à un moment donné. La cause de cela, ce sont certaines qualités psychiques, en raison de la prédominance de certaines ou du relâchement d'autres par rapport à ce qui est requis. L'investigation de ce chapitre, cependant, ne relève pas de ce qui est approprié à notre discours ici, et c'est une chose qui s'éclaire à propos des livres d'éthique et de la caractérisation des qualités psychiques et de ce que chacune d'elles impose.

À partir de la réalité elle-même, parce qu'il peut arriver que les ressemblances entre les deux réalités qu'il compare l'une à l'autre soient lointaines et qu'il peut arriver qu'elles soient proches et apparentes à la plupart

1. Corr. de *'alḥahu* en *'alğahu* (éd. Sezgin).

des gens : le discours correspond alors, dans sa perfection et dans sa déficience, à la proximité et à l'éloignement de la ressemblance entre les réalités. Et il peut se faire que celui qui manque d'art rencontre une excellence supérieure dont il soit difficile à l'homme savant en l'art de rencontrer la pareille, [499] la cause de cela étant la fortune et le hasard. Il ne mérite alors pas le nom d'habile.

L'excellence dans la comparaison

(13) L'excellence dans la comparaison est variable. Parmi cela, il y a ce qui vient de la réalité elle-même, en ce que la ressemblance est proche et congruente, et ce qui vient de l'habileté dans le travail artistique en façon de placer les choses divergentes dans une forme qui est celle des congruentes, à la faveur des énoncés qui n'échappent pas à la connaissance des poètes : parmi cela, ils comparent A à B, et B à C, parce qu'il y a entre A et B une ressemblance proche, congruente et bien connue, et qu'il y a entre B et C une ressemblance proche, congruente et bien connue, puis ils développent graduellement le discours de façon à faire venir à l'esprit des auditeurs et des récitants l'idée d'une ressemblance donnée entre A, B et C, même si cette dernière est initialement lointaine.

(14) Et il y a, pour faire venir des idées en l'esprit, des ressources immenses en cet art. On en a un exemple dans ce que font certains poètes de notre temps : lorsqu'ils veulent placer un mot à la rime, ils évoquent l'un de ses corrélats, ou l'une de ses caractérisations, au début du vers, ce qui donne un éclat merveilleux.

Compléments (V) : poésie et peinture

(15) Nous disons aussi qu'il y a de l'analogie entre les gens de cet art et ceux de l'art ornemental, et c'est comme s'ils différaient dans la matière de leur art tout en se rejoignant sur sa forme, ses actions et ses fins. Ou bien nous disons qu'il y a de la ressemblance entre les deux agents, les deux formes et les deux fins. En effet, le sujet de cet art-là, ce sont les discours, et le sujet de celui-ci, ce sont les pigments, et il y a donc de la différence entre eux, à ceci près que leur acte à tous deux est la comparaison, et que leur fin à tous deux est de suggérer les imitations à l'imagination et à la sensation des gens.

Conclusion

(16) Voilà donc des règles universelles qui sont utiles pour maîtriser la science de l'art des poètes. Et il est possible d'approfondir le discours en bien des points. À ceci près, toutefois, qu'approfondir une investigation dans un art tel que celui-ci ne va bien pour quelqu'un que sur une espèce unique et sur un point de vue unique, et le distrait des autres espèces et points de vue. C'est pourquoi, sans rien aborder de cela, notre discours est celui que voilà.

Ici s'achève le traité sur les règles de l'art des poètes d'Abū Naṣr Muḥammad b. Muḥammad b. Tarḥān.

Traité sur les règles de l'art des poètes par le Second Maître
dans *Almantiqiyyāt li-l-Fārābī*, éd. par Danechpajouh, Qom, 1408h., vol. 1, p. 493-499.

Le Compendium *des* Lois *de Platon*

PRÉSENTATION : *Comment lire le* Compendium *?*

Qu'est-ce qu'un *talḫīṣ* ? Le *Compendium* et les *Lois*

Le terme talḫīṣ *désigne à la fois un résumé et un commentaire (voir le glossaire p. 208). À première vue, le* Compendium *se présente plus comme un résumé que comme un commentaire des* Lois. *Cependant, le* Compendium *n'a jamais été considéré par al-Fārābī comme un simple résumé, qui ne ferait que reproduire les zones d'ombre de l'écriture platonicienne sans rien donner à comprendre du contenu caché. En expliquant qu'il entend « extraire » (*istiḫraja*) et « regrouper » (*ǧama'a*) des notions que Platon n'a fait qu'« indiquer » (*'awama*) ponctuellement, al-Fārābī expose sa méthode de commentaire, qui vise à rendre apparentes les lignes de force des* Lois *dissimulées par l'art d'écrire platonicien. À lire le* Compendium *comme un résumé, on a immédiatement l'impression d'un texte obscur et peu fiable : obscur, en raison du style d'écriture d'al-Fārābī, très elliptique ; peu fiable, car le* Compendium *est loin de reproduire le texte des* Lois. *Certains développements importants des* Lois *sont passés sous silence, d'autres modifiés.*

Al-Fārābī avait-il lu les *Lois* ? Le débat sur les sources

La question des sources est cruciale pour savoir comment lire le Compendium. *L'hypothèse selon laquelle al-Fārābī a eu accès à une traduction fiable des* Lois *permet de mettre en œuvre une méthode d'interprétation « forte », tandis que l'hypothèse inverse se restreint à une méthode « faible ». Selon la première, défendue par Joshua Parens, al-Fārābī se lit aussi bien sur les lignes qu'entre les lignes : dès qu'al-Fārābī s'éloigne du texte de Platon, que ce soit par omission ou par déviation, cette divergence doit être interprétée, car elle est volontaire. Par contre, si l'on considère qu'al-Fārābī n'a pas eu accès à une traduction fiable des* Lois, *l'interprétation doit être beaucoup plus précautionneuse : si al-Fārābī n'a pas commenté le dixième livre des* Lois, *ce n'est pas forcément pour éviter d'avoir à entrer dans un exposé théologique, mais peut-être, tout simplement, parce que ce livre manquait à la version des* Lois *dont il disposait.*

La seconde hypothèse est défendue entre autres par Dimitri Gutas, qui exige de remplacer le regard idéologique de Parens (première hypothèse) par une perspective historique qui replace le texte Compendium *dans le contexte historique de sa composition et de sa transmission, et de tenir compte des sources du* Compendium. *Or l'histoire de la transmission des* Lois *en arabe pose problème, d'abord parce que aucune traduction en arabe des* Lois *datant de la période médiévale n'a subsisté jusqu'à aujourd'hui. Pour Gutas, le débat tourne principalement autour des manuscrits, seules véritables pièces à conviction dans le dossier. Trois manuscrits existent aujourd'hui : le manuscrit de Leyde, attribué à al-Fārābī dans son colophon, et qui est le seul manuscrit sur lequel l'*editio princeps *de Gabrieli a été fondée ; le manuscrit Escurial, plus court que le premier ; et le manuscrit Kaboul. La question principale est celle de savoir si Escurial et Leyde proviennent d'une source commune. Gutas suppose un troisième texte, dont ces deux textes dérivent, et qui serait un résumé des* Lois *par Galien, aujourd'hui disparu.*

Pour Parens, Gutas fait comme si Leyde était l'original, et comme il voit bien qu'Escurial contient des passages plus exacts que Leyde, il en conclut qu'Escurial ne peut être un résumé de la version originale du Compendium *(alors qu'il ne peut simplement pas être un résumé de Leyde), que ce doit être une version abrégée d'une autre source (le résumé de Galien) et que la version originale du* Compendium *(ou plutôt de Leyde) dérive aussi de cette troisième source. Surtout, pour Parens, on voit mal pourquoi al-Fārābī aurait choisi de se faire le scribe de Galien, sauf à présupposer que le* Compendium *n'est qu'une paraphrase. Parens rappelle que, pour prouver que le* Compendium *n'entretient qu'une relation éloignée aux* Lois, *il faudrait être en mesure de prouver qu'al-Fārābī ne pouvait avoir accès à aucune traduction des* Lois, *point que Gutas ne saurait établir*[1].

L'art d'écrire d'al-Fārābī

*Dans la perspective d'une écriture cryptée, le choix du commentaire n'est pas innocent : il permet à al-Fārābī de présenter indirectement ses arguments les plus intransigeants quant à ce que doit être une loi, et de construire philosophiquement ces arguments, en passant par l'analyse de notions (*ma'na*), qui sont des concepts tels que l'intelligence ou le bien-être commun, dont il montre les enjeux pour les problèmes posés par Platon tels qu'il les entend. Il y a bien une dimension rhétorique, au sens d'art du discours, dans le* Compendium *: si l'intention d'al-Fārābī dans le* Compendium *est effectivement de donner une conception nouvelle de la loi, l'exposé de la théorisation platonicienne de la loi lui permet d'élargir la base des croyances en place, en persuadant les lecteurs débutants ou paresseux de certaines vérités politiques, tout en conduisant le lecteur aguerri à comprendre le but que ces vérités induisent dans la conception traditionnelle de la loi véhiculée par les théologiens, et à se demander si et comment cette conception répond aux critères de rationalité posés.*

1. Pour un résumé de ce débat, voir S. Harvey, « Did al-Fārābī read Plato's *Laws* ? », *Medioveo,* 28, 2003, p. 51-68.

La réception des *Lois* par la pensée médiévale arabe

Une remarque d'Avicenne dans la Division des sciences *conduit à penser que les* Lois *ont été reçues par la pensée médiévale arabe (au sens large de la pensée qui s'écrit en langue arabe) comme une enquête rationnelle sur les lois divines. Alors que* La République *traite du régime politique, les* Lois, *explique Avicenne, sont un texte sur la prophétie (*nubuwwa*) et la loi divine (*šarī'a*) : « Pour les philosophes, le* nomos *désigne la loi [ou l'usage légal (*sunna*)], la norme établie et permanente, et le contenu de la révélation ». L'étude des* nomoi *appartient à la philosophie pratique, qui fait connaître « l'existence de la prophétie et que l'espèce humaine a besoin de la loi divine pour exister et être préservée, et pour se développer, ainsi que la part de sagesse présente dans les commandements divins qui sont communs à toutes les lois divines, et dans ceux qui sont spécifiques à chaque loi divine particulière à une communauté et à une période précise ». Les* Lois *fournissent aux penseurs le modèle d'un examen philosophique des lois religieuses, qui appréhende les lois religieuses à l'aide de critères universels de rationalité, cette « part de sagesse » que contiennent toutes les lois divines.*

La remarque d'Avicenne montre que, malgré la différence profonde entre la conception du divin chez les Grecs et celle issue de la révélation, les Lois *continuent d'être pertinentes dans le contexte de cette révélation, parce qu'elles traitent des lois divines en tant que ce sont des lois excellentes, qui contiennent la « part de sagesse » recherchée par la philosophie politique. Le concept du divin chez Platon rejoint cette interprétation de ce qui est divin comme ce qui est excellent. Dans l'*Euthyphron, *dialogue sur la piété, Socrate montre à son interlocuteur que la piété n'est pas de faire ce qui est agréable aux dieux, mais ce qui est conforme au bien, car les commandements divins doivent toujours être conformes à une notion supérieure, celle du juste et du bien. Le culte lui-même n'a pas de sens sauf à être l'hommage rendu à une* *justice ou à un bien supérieur. Or c'est bien cet hommage que les* Lois *cherchent à rendre aux lois, qui sont divines parce qu'elles représentent ce bien ou cette rationalité supérieurs. Plus qu'un modèle pour soumettre à leur tour les lois religieuses musulmanes à un examen rationnel afin d'en dégager la bonté, les* Lois *représentent l'exigence de faire passer le fondement rationnel des lois sur le devant de la scène, et non plus leur origine divine (au sens religieux du terme).*

La conception de la loi dans le *Compendium*

La loi comme poème

Al-Fārābī retient de Platon l'assimilation des lois à des poèmes. Dans les Lois, *Platon modifie profondément la conception traditionnelle de la loi en associant les lois à des chants. C'est dans la perspective d'un tel rapprochement que l'on peut comprendre l'importance du thème du chant et de la danse dans le dialogue : il est longuement développé au livre II dans le cadre de la discussion sur l'éducation, et il revient souvent à titre d'exemple, avant que la loi ne soit clairement assimilée à un poème au livre VII. Dès le livre II, l'importance que prend l'art choral dans la cité ainsi que l'attention avec laquelle est étudiée la codification des mélodies chez les Égyptiens indiquent que la musique, entendue au sens large (chant, danse, mélodie) n'intervient pas seulement au titre de paradigme de l'éducation mais aussi de modèle pour les lois : la loi est un chant, que le législateur chante aux citoyens et au rythme duquel ces derniers vivent ensemble. L'éloge des Égyptiens peut sembler étonnant : pourquoi est-il tellement important de rendre certaines formes musicales légales et obligatoires, et surtout d'interdire toutes les autres ? Mais en fait, si on prend conscience que les lois sont des mélodies, il est logique que les mélodies prennent une forme légale. En 654b, l'Étranger d'Athènes affirme que « l'homme qui a reçu une bonne éducation sera en mesure de chanter et de danser de belle manière », c'est-à-dire d'une manière qui lui procure des plaisirs réglés et manifeste sa vertu. Or qui sinon le législateur possède dans la cité l'éducation la plus achevée ? Les chants que le législateur adresse à la cité sont les lois. L'importance des préambules, originalité majeure des* Lois, *est ainsi comprise dans une perspective musicale (722d).*

Al-Fārābī pour sa part n'identifie pas les lois à des chants mais, plus exactement, à des poèmes, destinés à être récités. La valeur littéraire des lois fait écho au caractère inimitable du texte coranique, à ceci près que la perfection littéraire des lois n'est plus forcément à mettre au compte de leur inspiration prophétique. Elle est surtout liée au rôle éducatif des lois. Le septième traité s'ouvre sur l'identification des lois avec des hymnes, taḏākīr, *terme formé sur la même racine* ḏ-k-r *que la mémoire : les lois doivent être remémorées, et même commémorées, car elles constituent la mémoire de la cité. Deux mouvements sont corrélés dans cette valeur poétique de la loi : le rôle du poème, comme incantation, dans l'éducation fait du poète un éducateur, tandis que, inversement, le législateur doit se faire poète. Al-Fārābī maintient la conception platonicienne de la* poiêsis *comme imitation : les lois imitent la vie la plus juste et la plus belle, et c'est ce qui fait d'elles « les plus beaux des poèmes ». Déjà au § 33, le jugement qui permettait de juger de l'excellence d'une loi était apparenté au jugement esthétique véritable, dont le critère n'est pas le plaisir mais la vérité. Les discours qui introduisent les lois sont aussi empreints d'un caractère poétique, car ils doivent frapper l'imagination et les affects et non l'intellect. Le préambule, qui est en lui-même un élément poétique, car tout poème, comme toute musique, comporte un préambule, est construit sur un mode poétique. Mais il met en jeu un aspect de la poésie absent du contenu des lois : le préambule, alors que la loi doit être exprimée de manière précise et univoque, peut, lui, revenir à la parole mythique (§ 84). Ce sont des* *prêches (*mawāʿīẓ*), mais aussi des fables (*'amṯāl*), mettant en scène des* ġarā'ib, *terme qui désigne tout ce qui échappe à la compréhension, suscite l'étonnement (*taʿağğub*), et porte la marque de l'extraordinaire (*badīʿ*). La poésie du préambule est un* muthos, *qui lui fait prendre un tour rhétorique très différent de l'aplanissement par le* logos *en jeu dans l'analogie médicale au § 55.*

La loi comme tableau

La loi est un poème, mais c'est aussi un tableau : elle doit, comme une esquisse, être retouchée pour être rendue plus parfaite. Rien n'est plus loin de la conception farabienne de la loi que la prétendue intangibilité de la šarīʿa. *Au § 82, al-Fārābī montre que toutes les lois, quand elles ont été promulguées, étaient à l'origine des innovations. Ce sont simplement des innovations faites pour durer, car on doit pouvoir s'y référer (*marjiʿ*). Or ce processus d'innovation se poursuit après la promulgation de la loi, comme une esquisse sans cesse retouchée, pour que la loi évolue avec les circonstances. Même si les objectifs que poursuit la loi restent les mêmes, et peut-être surtout s'ils restent les mêmes, la loi ne saurait rester intangible. Trois manières d'innover sont étudiées par al-Fārābī : celle qui vient tout au début, et qui se confond donc avec la promulgation d'une loi (par exemple, si l'on décidait, tout d'un coup, de légiférer sur les chants et de rendre illégale toute déviation d'une forme établie, on innoverait du fait même de cette législation nouvelle, mais on interdirait par la suite toute innovation). Cette façon de faire est qualifiée de fausse monnaie (*mazayyaf*) par al-Fārābī. À l'autre extrémité, on trouve la méthode qui consiste à introduire l'innovation « en bloc » et « à la fin » (*ğumlatan fi-l-'aḫīr*), et qui revient finalement au même : tout se passe comme si on innovait par une nouvelle loi puis on interdisait de la modifier. La dernière méthode représente une voie moyenne. Elle consiste à procéder au fur et à mesure (*šay'ān baʿd šay'ān*), et elle est louée par al-Fārābī. Ce n'est qu'à la fin d'une longue suite d'innova-*

tions graduelles qui ne « lèsent » pas les citoyens que la loi atteindra sa forme parfaite, tout comme l'esquisse deviendra un tableau parfait après de nombreuses retouches presque imperceptibles. À partir du § 86, al-Fārābī développe une théorie de l'innovation beaucoup plus tranchée et personnelle. La loi doit avoir vocation à être conservée si elle veut garder son autorité. Pourtant, des innovations sont rendues nécessaires, par l'affaiblissement de cette autorité avec le temps (comme al-Fārābī l'a expliqué dans le troisième traité), ou à cause des changements auxquels elle doit s'adapter. Pour résoudre cette tension, al-Fārābī propose la solution suivante : l'important n'est pas de ne pas modifier la loi, mais de ne pas s'opposer ouvertement au législateur précédent, c'est-à-dire de ne pas dire trop fort qu'on est en train de modifier la loi. Il n'y a donc pas de contradiction entre la proposition interdisant de critiquer quoique ce soit de ce qui a été promulgué auparavant et l'affirmation qu'une « nécessité » peut forcer le législateur à modifier une loi. Al-Fārābī va donc ici beaucoup plus loin que les Lois *dans la défense de l'innovation. Dans la neuvième section du* Livre de la religion, *al-Fārābī justifie la possibilité de modifier les lois, car le premier législateur ne peut avoir légiféré sur tous les cas à venir dans le futur ou dans d'autres contrées : le législateur qui succède au premier législateur « a aussi licence d'altérer bien des choses légiférées par le premier, et de les régler selon un autre règlement, s'il sait que ce dernier est le plus concret de son temps ».*

Pauline Koetschet

Au nom de Dieu, le Clément, le Miséricordieux !

(1) Étant donné que ce qui confère un privilège à l'homme sur les autres êtres vivants est la puissance qui lui permet d'effectuer le départ entre les causes et les réalités parmi lesquelles il s'occupe et qu'il observe de façon à discerner ce qui est avantageux, à le marquer et à le déterminer pour lui-même tout en refusant et en écartant ce qui n'est pas utile, que l'extériorisation qui fait passer cette chose de la puissance à l'acte ne se produit qu'à la faveur de l'expérience, et que l'expérience signifie une réflexion exercée sur les particuliers de la chose et une assertion établie sur ses universaux selon ce qu'on a rencontré parmi ces particuliers, ce qui est déterminé par lui à partir de ces expériences est le plus important, et par là le meilleur et le plus parfait dans l'humanité. À ceci près, toutefois, que celui qui fait l'expérience des réalités peut errer dans son acte et dans son expérience en se représentant de cette chose le contraire de ce qu'elle est en réalité. Les causes de cette erreur sont nombreuses, et elles ont déjà été dénombrées par ceux qui ont parlé de l'art de l'induction en erreur. Les Sages sont donc, d'entre le reste de l'humanité, ceux pour qui les expériences déterminent les choses qui sont réelles et correctes. Cependant, il est dans la nature de tous les hommes d'établir une assertion universelle lors d'une observation de quelques particuliers, « universel » signifiant ici ce qui embrasse les particuliers de la chose dans leur intégralité, y compris dans le temps, si bien que, dès lors qu'on a observé un acte pour une chose unique et singulière un certain nombre de fois, on asserte cet acte pour cette chose sur toute l'étendue de sa durée, à la façon dont, à propos de celui qui dit vrai dans son propos une fois, deux fois, ou plus, il est dans la nature d'asserter qu'il est véridique dans l'absolu (de même pour celui qui dit faux), et dont, de celui chez qui on a observé du courage, de la lâcheté ou un trait de mœurs quelconque un certain nombre de fois, on asserte tout cela en tout temps.

(2) Les Sages donc, ayant connu ce fait de la nature humaine, peuvent faire voir d'eux-mêmes une disposition donnée un grand nombre de fois, de sorte que les gens assertent en tout temps cet état de fait à leur sujet, puis aller au contraire de cette disposition par la suite en le dissimulant aux gens, ces derniers supposant alors la disposition [4] première, à la façon dont on raconte qu'un ascète austère était connu pour sa piété, sa rectitude, son ascèse et sa dévotion et qu'il était célèbre pour cela auprès des gens, avant que d'être exposé à une terreur de la part du sultan tyrannique et de vouloir trouver un lieu d'asile en dehors de cette sienne cité : alors sortit un édit de ce sultan ordonnant qu'il fût recherché et appréhendé où qu'on le trouvât, il lui fut impossible de sortir de la cité par aucune porte et il craignit pour sa vie de tomber entre les mains des hommes du sultan. Il résolut alors d'adopter un habit de ceux des noceurs, s'en revêtit, prit une mandoline entre les mains et prit l'apparence d'un homme ivre au début de la nuit, puis se rendit à la porte de la cité en chantant avec sa mandoline. Quand donc le garde à la porte lui demanda « Qui es-tu ? », il lui rétorqua sarcastiquement « Je suis l'ascète Untel ». Le garde supposa donc qu'il se moquait, ne s'opposa pas à son passage, et il trouva le salut sans avoir rien dit de faux.

(3) Notre dessein, dans cette préface, est ainsi de dire que le Sage Platon s'était interdit de faire voir les sciences et de les dévoiler à tout le monde, et qu'il avait adopté la voie de l'énigme, des devinettes, du camouflage et de la difficulté, de peur que la science ne tombât entre les mains de qui n'en est pas digne, et ne s'en trouvât dégradée, ou bien entre les mains de qui n'en connaît pas le prix ou de qui l'emploie mal à propos, ce qui n'est pas correct. Étant donné, toutefois, qu'il savait, et qu'il lui était clairement apparu qu'il était déjà célèbre pour cela et que tout le monde le connaissait à son sujet, il a pu se faire qu'il se résolve à parler de ce dont il veut parler en l'explicitant de manière manifeste. Ainsi, le lecteur et

l'auditeur de ses propos supposent que c'est une énigme, qu'il veut dire par là le contraire de ce qu'il a explicité et que cette notion relève des secrets de ses ouvrages, nul n'aperçoit donc ce qu'il a explicité et ce qu'il a dit sous forme d'énigme sinon celui qui s'est aguerri à la faveur de l'art, et nul n'en effectue le départ sinon celui qui est devenu fort habile en la science du sujet de son discours. Ainsi en va-t-il de son discours dans les *Lois*. Nous nous sommes donc résolus à extraire les notions qu'il a indiquées en ce livre et à les regrouper selon ses traités, afin que cela soit une assistance pour qui veut prendre connaissance de ce live et une aubaine pour qui ne supporte pas les peines de l'étude et de la réflexion. Mais Dieu est celui qui fait rencontrer ce qui est correct.

Le premier traité

(4) Un questionneur a posé une question sur la cause de l'institution des lois, « cause » signifiant ici la cause efficiente et leur cause efficiente étant leur instituteur. Un répondant lui a répondu alors que leur instituteur était Zeus, Zeus étant chez les Grecs le père de l'humanité, sur qui s'arrête la cause, et il a poursuivi en évoquant ensuite une autre institution, afin de faire voir que les lois sont plurielles et que leur pluralité ne les rend pas caduques. Pour cela, il a pris à témoin la poésie et l'histoire bien connue qui circule parmi les gens à propos de l'éloge de certains législateurs par les Anciens. Il a ensuite indiqué qu'il est correct d'effectuer une recherche sur les lois, à cause de ceux qui cherchent à les rendre caduques et aspirent à parler pour les discréditer, il a fait voir qu'elles occupent un rang élevé et sont au-dessus de tous les adages, et il a mené la recherche sur les particuliers de la loi qui était bien connue de son temps.

(5) [5] Platon a alors évoqué les cyprès et la route que le répondant et le questionneur étaient en train de suivre, ainsi que ses étapes. La plupart des gens ont alors supposé qu'il y avait sous cela des notions subtiles et que, par les arbres, il avait voulu dire les hommes ainsi que des notions difficiles, aberrantes et répugnantes, dont l'évocation allongerait le discours. Cependant, il n'en va pas comme on l'a supposé : son dessein était de s'attarder et de lier l'apparence du discours à ce qui lui ressemble au moyen d'une notion différente de la fin qu'il s'était proposée, afin de dissimuler cette fin.

(6) Ensuite, il a abordé les préceptes de cette loi bien connue chez ces gens, il a mené la recherche sur eux et requis ce qui les rendait corrects et conformes à ce qu'impose l'intellect droit : il s'agit du fait de se rassembler pour les repas et de l'adoption des armes légères à porter. Il a fait voir que les avantages de ce genre de choses tenaient pour une bonne part de l'adaptation et du remède aux aspérités qui se trouvent sur leurs routes, et que la plupart d'entre eux sont des piétons et ne montent pas à cheval. Ensuite, il a fait voir que l'adoption et la possession des armes convenables, les rassemblements et l'adaptation sont des choses nécessaires en raison de la guerre incessante qui est dans la nature, de manière générale et en particulier pour ces gens-là. Il a fait voir également les avantages qui résultent de la guerre, et il a procédé à un dénombrement approfondi des différentes subdivisions de la guerre, en faisant voir celle qui est particulière et celle qui est générale. Ensuite, il a abordé le discours sur la guerre, en évoquant [6], parmi les avantages de la loi, bien des choses qui permettent à l'individu de se vaincre lui-même, de rechercher la capacité de réprimer les maux, ceux de l'âme ainsi que ceux qui viennent de l'extérieur, et de rechercher la justice dans les choses.

(7) Il a également fait voir, sur ce chapitre, ce qu'est la cité vertueuse et ce qu'est l'individu vertueux, en mentionnant qu'il s'agit de la cité et de l'homme victorieux, et

qui sont victorieux de manière vraie et correcte, faisant voir également la vérité du besoin que l'on a du Sage, la nécessité où on est de lui obéir et les bienfaits qui se trouvent en cela. Il a caractérisé ce qu'est le Sage satisfaisant, et la manière dont il faut que soit son genre de vie, réprimer les maux et interdire les guerres aux gens par la bienveillance et par l'excellence de son administration – et que cela consiste à commencer petit à petit et de proche en proche.

(8) Il a fait voir la vérité du besoin qu'ont les gens de supprimer les guerres entre eux et la force de leur aspiration à cela à cause des bienfaits qui s'y trouvent, que cela ne peut se faire que par l'obligation de la loi et par le maintien de ces prescriptions et que, lorsque la loi commande la guerre, c'est pour rechercher la paix, non pour rechercher la guerre, à la façon dont on commande ce qui est odieux pour l'aimable qui lui fait suite en fin de compte. Il a également évoqué le fait que l'opulence sans la sécurité ne suffit pas à l'individu pour vivre, et a invoqué pour cela le témoignage de la poésie d'un homme célèbre chez ces gens, à savoir la poésie de Tyrtée. Il a fait voir que le courageux qui mérite l'éloge n'est pas celui qui est intrépide dans les guerres extérieures, mais celui qui se vainc lui-même, et qui gouverne l'adoption de la paix et de la sécurité partout où cela lui est possible. Pour cela, il s'est appuyé sur les témoignages des poésies bien connues chez ces gens.

(9) Ensuite, il a fait voir que le but du législateur, dans ce qu'il entreprend[1] et rectifie de cela, est le désir du visage de Dieu (Qu'Il soit glorifié !), la quête de la récompense et du séjour dans l'au-delà et la possession de la vertu supérieure qui surpasse les quatre vertus morales. Et il a fait voir qu'il y a, parmi les hommes, des gens qui cherchent à ressembler à des législateurs, alors que ce sont des gens dont les objectifs sont si différents et qui entre-

1. Corr. de *yaḥtalam* en *yaḥtamaluhu* (éd. Druart) [NdT].

prennent d'instituer des lois pour atteindre leurs objectifs vicieux, le dessein de son évocation de ces gens étant seulement de mettre les hommes en garde pour qu'ils ne se laissent pas abuser par des gens comme eux.

(10) Il a alors divisé les vertus et fait voir qu'il en est d'humaines et de divines, que les divines sont préférables aux humaines, que celui qui possèdent les divines ne perd pas les humaines tandis que celui qui possède les humaines peut voir s'anéantir les divines. Les humaines sont, par exemple, la force, la beauté, l'opulence, la science, et autres choses que l'on a déjà énumérées dans les livres d'éthique. Il a évoqué le fait que le législateur véritable est celui qui ordonne ces vertus selon un ordre conforme pour convenir à l'advenue des vertus divines, parce que la vertu humaine, lorsqu'elle est employée par son possesseur selon ce qu'impose la loi, est la divine. Il a fait voir ensuite que les législateurs prennent pour objectif les causes qui produisent les vertus, les commandent et en fixent l'obligation pour les hommes, afin que leur production produise les vertus, ces causes étant le mariage légal, la mise en ordre des concupiscences et des plaisirs, et le fait que chacun reçoive la mesure concédée par la loi. Il en va de même pour la crainte et la colère, les choses laides et les choses belles, et les autres causes des vertus.

(11) Ensuite, il a fait voir que Zeus et Apollon avaient déjà recouru à toutes ces causes dans leurs deux lois, et il a fait voir les grands avantages de chacune des prescriptions dans leur législation, comme la chasse, le rassemblement pour les repas, le commandement de faire la guerre, etc. Il a fait voir aussi que la guerre peut être due à la concupiscence et à une prédilection, et il a fait voir celle qui est objet de prédilection et de jouissance et quelle est celle qui est nécessaire.

(12) À la clôture de son discours, il a évoqué le fait que la contention entre le questionneur et le répondant peut aborder l'évocation des choses belles et préférables en

les vilipendant et en les rabaissant, mais que le but visé en cela est seulement la recherche et la réflexion, afin de conforter leur vertu, d'interdire le soupçon à leur endroit, de donner la certitude de leur validité, ce qui est correct et confère une excuse à celui qui parle de l'organisation [8] de l'une des prescriptions de la loi, si tant est que l'affection soit le but et la manière d'examiner, mais non l'inimitié et l'hostilité.

(13) Ensuite, il a entrepris de blâmer certaines prescriptions bien connues chez ces gens dans ces législations et de déclarer que donner son assentiment à de telles prescriptions, malgré la déficience qu'on y soupçonne d'entrée de jeu, n'incombe qu'aux seuls enfants et ignorants, tandis que l'intelligent a le devoir de mener la recherche sur des cas semblables, afin d'interdire le doute sur eux et d'en faire apercevoir la vérité. Ensuite, il a fait voir qu'accomplir ce qu'ordonne la loi est l'une des choses les plus difficiles qui soient, tandis que l'hypocrisie et la prétention sont fort aisées. Puis, il a évoqué certaines prescriptions qui sont fort connues parmi les lois antérieures au sujet des fêtes, <en disant> qu'elles étaient extrêmement correctes à cause de ce qu'il s'y trouve du plaisir auquel tous les hommes aspirent par nature, et ce qui a été institué à cet égard dans la législation mise en place par les divinités. Il l'a loué, en a donné la correction, et en a fait voir les avantages. De cela relèvent aussi le fait de boire du vin, les avantages que cela comporte s'il est employé conformément à ce que la loi impose et ce qui en naît lorsqu'il est employé en une autre façon.

(14) Ensuite, il a mis en garde contre la supposition que les victorieux ont toujours raison, et les vaincus toujours tort, en disant que la victoire peut être le résultat de l'importance du peuple, et qu'il y a licence que ce dernier soit sans valeur, qu'il ne faut donc pas se laisser aveugler par la victoire, mais méditer sur la disposition de <ce peuple> et sur celle de ses lois : alors, s'ils sont dans le vrai, peu importe qu'ils soient victorieux ou vaincus, nonobstant le

fait que celui qui est dans le vrai est le plus souvent vainqueur et que, s'il est vaincu, c'est par accident.

(15) Ensuite, il a déclaré que le législateur véritable n'est pas tout individu qui aspire à cela mais celui que Dieu a créé consistant pour la législation, à l'instar de tout gouvernant dans un art tel que la marine, etc. Ensuite, peu importe que ce soit au moment de son acte, il mérite alors le nom de gouvernant et, de même que celui qui se retient d'agir, pourvu qu'il soit connu pour l'art, mérite le nom de gouvernant, de même celui qui l'accomplit, s'il ne le fait pas bien et s'il n'a pas d'habilité ni de prédisposition, ne mérite pas le nom de gouvernant [9].

(16) Ensuite, il a fait voir qu'un législateur doit recourir à sa législation avant de la commander, car, lorsqu'il ne recourt pas à ce qu'il commande et ne s'oblige pas lui-même à ce à quoi il oblige autrui, son commandement et l'accueil réservé à son propos n'occupent pas dans l'âme des commandés cette place belle et appropriée, à la façon dont, pour celui qui dirige les armées, si ce n'est pas un preux capable d'affronter les guerres lui-même, sa direction n'occupe pas le lieu approprié. Il a développé ce point au moyen de l'exemple des hommes pris de boisson, et il a dit que, si leur ordonnateur et leur gouvernant est aussi pris de boisson comme eux, son administration n'occupe pas la place correcte, mais qu'il lui faut être sobre et doué d'une sagacité, d'une connaissance et d'un éveil extrême afin d'être capable d'administrer les hommes pris de boisson. Et assurément ce qu'il a dit là est vrai, que, lorsque le législateur est ignorant à l'instar du peuple, il ne peut instituer de loi qui lui soit utile.

(17) Ensuite, il a déclaré que la discipline et l'exercice relèvent de ce qui est utile pour préserver les lois et que, quand on se néglige soi-même, ou quand on néglige ses subordonnés, cela occasionne un tort immense.

(18) Ensuite, il a déclaré que, lorsque qu'un individu acquiert de la célébrité pour son excellence dans la dialectique et dans le discours, pour son abondance oratoire et pour sa

capacité à cet égard, peu importe la chose qu'il se propose d'obtenir, de louer et de décrire, on suppose que cette chose n'a pas elle-même le mérite qu'il lui prête dans sa description, et que sa description ne vient que de la puissance oratoire, et <dit> que cette calamité advient souvent aux savants, que l'auditeur d'un discours se doit donc de méditer la chose elle-même dans son intellect de manière correcte et approfondie, pour savoir si ces traits évoqués se trouvent en elle ou si ce ne sont que des choses décrites pas l'orateur, soit à la faveur de sa capacité oratoire ou littéraire, soit par un effet de son affection pour elle et de la bonne opinion qu'il en a. Alors, s'il découvre que la chose est par elle-même honorable et mérite cette description, qu'il écarte de ses pensées cette supposition que nous avons décrite ! Or la loi est par elle-même honorable et excellente, et tout ce que l'on peut dire d'elle ou à son sujet reste en dessous de son excellence.

(19) Ensuite, il a fait voir qu'il n'y a pas moyen de connaître la vérité sur les lois, sur leur excellence, ni sur la vérité [10] d'aucune chose, sinon au moyen de la logique et de l'entraînement en cette dernière, que les hommes se doivent de s'y entraîner et de s'y exercer, même si leur but n'est pas d'entrée de jeu d'être au fait de la vérité de la loi, et cela est convenable si tant est que cela leur profite à terme. Il développe ce point au moyen d'exemples empruntés aux arts, par exemple le garçon qui construit des portes et des maisons en jouant, et produit en son âme des habitus et des possessions qui lui seront profitables s'il aspire sérieusement à l'art. Ensuite, il revient au législateur et déclare que s'être exercé depuis son enfance dans les choses de la politique et avoir médité ce qui en est correct et erroné lui sera utile lorsqu'il aura abordé les choses sérieusement, car il deviendra alors un investigateur capable de se maîtriser lui-même et de persévérer dans ce qui lui importe, à cause de l'exercice et de l'entraînement en cette chose qui ont été les siens antérieurement et par le passé.

(20) Ensuite, il entreprend de faire voir qu'il y a, en l'âme de tout homme, deux facultés opposées entre lesquelles il y a du tiraillement, qu'il y a de la tristesse et de la joie, du plaisir et de la souffrance, ainsi que les autres opposées, que l'une de ces facultés est pleine de discernement et l'autre animale, et que l'action de la loi ne s'effectue qu'au moyen du discernement, et non de l'animale. Il a fait voir que la traction qui émane de la faculté animale est forte et rude, tandis que celle qui émane du discernement est plus molle et plus douce, et que chaque homme se doit donc de méditer sur ce qu'il en est de son âme en ce tiraillement et de suivre le discernement, et que les habitants de la cité dans leur ensemble, s'ils n'ont pas été capables de discernement en eux-mêmes, <se doivent> d'accueillir la vérité de la part de leurs législateurs, de ceux qui suivent leur voie, de ceux qui leur disent la vérité et des hommes excellents et saints.

(21) Ensuite, il a fait voir qu'endurer les peines et les fatigues qu'enjoint l'homme de loi est chose juste et extrêmement correcte, en raison du bien-être et de la vertu qui leur font suite, de la même manière que la souffrance qui s'attache à celui qui boit des boissons désagréables est louée en raison du bien-être et de la santé qui surviennent en fin de compte.

(22) Ensuite, il a fait voir que les traits de mœurs sont interdépendants et ressemblants, et qu'il faut les discerner de leurs contraires, à la façon dont la pudeur est chose louable, mais que, si elle est excessive, cela devient de la faiblesse et une chose blâmable, à la façon dont avoir une bonne opinion des hommes et avoir un cœur simple est chose louable, mais, si on applique cela à ses ennemis, cela devient blâmable, à la façon [11] dont la précaution est chose louable, mais qu'en excès cela devient couardise et lâcheté, et par là même blâmable. Il a ainsi fait voir que, si on atteint le but qu'on s'était fixé, même si ce dernier est extrêmement bon et vertueux, si on a emprunté pour l'atteindre une voie peu louable, cela

est blâmable, et qu'il vaut mieux parvenir à son but au moyen de ce qui est beau et préférable.

(23) Ensuite, il a évoqué un autre point utile, à savoir que l'homme d'intelligence a le devoir de s'approcher des choses mauvaises et de les connaître, pour éviter de tomber parmi elles et pour s'en garder avec succès, et il a invoqué pour cela l'exemple de la boisson, en faisant voir que le sobre doit s'approcher des hommes pris de boisson et assister à leurs assemblées afin de connaître les laideurs qui viennent de l'ivresse et la manière de se garder des choses laides. Or, parmi les choses blâmables qui adviennent entre eux, il y a le fait qu'un homme chétif peut boire quelques coupes et se supposer une force dont il n'a rien, qu'il désire alors les tumultes et les tueries à cause de la force qu'il se suppose en lui-même et qu'ensuite sa force l'abandonne, ainsi que bien d'autres choses qui adviennent au buveur.

(24) Ensuite, il a fait voir que celui qui désire posséder une vertu doit tout d'abord s'efforcer de repousser le vice qui lui est opposé, car il est fort rare que la vertu advienne autrement qu'après le départ du vice. Ensuite, il a fait voir que toute nature a un acte qui lui convient particulièrement et que l'individu et l'homme de la loi se doivent donc de connaître cela afin d'instituer chacune de leurs prescriptions dans ce qui lui convient et lui est conforme, de peur de la laisser se perdre, car, si quelque chose n'est pas à son endroit, elle se perd sans laisser aucune trace visible.

Le second traité

(25) Il a fait voir dans ce traité qu'il y a en l'homme des choses naturelles qui sont causes de ses mœurs et de ses actes, que le législateur doit donc prendre ces choses pour objectif, leur donner de la tenue et instituer les lois

qui leur donnent une tenue, car, dès lors qu'elles ont de la tenue, cela donne de la tenue aux mœurs [12] et aux actions. Et je suppose que, en parlant des enfants, il veut parler de tous les débutants, qu'ils le soient dans l'âge, dans la science, ou dans la religion.

(26) Il a fait voir alors que les fondations de ces choses naturelles et leurs mères, ce sont le plaisir et la souffrance, et que ce sont ces dernières qui produisent les vertus et les vices. Viennent ensuite, et après cela, la puberté et les sciences, et l'arrivée de ces deux dernières choses porte le nom de discipline et d'exercice. Si donc un législateur ordonnait aux hommes de s'écarter des plaisirs, sa loi ne tiendrait pas debout et on ne s'y attacherait pas, en raison du penchant aux plaisirs qui est dans la nature. Il a cependant adopté des fêtes et des moments de plaisir, et il s'agit d'un plaisir divin. De la même manière pour les différentes espèces de musique qu'on a concédées en raison du penchant naturel que l'on connaissait pour cela et afin que le plaisir qu'on y prit fût divin. Il a développé ce point au moyen d'exemples de ce qui était bien connu chez ces gens, comme la danse et la musique instrumentale, et fait voir qu'en toute chose il y a quelque chose de beau et quelque chose de laid, que le beau, dans les diverses espèces de musique, est ce qui est conforme à la nature de l'homme de bien et ce qui est conforme aux mœurs belles et utiles, comme la munificience et le courage, le laid étant ce qui incite au contraire. Il a développé ce point au moyen de l'exemple de chants et des formes qui existaient dans les temples d'Égypte et chez sa population, parmi ce qui a contribué à se maintenir dans le temps, et il a fait voir qu'ils étaient divins.

(27) Il a fait voir aussi que, plus on est d'âge jeune, plus on est enclin à trouver de la joie en ces plaisirs, tandis que, plus on est âgé, et plus on est immobile et rassis, que le législateur avisé est celui qui développe l'agrément de tous en vue du bien et de la félicité, et aussi que toute classe, toute génération et toute population d'une con-

trée a un naturel différent de celui de toutes les autres, et que l'avisé est celui qui, au moyen d'une espèce de musique ou d'une autre prescription du droit, vainc ces naturels et en triomphe de sorte que la loi soit acceptée malgré la différence de ces naturels et leur divergence de mœurs et de nombre, et non celui qui entreprend, par rien de cela, de vaincre un groupe et non un autre, car c'est là [13] quelque chose dont sont capables par nature la plupart de ceux qui ont pratiqué ces choses parmi l'ensemble de cette classe. De plus, celui qui donne une loi qui fait triompher l'homme savant et expérimenté est plus vertueux que celui qui fait triompher un groupe qui n'est pas savant, ni expérimenté, comme le chanteur qui charme l'homme âgé, expérimenté, ferme et solide.

(28) Le législateur et ceux qui s'occupent de <sa tâche> et de ses prescriptions doivent donc maîtriser ce qu'il en est des hommes dans leur pluralité et dans leurs mœurs, de sorte que rien ne leur échappe à ce sujet, d'une maîtrise totale et approfondie, sans rien y négliger, car, une fois que les gens se sont accoutumés à leur négligence, ils cherchent à leur faire obstacle[1] autant qu'ils le peuvent. En effet, lorsqu'une chose a été négligée une fois, deux fois et plus, elle s'émousse et son tranchant s'en va, de même que, si on en use une ou deux fois, elle devient une habitude qui ne s'abandonne pas et qui se confirme par la force de l'usage, tandis qu'elle s'émousse par la force de la négligence. Alors, les jeunes gens et enfants ne le savent pas, mais ils l'entreprennent et la pratiquent néanmoins, car, une fois qu'ils se sont habitués à trouver du contentement, à suivre leurs désirs et à éprouver du plaisir au contraire de la loi, il est alors difficile de les corriger. Il faut donc que leurs plaisirs suivent ces règles et qu'hommes faits et enfants entreprennent de se familiariser à cela et d'en user.

1. *Ista 'āfū* (Manuscrit Leyde) [NdT].

(29) La conversation du législateur avec chaque classe d'hommes doit s'effectuer au moyen de ce qui se rapproche davantage de leur compréhension et de leur intelligence, et en leur faisant comprendre ce qu'ils peuvent tolérer, car il peut arriver qu'il soit difficile aux gens de comprendre quelque chose et qu'ils se trouvent incapables de le mettre en œuvre : alors, sa difficulté les invite à le refuser et les pousse à l'abandonner et à le rejeter. Il a développé ce point au moyen de l'exemple du médecin avisé et bienveillant qui présente au malade la drogue qui lui est utile parmi des mets familiers et désirables.

(30) Ensuite, il a voulu faire voir que le bien est seulement relatif, et non absolu, et il a pris pour témoin de la validité de son propos une poésie ancienne qui évoque les biens comptés pour tels par certains et non par d'autres, tels que la santé, la beauté et la richesse. Il a ainsi fait voir que toutes ces choses sont des biens [14] pour les bons, mais ne sont pas des biens pour les méchants et les injustes et ne les mènent pas à la félicité, au point que la vie elle-même est un mal pour les méchants, de même que c'est un bien pour les bons. À partir de là, il a validé le fait que le bien est seulement relatif, et c'est là une notion que le législateur doit avoir extrêmement à cœur, et de même les poètes et tous ceux qui couchent leurs propos par écrit, de peur de laisser comprendre ce qui n'est pas valide. Ensuite, il a fait voir que le discours selon lequel tous les biens sont aussitôt plaisants, tout ce qui est beau et bon est plaisant et bon, l'inverse étant correct, est un discours non démonstratif, car la plupart des choses plaisantes ne sont pas des biens, savoir tout ce qui fait le plaisir des hommes de faible intelligence. Certes, le bien peut être plaisant pour qui en connaît le terme, mais, pour qui ne croit pas en son terme, il ne l'est pas. De même pour le discours sur les genres de vie pervers et selon lequel ils sont à l'inverse du bien.

(31) Ensuite, il a aussi fait voir qu'une prescription unique par soi n'exige pas d'être suivie par tout le monde, mais

que chaque classe a des prescriptions qui ne sont pas les mêmes pour les autres. Il a développé ce point au moyen de l'exemple de la danse, des âges humains et des différences dans sa manière d'être et dans son usage, que les gens diffèrent par l'âge ou par une autre des dispositions qui leur adviennent à certains moments et non à d'autres. En effet, si quelque chose est employé hors de son lieu, elle n'obtient pas la splendeur, la fraîcheur, les applaudissements et la renommée qui lui reviennent lorsqu'elle est employée en son lieu approprié. Pour cela, il a invoqué des exemples, entre autres le fait qu'un vieillard, à qui il ne convient pas de jouer d'un instrument ou de danser, s'il accomplit rien de cela ou de ce qui lui ressemble dans une festivité, les gens ne le désirent pas et ne l'applaudissent pas. De la même manière, s'il ne s'agit pas d'une situation qui lui impose de jouer d'un instrument et de danser et s'il a rien fait de cela, c'est une abomination fort hideuse. De même pour toutes les choses, si elles sont faites par quelqu'un à qui il ne convient pas de les faire, ou si elles sont faites en un endroit ou en un temps [15] où il n'est pas séant d'accomplir de telles actions, ou si elles sont faites sans qu'on l'ait prescrit : cela est disgrâcieux et inapproprié, ne recueille pas d'applaudissements et invite les spectateurs à le repousser, le vilipender et le déclarer hideux, surtout s'il s'agit de personnes inexpérimentées.

(32) Ensuite, il a également fait voir que le plaisir ne diffère que selon la différence des hommes et la différence de leurs situations, de leurs naturels et de leurs mœurs, et il a entrepris de faire voir cela au moyen de l'exemple des courageux et des artisans : ce qui plaît à un artisan n'est pas plaisant pour un autre artisan, et il en va de même pour le droit, pour le beau et pour l'équilibré. Il a alors développé son propos à satiété sur ce chapitre, afin de faire voir que toutes ces choses sont belles et laides par relation, et non pas en ce qu'elles seraient en elles-mêmes belles et laides, et il a dit que les artisans,

lorsqu'on les questionne sur ce point, le reconnaissent sans faute.

(33) Ensuite, il a fait voir que celui qui ne connaît pas la quiddité d'une chose, ni son essence et son *'inniyya*[1], n'a pas dans ses capacités d'en ordonner les parties, ni de la rendre harmonieuse avec ce qu'elle implique et ce qui lui fait suite, et que, si quelqu'un prétend le faire, sa prétention est creuse. De surcroît, celui qui en connaît la quiddité peut n'en pas apercevoir la beauté et l'excellence, le vice et la laideur, et l'homme qui a une connaissance parfaite d'une chose est celui qui connaît la quiddité de la chose, puis sa beauté, son excellence, son vice et sa laideur. Il en va de même pour les lois et pour tous les arts et les sciences : celui qui juge de leur excellence, ou de leurs carences et de leurs vices, possède déjà ces trois choses que l'on a mentionnées et a porté sur ces dernières un jugement excellent, avant de les juger, afin que son jugement soit correct et droit. Le meilleur est alors ce qui a été jugé par son créateur et par son instituteur, étant donné que ce créateur et cet instituteur ont, à la faveur de ces trois sciences, la capacité d'instituer ce dont l'institution est appropriée en toute circonstance. En revanche, quand on n'a pas ces trois sciences, non plus que cette capacité, comment serait-on capable de l'instituer et de le créer ? Cela n'est pas particulier aux seules lois, mais vaut pour toute science et pour tout art. Il a développé ce point au moyen d'exemples empruntés aux poésies, aux rythmes, aux chansons, à leurs instituteurs et à ceux qui utilisent leurs différentes sortes [16].

(34) Ensuite, il s'est étendu sur l'évocation de la danse et de la musique instrumentale : son dessein d'ensemble, au moyen de ces exemples, est de faire voir que chacune des prescriptions du droit divin et coutumier doit être employée en l'endroit qui lui est approprié et avec celui qui le tolère, tandis qu'effectuer un transfert et user de

1. Voir glossaire p. 214.

quelque chose hors de l'endroit qui lui est approprié est d'une corruption plus forte et hideuse que de l'abandonner complètement. Il a alors décrit l'éloge réservé à celui qui recourait à des chansons bien connues chez ces gens dans les lieux qui étaient les leurs et auprès des gens pour lesquels elles étaient convenables, et évoqué le blâme réservé à ceux qui les altéraient, les intervertissaient et y recouraient hors du moment approprié pour y recourir, au point de susciter calamité et maux. En effet, l'art de la chanson jouait chez les Grecs un rôle merveilleux et le législateur lui consacrait une préoccupation complète – et, de fait, il est en réalité extrêmement utile en raison de l'efficace que sa pratique a tout particulièrement sur l'âme et du fait que la loi s'occupe particulièrement de l'âme. Voilà donc pourquoi il a parlé longuement sur ce chapitre, en disant que l'exercice corporel auquel on a besoin de recourir vise seulement l'âme et que la rectitude du corps sert à la rectitude de l'âme.

(35) Ensuite, il a fait voir une autre notion, appropriée à ce qu'il décrit, à savoir qu'une même chose peut être adoptée par une loi et délaissée par une autre loi, sans que ce soit ni abominable ni laid, car la loi ne s'effectue qu'à la mesure de ce qui est imposé pour faire parvenir les hommes au bien ultime et à l'obéissance de Dieu. Il a développé ces points par l'exemple du vin et de sa boisson, car une certaine classe des Grecs anciens l'adoptait, tandis qu'une autre classe le repoussait même là où il était nécessaire, car la nécessité qui les invite à en boire est la situation où l'on a besoin d'une absence d'intelligence et de connaissance, comme dans la parturition, la cautérisation et les cures qui causent une souffrance corporelle et, de même, la situation où il est employé comme remède et afin d'apporter la santé, et non pour rien procurer d'autre.

Le troisième traité

(36) Il a commencé en faisant voir que l'institution des lois, leur disparition et leur régénération ne sont pas quelque chose de récent à notre époque, mais une chose qui s'est déjà produite aux temps anciens, et qui se reproduira dans [17] les temps à venir.

(37) Il a fait voir que la corruption et la disparition des lois ont lieu en deux façons, la première étant le passage des temps avec la durée et l'autre les accidents généraux qui adviennent dans le monde, comme les déluges et les épidémies qui exterminent les hommes.

(38) Ensuite, il a entrepris de faire voir comment s'effectue la naissance des civilisations et comment les situations où l'on a besoin des directions et des lois voient le jour, et il développe ce point au moyen d'exemples, à partir du déluge qui noie toutes les cités. Après cela, la cité commence à se réunir et à croître. Il nomme alors des peuples et des cités, qui étaient fameux chez ces gens à cette époque, pour dire comment ils furent ruinés, puis comment d'autres cités naquirent à leur place, et que les hommes, au début de ce procédé, avaient des mœurs louables, jusqu'au moment où, après qu'ils se furent multipliés, ces mœurs se sont altérées : par exemple, en cette époque qui fit suite au déluge, ils se regardaient les uns les autres avec amitié et entretenaient des rapports amicaux les uns avec les autres, mais, quand ils se furent multipliés, la jalousie se développa peu à peu entre eux, jusqu'au moment où ils s'entre-détestèrent, s'entretuèrent, s'entre-exilèrent et s'entre-firent la guerre.

(39) De surcroît, les arts avaient disparu à cette époque, j'entends à la suite du déluge, jusqu'au moment où ils se mirent, petit à petit et peu à peu, à leur donner le jour, eu égard à ce à quoi le besoin les contraignait, comme l'excavation des minerais, la coupe des végétaux et l'adoption des objets ouvrés, des maisons, et autres choses qui ne sont pas bien difficiles pour qui a lu le début de ce

livre et réfléchi tant soit peu à ce qu'il fait connaître, au point de savoir que les causes des arts ne proviennent en premier lieu que de leur nécessité, avant de se consacrer ensuite et finalement aux choses belles et bonnes, comme l'adoption du vêtement pour se protéger, pour dissimuler sa honte et pour se prémunir contre la chaleur et le froid, avant l'adoption finale de celui qui était excellent et bon – et le discours est le même sur tout le reste. Il a fait voir alors que les cités, forteresses et asiles ne furent initialement adoptés par les hommes que pour se faire un rempart contre les fauves, animaux malfaisants et choses causant de la souffrance, et qu'ils leur ont finalement servi de rempart les uns contre les autres, cela après que les guerres furent nées entre eux petit à petit [18].

(40) Il a fait voir aussi comment s'effectuait le commandement du droit, et qu'il s'agissait seulement du droit dont les pères se servaient pour régir la vie de leur progéniture, puis qu'en fin de compte, lorsque cela a produit une dissension entre les clans, le besoin a contraint pour la première fois à l'institution générale des lois qui rassemblent les différents genres de vie, les habitants des grandes maisonnées et la descendance des ancêtres dans une chose unique qui assure leur salut. Pour cela, il a pris à témoin le propos du poète Homère, qui décrit la cité d'Ilion et ce qui en fut la cause. Il a fait voir ensuite la victoire produite par la dissension entre clans et par les haines, et le triomphe remporté par les gens d'une cité sur une autre, et <montré> qu'elle n'en retire aucun profit parce qu'elle n'est pas légiférée. Pour cela, il a pris l'exemple des cités assiégées et vaincues par les anciens Grecs, et de ce qu'il en a été à cet égard. Ensuite, il a entrepris de faire voir que chaque cité qui a un roi et où ce dernier a un genre de vie que les habitants adoptent ne voit son genre de vie se corrompre et disparaître que pour deux raisons : la première étant la corruption qui la gagne à partir du peuple lui-même et de son abandon de ce qui lui est profitable de pratiquer, et la seconde étant

la victoire remportée sur elle par un autre roi, lequel pouvait être légitime. S'il(s) étai(en)t légitimes, un roi, deux rois et plusieurs rois pouvaient se rassembler contre une cité unique et en triompher afin qu'elle accepte la loi divine, ainsi qu'il l'a dit en parcourant des exemples de cités qui étaient alors bien connues pour ces gens. Il a fait voir aussi que certains citoyens pouvaient voir leur droit se corrompre plus rapidement que ceux d'une autre cité à cause de la méchanceté de leur naturel, ainsi qu'il l'a fait voir à propos de ces exemples.

(41) Ensuite, il a fait voir que les applaudissements peuvent mener à s'occuper de loi, et dit que l'on peut applaudir une chose qui n'est pas en elle-même un bien, et comment on peut légiférer en l'applaudissant, alors qu'il ne s'agit peut-être pas d'un bien et qu'elle ne conduit peut-être pas à la félicité. Il évoque alors la difficulté de ce discernement, et il a développé ce point au moyen de l'exemple de l'homme qui voit un navire merveilleux [19], l'applaudit et en convoite la possession, ou bien qui voit des richesses et une fortune splendide, les applaudit et en convoite sur-le-champ la possession, alors que ce n'est peut-être pas un bien absolu. Il a fait voir aussi qu'un enfant peut souhaiter avoir des choses qu'il applaudit tant qu'il est enfant, mais que, une fois passée la frontière de l'enfance, il ne les souhaite plus et ne les désire plus, sans que ces choses elles-mêmes soient altérées. Il a alors donné la démonstration de ce que la chose applaudie qui est en soi un bien est meilleure que la chose applaudie qui n'est pas un bien, et il a dit : « Quant à nous, nous voyons l'enfant applaudir une chose et son père ne pas applaudir cette même chose, mais prier Dieu pour qu'il détourne de lui ces applaudissements, parce que son père est intelligent et que l'enfant n'est pas intelligent, car ce qu'applaudissent les hommes d'intelligence, c'est le bien et le beau en soi, et ce qu'applaudissent les gens sans intelligence, qu'il s'agisse d'un enfant ou d'un adulte ignare, c'est ce qu'il faut repousser. »

(42) Ensuite, il a fait voir une bonne notion, à savoir que ce qui atteste de la vérité et de la bonté de la loi, et ce qui aiguillonne vers elle, c'est l'intelligence, et qu'il faut donc que le législateur vise les choses qui procurent l'intelligence aux âmes, en y mettant un soin extrême : plus cela est sûr, et plus la loi est sûre et assurée. Or ce qui procure l'intelligence, c'est l'éducation, car celui qui n'a pas d'éducation se plaît aux choses mauvaises et celui qui a de l'éducation ne se plaît qu'au bien. Or la loi est la voie qui mène aux biens, leur mère et leur mine, et il s'ensuit par conséquent que le législateur doit mettre tout son sérieux à établir solidement l'éducation. Ensuite, il a fait voir que lorsque l'éducation est bien enfoncée dans le naturel des gouvernants des cités et de leurs semblables, il en résulte que l'on aspire aux biens, qu'on les applaudit et qu'on atteste leur vérité, la somme des attestations des hommes de bien étant la sagesse à laquelle nous aspirons.

(43) Ensuite, il a fait voir que la cité n'est achevée que s'il y a en elle des gouvernants et des gouvernés, les gouvernants étant, par exemple, les vertueux, les hommes d'âge et les hommes d'expérience, et les gouvernés [20] tous les autres, enfants, jeunes gens et ignorants, et que, toutes les fois qu'il en va ainsi, les choses sont correctes au plus haut point. Ensuite, il a entrepris de faire voir que les rois et les gouvernants, lorsqu'ils n'ont plus d'éducation, se corrompent eux-mêmes ainsi que leurs sujets, comme il l'a fait voir en parcourant des exemples de rois grecs qui, n'étant plus savants, ont corrompu leurs sujets et leur propre personne au point que leur cité a été ruinée. Et l'ignorance cause plus de méfaits chez les rois que chez la masse. Ensuite, il a fait voir que les citoyens ne peuvent se passer d'un gouvernant éduqué et d'une direction satisfaisante pour que leurs affaires se tiennent bien, à la façon dont le corps ne peut se passer de l'alimentation et dont le navire ne peut se passer de marin : de même ainsi qu'il l'a fait voir à propos des

Mā'niliyūn[1], et de même que le corps malade ne tolère pas les peines et n'accomplit pas de tâche excellente et profitable, de même l'âme malade ne peut discerner et élire ce qui est le plus excellent et le plus profitable, et la maladie de l'âme est l'absence de direction divine. Ensuite, il a abordé les exemples des gouvernants qui se sont supposés savants et cultivés sans l'être, ont cherché la victoire et ont tout corrompu.

(44) Ensuite, il a fait voir que le législateur doit mettre son plus grand soin à ce que les gens développent de l'affection, afin que la stabilité des lois soit en honneur et l'explication aisée, car, sinon, les choses lui sont difficiles et délicates. Il a fait voir aussi que la pluralité des gouvernements est corruptrice et que le législateur doit avoir pour objectif un gouvernement solitaire ; sinon, son objectif ne perdure pas et, si sa loi paraît, elle ne se maintient pas, tant qu'il ne vise pas cette unité et cet isolement au moyen de la loi, car cet état ne tolère pas la société, ni la flagornerie. Il a fait voir aussi que le plus profitable et excellent pour un législateur est de s'astreindre à la voie de la liberté, qu'il n'y a pas d'envie chez le gouvernant, car l'envie n'est que dans les mœurs serviles, et un esclave ne se maintiendra pas au gouvernement, et que, si l'on suit la voie de la liberté, les gouvernés suivront et obéiront avec zèle et aménité, et l'on est plus près de la durée. Et il a développé ces notions et leurs contraires au moyen d'exemples empruntés aux Persans, à leurs rois et à leurs mœurs, et il s'est étendu sur ce point.

(45) Ensuite, il a entrepris de faire voir les diverses subdivisions des vertus et des éducations, et il a déclaré que le législateur se doit [21] d'effectuer le départ entre ces mœurs et d'accomplir à cet égard ce qu'il se doit d'accomplir, en les agençant et en aiguillonnant vers elles, et d'obliger les gens à les adopter et à les recher-

1. Il s'agit probablement de la transcription en arabe d'un nom grec, qui semble être celui d'Ilion cité par Platon.

cher sur le mode de la liberté, et non de la servitude. En effet, la corruption causée par la servitude est ce qu'il a évoqué au sujet des Persans dans les exemples qu'il a parcourus. Ensuite, dans ses récits au sujet des Persans, de la transmission du pouvoir entre leurs rois et leurs fils et des guerres qu'ils ont menées sur la mer, il a abordé un notion utile, savoir que les ennemis, dans une cité, sont devenus des amis. Le législateur se doit donc de rechercher si l'affection entre les gens de sa législation est de cette sorte ou non, et de l'administrer de manière certaine et avec science en fonction de cela, de peur que la loi ne rencontre dommage et corruption de ce côté-là.

(46) Ensuite, il s'est lancé dans un discours où il a fait voir ce qu'il en est de la musique, qui faisait partie anciennement des prescriptions du droit. Et il fait voir à son sujet quelque chose qu'il avait évoqué auparavant, savoir la réception du droit sur le mode de la liberté avec la paix que cela comporte, et sa réception sur le mode de la servitude et de la répression avec la corruption que cela comporte. Il a évoqué les répugnances et aversions que comporte la servitude, et le fait que lorsqu'une cité ne repose pas sur l'affection réelle, sur l'éducation achevée et sur l'intelligence parfaite, elle court à sa perte et à sa corruption, tandis que, lorsque ces trois choses existent, elle court au bien et à la félicité. Le discours vaut alors indifféremment pour une cité tout entière, pour un foyer unique et pour un homme unique.

Le quatrième traité

(47) Il a entrepris de faire voir maintenant, dans ce traité, que la cité réelle n'est pas le lieu qui porte le nom de cité, ou un rassemblement d'hommes, mais qu'elle a des clauses, parmi lesquelles le fait que ses gens accueillent le droit

des directions, qu'elle a un administrateur divin, que ses gens font voir des mœurs et des habitudes susceptibles de louange et que son emplacement est conforme naturellement [22], de sorte que l'on puisse apporter vers elle les denrées dont ces gens ont besoin, ainsi que le reste de ce dont ils n'ont pas de ressources chez eux.

(48) Ensuite, il a fait voir une autre notion, savoir que la loi instituée pour les citoyens n'a pas seulement pour but qu'ils l'écoutent et obéissent, mais aussi qu'ils acquièrent des mœurs louables et des habitudes satisfaisantes.

(49) Il a alors évoqué une autre notion, à savoir que lorsqu'un homme n'a pas d'habitudes et de mœurs légales, belles et satisfaisantes, il ne cesse de se dégrader et de déchoir, et qu'il est laid pour un homme de déchoir chaque fois qu'il porte atteinte au droit. Il a développé ce point avec l'exemple des courageux qui cessent de s'exercer au point d'être contraints de pratiquer les arts et les profits bas, comme la marine et les choses semblables, et il l'a développé en prenant l'exemple d'une poésie d'Homère bien connue chez ces gens et du fauve qui s'est négligé au point de perdre son courage et d'avoir peur des cerfs.

(50) Ensuite, il a entrepris de faire voir cette notion dans la cité tout entière, et il a fait voir que c'est le hasard qui fait que la cité a la bonne fortune d'avoir, pour instituteur de son droit, un homme avisé, savant et bien éduqué, parmi les autres hasards heureux dans sa prospérité et le reste, et que c'est aussi un heureux hasard pour le législateur si les gens de sa cité l'écoutent, lui obéissent et sont disposés à accueillir le droit dans les directions.

(51) Ensuite, il a entrepris de faire voir ce qu'il en est de la domination, que c'est une chose dont on peut avoir besoin lorsque les gens de la cité ne sont pas des hommes de bien et d'une nature excellente, et que la domination n'est blâmable que lorsque le dominant domine par nature, et non en raison d'un besoin qui l'y pousse dans l'intérêt des gens de la cité. En effet, lorsque la cité

en est au point où son dirigeant est forcé de l'écraser, puis qu'après l'avoir écrasée il y institue un droit qui est divin, cela est fort louable et satisfaisant. Ensuite, il a fait voir que, lorsque la domination est exercée ainsi, elle est en bien des points plus appropriée et plus aisée que le libre arbitre car, lorsqu'un législateur aborde les gens de la cité en les dominant, il lui est possible de les corriger dans une durée plus courte, tandis que celui [23] qui ne domine pas, mais procède sur le mode de la liberté, ne peut se passer de douceur, et la douceur prend du temps. Ensuite, il a fait voir que, si dominer et écraser les esclaves et les méchants sont d'une excellence extrême, dominer et écraser les hommes libres et les vertueux sont d'un vice extrême, et il a développé ce point à partir de l'exemple des gens de Cnossos[1] et d'autres cités bien connues chez ces gens.

(52) Ensuite, il a fait voir que, plus les gens de la cité sont des hommes de bien, plus leur gouvernement est divin, et que, par suite[2], leur gouvernement est de beaucoup plus vertueux que les gouvernants d'une cité moins vertueuse, au point qu'il peut arriver que cela s'élève à ce que l'administration d'une cité relève des êtres divins, au point de ne plus guère avoir de société avec ces êtres humains, et il a développé cette notion au moyen de l'exemple des habitants d'une cité bien connue chez ces gens. Ensuite, il a fait voir que le nombre des différentes espèces de directions ne dépend que du nombre des différentes espèces de droits, étant donné que les directions suivent les droits, se construisent à partir d'eux et s'édifient sur eux, et qu'ensuite le nombre des gouvernements dépend spécifiquement du nombre de ces dernières, et leur correspond dans le genre de vie : si elle est excellente, il est excellent, si elle est vicieuse, il est vicieux,

1. Corr. *Qubrusiyyīn* (« les Chypriotes ») en *Qunūsiyyūn* [NdT].
2. Corr. *fa'iḏa* en *fa'iḏan* [NdT].

et si elle est supérieure, il est supérieur, sans qu'il y ait d'exception à cela dans la réalité, sinon très rarement.

(53) Ensuite, il a fait voir que le gouvernant vaniteux, qui se laisse abuser par sa perfection, sa richesse, sa réputation ou par l'une de ses vertus, n'est pas loué ni apprécié, car le plus grand soin du gouvernant doit être le bien-être de ses gouvernés, tandis que l'impudent ne s'occupe que de lui-même et de sa bonne fortune, qu'il est donc haï des dieux, qu'un homme haï d'eux n'est pas soutenu par eux, et qu'un homme non soutenu par eux ne laisse pas de trace belle et satisfaisante. Ensuite, il a entrepris de le décrire et de faire voir les choses qui doivent lui tenir à cœur, qu'il doit avoir tout d'abord de la bonne fortune dans son corps, puis dans son âme, puis dans les choses extérieures, petit à petit, et il a développé cela au moyen d'exemples en s'étendant sur ce chapitre, car il est fort utile. Il a alors achevé son discours sur le sujet en parlant des fils et des pères, de ce qui leur est nécessaire d'avoir et de faire, de la manière dont ils font cela, de ce par quoi ils commencent et de ce à quoi ils parviennent en fin de compte, une fois achevés les jours [24] de leur vie. Il a fait voir ensuite à quoi tient la difficulté de cette voie vertueuse et sa facilité, et ce qu'elles sont, et a développé ce point au moyen d'un exemple et d'une poésie célèbres.

(54) Ensuite, il a fait voir que le poète, l'avocat et l'orateur peuvent dire une chose et son contraire, tandis que le législateur ne doit appuyer qu'une chose unique parmi ce qui lui est utile, avant de développer ce point au moyen de certaines prescriptions des lois, savoir la sépulture du défunt et sa mise au linceul, la manière dont le législateur doit donner des ordres sur la question et la manière dont ces autres que nous avons énumérés doivent en parler.

(55) Ensuite, il a fait voir comment la loi doit être fichée dans le cœur des gens, il a illustré ce point au moyen du médecin qui traite les enfants avec douceur et évoqué le fait que les médecins ont des serviteurs qui cherchent à leur ressembler et que, de la même manière, les législateurs

ont des dirigeants qui suivent l'exemple de leur usage : il les a alors exhortés à être très doux avec les gens dans la promulgation des lois et dans leur préservation. Ensuite, il a fait voir que le principe de la civilisation d'une cité n'a lieu qu'à partir de la loi sur le mariage et les enfants, et qu'il faut donc que ce point soit extrêmement éduqué et maîtrisé, et, en évoquant cela, il a mêlé des choses relevant de ce droit qui étaient bien connues en ce temps-là, comme les amendes et les punitions.

(56) Ensuite, il a entrepris de faire voir que le droit ne se fixe pas dans le cœur des citoyens s'il n'y a pas des aplanissements préalables à leur institution, que certains aplanissements sont le fait du hasard et de la fortune tandis que d'autres résultent d'un effort, et que d'autres encore sont naturels. Ceux qui relèvent du hasard sont, par exemple, l'advenue d'un événement qui corrompt ce qui les réunit, et les contraint à un droit qui les rassemble et leur donne une concorde complète. Les naturels sont, par exemple, la corruption qui advient avec la longueur du temps et la durée, ainsi que la lassitude qui affecte les gens par l'effet de ce qui s'en trouve dans leur nature. Ceux qui résultent d'un effort sont, par exemple, les découvertes effectuées par le discours et les éclaircissements apportés par la dispute. Une fois donc ces trois aplanissements effectués, [25] les gens sont pris d'un désir vrai pour le droit et y sont contraints, puis, lorsqu'ils l'ont trouvé, lui font un accueil affable.

(57) Enfin, il existe une autre espèce d'aplanissement, qui n'appartient pas au genre des trois précédents, savoir ce qui est amendé par les législateurs, par leurs dirigeants et par leurs ministres parmi les ignorants et les enfants dans le domaine des mœurs louables, afin qu'ils s'y habituent, si bien que, une fois que ce seront devenus des habitus pour eux, il leur sera plus facile d'être menés à accepter le droit, et qu'ils s'empresseront plus rapidement de le rechercher, étant donné que les méchants ne se laissent pas facilement mener au bien, tandis que ceux qui sont

dans un état intermédiaire s'y laissent aisément mener. Enfin, il s'est engagé à faire voir par la suite ce dont on a besoin dans ce qui concerne l'âme des citoyens, leur corps, leurs habitus et leurs situations.

Le cinquième traité

(58) Il a fait voir dans ce traité que la première chose est de prendre soin de l'âme, étant donné que cette dernière est la plus noble des choses et occupe le deuxième rang après la divinité, et que, parmi les différentes sortes de soins, le plus approprié est de l'honorer, car l'offense faite à l'âme est chose hideuse. Il fait voir alors que l'honneur relève des choses divines, qu'elle en est la plus noble, et que l'âme est noble, qu'il faut donc l'honorer, et qu'honorer l'âme, ce n'est pas lui donner l'objet de son désir, car, s'il en était ainsi, il faudrait que l'enfant donnât à son âme l'objet de son désir, et de même pour l'ignorant : en effet, l'âme de ces gens désire des choses qu'ils supposent excellentes et préférables, mais, s'ils lui donnent ces objets de leur désir, cela cause un dommage immense. Non, honorer l'âme, c'est l'éduquer et lui donner les désirs dont le droit divin fait l'éloge, et plus ils sont blâmés dans la loi, plus en empêcher l'âme est lui faire honneur, même s'ils causent de la souffrance sur le moment. Et celui qui suppose que le corps est plus noble que l'âme pour la raison que, n'était le corps, l'âme ne serait pas, formule ici une supposition erronée, dont l'erreur apparaît clairement de la manière la plus facile qui soit. Ensuite, il a fait voir l'honneur accordé à l'âme dans bien des tâches exercées par l'homme, comme [26] l'accumulation des richesses, etc., et comment il faut honorer l'âme dans ces tâches. Ensuite, il a indiqué la manière d'honorer l'âme, en disant : « Il faut se mettre à l'école du législateur, car c'est là ce qui lui incombe ».

(59) Ensuite, il a aussi évoqué le fait que, après avoir honoré l'âme, il faut honorer le corps, et fait voir que le corps honorable n'est pas celui qui est beau, ni celui qui est puissant, ni celui qui est agile, ni celui qui est sain, ni celui qui est dodu, mais celui qui est lié à des habitudes louables et à un genre de vie en accord avec le droit. La manière d'honorer le corps est donc de le lier à l'éducation morale. Il a fait voir cette notion au moyen d'un discours étendu et d'exemples utiles.

(60) Ensuite, il a entrepris de faire voir que le droit sur l'éducation des enfants pour honorer le corps n'est pas autre que le droit sur l'éducation des hommes faits et des vieillards, s'ils sont ignorants. Ensuite, il a fait voir que le droit sur les honneurs rendus à l'âme est une même loi pour les étrangers, les locaux et les citoyens, tandis que le droit sur l'éducation du corps doit être distinct pour les étrangers et pour les locaux, car, dans l'éducation des corps, il y a aussi les châtiments des crimes et, si on le pose de manière égale pour l'étranger et pour le local, cela débouche sur une corruption du droit et des lois.

(61) Ensuite, il a fait voir comment il faut aborder la voie qui mène à l'acquisition des vertus morales, et qu'on ne peut se passer du temps pour les obtenir, car l'habitude ne se produit qu'avec la longueur du temps et avec chacune des situations de la vie sociale, et avec tout le monde, sous peine de ne pas devenir une habitude. Et cette voie est celle de l'habituation à la justice, à la tempérance, au courage et à toute autre chose, et de même, pour repousser les choses blâmables, on ne peut se passer d'un temps pendant lequel l'homme s'habitue à délaisser les choses laides. Ainsi, lorsqu'un homme n'a pas un zèle et une ardeur naturels vifs, il ne peut nullement achever l'exercice de son âme, car il est dans la nature de l'homme de fermer les yeux sur la plupart des fautes de ce qu'il aime, et qu'il n'est rien qu'un homme aime davantage que son âme : si donc il en est ainsi, il ne peut se passer d'une vive ardeur pour être capable de maîtriser son âme

qu'il aime tant, en la détournant de ses désirs plaisants. La colère est alors utile, seulement pour qu'il n'approuve pas tout ce que son âme lui présente, et <il doit> accoutumer d'emblée son âme à ce qu'il s'emporte contre elle.

(62) Ensuite, il a fait voir que les éduqués se doivent d'ordonner à leur âme de délaisser les actions qui sortent [27] de la mesure, comme l'allégresse incessante, le rire excessif, la tristesse vive, l'anxiété excessive et choses semblables. Ensuite, et après avoir ordonné cela à leur âme, ils doivent l'ordonner à leurs proches. Ensuite, il a déclaré que l'on doit placer son salut dans les divinités pour toutes ces éducations et pour leur acquisition en les implorant, en les priant et en demandant leur assistance afin que ce qu'on est en train de faire soit légal, louable et divin, que le désir de l'homme est de placer son espoir en la divinité pour que sa vie soit le plus heureuse et son mode d'existence le plus beau qui soit. Or un genre de vie peut être beau aux yeux de certains et peut être beau aux yeux de la divinité, et il faut donc considérer et méditer ce point très soigneusement. Il a alors étendu son propos sur ce point, et fait voir le genre de vie à choisir pour chacune des mœurs et des prescriptions, et en a dénombré certains sur le mode de l'exemple, jusqu'à ce qu'il évoque la tempérance et fasse voir que choisir ce qui cause du plaisir plutôt que ce qui cause de la souffrance est un mode de vie oppressif, tandis que choisir ce qui cause de la souffrance plutôt que ce qui cause du plaisir est un genre de vie lié au libre arbitre. Ensuite, il a aussi évoqué cela à propos de la santé, du courage, de la science, etc.

(63) Il a déclaré aussi que la cité n'est pas achevée si son droit n'est pas précédé d'aplanissements par les directions, de sorte que, une fois ces aplanissements bien implantés, le droit sublime et à l'œuvre éblouissante fasse son œuvre. Pour illustrer cela, il s'est servi de l'exemple de la chaîne et de la trame dans les habits. Ensuite, il l'a explicité par le fait que ces directions sont

de deux espèces, la première étant les gouvernants des tribus et leurs directions à son égard, et la seconde le droit institué par les instituteurs. En effet, cela se trouve chez tous les troupeaux et les hommes, chaque sorte ayant un chef et des règles qui ne sont pas le chef et les règles de l'autre.

(64) Ensuite, il a évoqué une autre notion utile sur ce chapitre, savoir que l'on a besoin de la domination pour aplanir le passage au droit divin, et que ce besoin est destiné à deux faits : le premier est de purger la cité des méchants, dont le zèle, la nature, l'art et le propos constant sont de résister aux gouvernants, et le second d'avertir les bons d'accueillir avec facilité et aménité le droit des hommes inspirés de Dieu et de les y exhorter. Il a développé tout cela au moyen d'exemples et l'a commenté avec éloquence. Ensuite, il a fait voir que, lorsque le besoin qu'on a d'une chose n'est pas véritable ni pressant, la situation n'est pas [28] à cet égard extrêmement ferme, et il a illustré cela en prenant l'exemple de la migration et de la pauvreté, où il est possible de poser les fondations d'une cité vertueuse à cause du besoin véritable qu'ont les migrants d'une résidence et du besoin véritable qu'a l'indigent de ce qui lui permet de vivre.

(65) Ensuite, il a fait voir que le cœur d'une cité est une répartition correcte, de peur que quelque chose ne soit en excès et ne préoccupe les citoyens, ou que quelque chose ne fasse défaut et ne les trouble. Il a donc commencé par dénombrer cela sur la terre et les lieux, puis sur les associés et les situations, puis sur les denrées et les vivres, puis les champs, puis les temples, puis les bâtiments pour les possessions indispensables, et il a déclaré que cette répartition, malgré sa nécessité, est une chose difficile. Il incombe donc au législateur d'établir à cet égard des prescriptions sur lesquelles ils construisent leurs affaires, et il a développé ce point au moyen d'exemples bien connus chez ces gens, et évoqué, au

sujet des législateurs et de leur répartition du sol parmi les citoyens, des situations pour lesquelles son propos n'échappera pas à celui qui lira ces chapitres. Ensuite, il a dit, en dernier lieu : « Et c'est là la cité que nous désirions trouver dès le début. »

(66) Ensuite, il est revenu à l'évocation des enfants et des jeunes gens et à la manière dont il faut les administrer, ainsi que les ignorants. À la suite de cela, il a ordonné que l'on rende des honneurs au droit, aux directions, et qu'on les considère avec la plus grande révérence et la plus grande importance.

(67) Ensuite, il a entrepris de faire voir qu'il vaut mieux accumuler des richesses à partir des gains qui ne sont pas vils, et a déclaré que, lorsqu'on accumule des richesses par des voies louables, cela vaut mieux, et de beaucoup, que la pauvreté, mais que, si elles sont accumulées au moyen de gains auxquels l'on attache une ignominie d'une sorte ou d'une autre, se retenir de faire du gain vaut mieux que d'en faire ; il a parlé au long sur ce chapitre et a développé la question de l'accumulation des richesses par des voies louables au moyen d'exemples de gains louables et non louables chez les Grecs en raison de la réputation qui était la leur chez eux, tels que les voyages et le commerce. La somme de tout cela, c'est donc que le gain qui ne nuit ni à la famille, ni aux éducations qui servent d'aplanissements [29] au droit, ni aux honneurs rendus à l'âme ou au corps, sont fort louables, tandis que ceux qui nuisent à une seule de ces choses sont blâmables et qu'il vaut mieux se retenir que de se lancer dans aucune de ces choses, si tant est que le but visé soit de donner vie à l'éducation et au droit. Il a déclaré alors que l'instituteur du droit se doit d'interdire à tous les gens éduqués et intelligents et à ceux qui obéissent à ce droit de se laisser distraire par ces gains, et de leur instituer des bornes, en faisant voir ce qu'il en est et ce qui les suit, afin que les gens s'obligent à ce droit et ne le combattent pas.

(68) Et le Sage a parlé au long sur ce chapitre, ainsi que sur le fait que le législateur doit avoir la situation des pauvres à cœur autant que celle des riches, et de leur consacrer une part du droit qui les corrige et améliore leur âme ; sinon, cela fait naître une corruption que l'on ne peut maîtriser, ni parer. Il doit aussi instituer le droit sur les poids et les mesures, et sur tous les travaux accomplis par les gens dans la cité, ainsi que sur les transactions, en ayant égard à ce qui ne cause pas de préjudice à certains en procurant à d'autres une richesse insolente, et de même sur les endroits particuliers à chacun des pauvres et des riches dans la cité, de peur qu'aucune classe d'hommes n'échappe au droit et que cela ne se résolve en une corruption dont on n'aperçoive ni le fond ni la fin. En somme, il faut que le droit divin n'ait ni disparité, ni déficience, où « disparité » implique ici que toute personne pareille à son instituteur, qui l'observe et survient par la suite, l'approuve et ne lui fasse pas du tort.

Le sixième traité

(69) Il a résolu, dans ce traité, de faire voir que la cité vertueuse est celle où les gouvernants et le gouvernement sont hiérarchisés selon une hiérarchie bonne et naturelle. En effet, lorsque cela s'est perdu dans une cité, elle ne se maintient plus, et, si le législateur n'a pas hiérarchisé les gouvernants, les juges et ses ministres de manière naturelle, il commence par rencontrer des quolibets [30] et par devenir un objet de ridicule, et finit par voir sa situation s'infléchir et sa loi se corrompre. Or la corruption des lois inclut la corruption des cités.

(70) Ensuite, il a entrepris de faire voir que, si les gens de cette cité sont des ignorants, des gens sans expérience et des enfants, il est fort rare qu'ils accueillent ces directions et cette hiérarchie apportées par les législateurs.

Ensuite, il a fait voir la manière d'employer la ruse pour qu'ils les acceptent, et a indiqué que cette cité ne manquera pas d'être soit ancienne, soit jeune : si elle est ancienne, la tâche est plus facile au législateur, en raison des lois précédentes qui y ont eu lieu par le passé et dont il est resté des traces qui résident dans la nature des gens et qui servent d'aplanissement pour la législation qui vient en dernier lieu, tandis que, si elle est jeune, sa tâche est un peu difficile, parce qu'il doit choisir parmi sa population des hommes dont le naturel est disposé à accueillir les lois, avec le législateur s'entend, en l'âme desquels il implante le droit et auxquels il se remet pour exercer son pouvoir sur les autres. S'il a rencontré, parmi les gens d'une autre cité, des hommes qui ont été témoins des lois et qui les connaissent, qu'il s'en remette à eux pour les gens de sa cité, car ce sont aussi des gens de sa trempe, et ils répandront cette législation dans la cité elle-même ainsi que dans une autre. Quant à ce qui est des âges, il lui faut, là encore, de la même manière, s'en remettre aux personnes expérimentées et d'excellent naturel pour les enfants et ignorants qui sont en dessous d'eux. Lors donc que le législateur a rencontré des hommes tels que ceux-là, qu'il donne un rang à chacun d'eux, là où il doit avoir son rang et dans les affaires qui lui sont le plus appropriées, et qu'il lui assigne la part du droit où il sait qu'il peut accomplir le nécessaire et qu'il est capable de s'en occuper.

(71) Et ce que nous venons de déclarer est le sens de ce qu'il a présenté de manière énigmatique et au moyen d'exemples à propos de Crétois, des autres cités qu'il a évoquées, des tablettes, des marchés, etc. Il s'est étendu sur ce point, en évoquant la manière dont se développe la cité depuis le début, lorsqu'elle a vu le jour, la manière dont les gens y sont hiérarchisés, la manière dont les ressources et leurs besoins y sont hiérarchisés, la manière dont les travaux sont hiérarchisés [31] selon les âges, car la tâche et le travail dont les vieillards s'occupent avec succès ne sont pas

ceux dont les jeunes gens s'occupent avec succès. Et il a fait voir cela dans un discours étendu et salutaire.

(72) Ensuite, il a fait voir que, après avoir hiérarchisé les citoyens, il est nécessaire de hiérarchiser les gens de guerre, leurs gouvernants et leurs administrateurs, car les guerres font partie des affaires les plus importantes des cités. Ensuite, il a évoqué une autre notion à propos de la hiérarchie, savoir qu'il peut arriver que la hiérarchie ne soit pas établie dès le début avec une extrême correction : alors, s'il voit que certains gouvernants ne sont pas énergiques et ne suffisent pas à la tâche qui est la leur et s'il trouve une autre personne plus avisée et plus énergique à la tâche, il ne laisse pas de donner congé de sa tâche au premier et de donner son rang au second afin que tout se passe avec la plus grande excellence et rectitude possible, car observer le droit est, dans des cas tels que ceux-là, source de dommages.

(73) Ensuite, il a indiqué qu'il doit consacrer un soin extrême aux ministres, aux hommes d'expérience et aux individus de bon conseil et de bonne politique pour le moment où il aura besoin de les consulter, que ce soit en temps de guerre ou de paix, car les législateurs et les citoyens n'ont pas profusion d'hommes tels que ceux-là, et il faut donc nécessairement leur donner un rang pour le bien-être des cités. Il a fait voir aussi que les honneurs qui s'attachent aux personnes qui occupent ces rangs varient, qu'il y a en premier lieu un honneur qui consiste en gloire et en prestiges, en deuxième lieu un honneur comme des choses utiles, en troisième lieu un honneur comme une bonne promesse, et en quatrième lieu un honneur comme la manifestation d'un assentiment et d'un respect qui ne passent pas par la parole. Quant aux gens de guerre, ils sont honorés au moyen de choses utiles et d'argent et ils ont des rangs proportionnés, et il faut préserver soigneusement tout cela. Il a fait voir aussi que les gouvernants doivent combattre les fainéants et les rebelles par des amendes, et non par

des honneurs, afin que la situation de la cité soit droite, car lorsque honneurs et amendes ne sont pas hiérarchisés selon la hiérarchie naturelle qui permet de donner à chacun son dû, cela invite à la corruption de la loi.

(74) Ensuite, il a montré une notion subtile sur ce chapitre de la hiérarchie, savoir que l'égalité produit l'amitié et que toutes deux sont à préférer, sans que personne aille supposer que l'égalité consiste à donner aux esclaves et aux vils [32] le rang et les honneurs qui sont ceux des libres et des vertueux : non, l'égalité consiste en ce que chacun occupe la place qu'il mérite, car c'est cette égalité qui produit l'affection et l'amitié.

(75) Ensuite, il a évoqué une autre notion utile, savoir que, pour un groupe de personnes égales en pouvoir et en rang, il peut arriver un événement qui exige que l'on délègue une tâche donnée à l'un d'eux et non à son pair, ce qui suscite querelles et perturbations dans les cœurs. Dans un cas tel que celui-ci on trouve du profit aux choses du hasard et de la fortune et à leurs analogues, et il incombe au législateur de consacrer à ce sujet la plus grande attention.

(76) Ensuite, il a fait voir ce qu'il en est de la profusion et de l'avarice sur le chapitre des dépenses, étant donné que donner des salaires aux gens, eu égard à leurs différences et en tenant compte de leurs dépenses, et leur manifester de la bonté à cet égard est l'une des affaires les plus difficiles de la direction. En effet, celui qui reçoit son salaire et ne le dépense pas pour l'avantage de ses subordonnés, mais le thésaurise pour lui-même, cause un dommage immense, et il incombe aux gouvernants de prendre connaissance de tels cas et de redoubler d'efforts pour les empêcher et les interdire, et il en va de même pour les gaspilleurs. Il a alors commenté cette notion à suffisance, et il a aussi fait voir ce qu'il en est des débauchés qui sont excessifs dans leurs dépenses et dans leurs salaires, étant donné que leurs dépenses et leurs salaires sont dépensés pour ce qui fait naître dans

la cité des maux causant d'importants dommages et pour ce qui se perd sans profiter.

(77) Ensuite, il a évoqué ce qu'il en est de la garde et des protecteurs, ces derniers étant de deux espèces, l'une étant la garde de la cité, comme les soldats, les rondes de nuit et les combattants, et la seconde les protecteurs des lois et des directions, comme les juges, les prêcheurs, les administrateurs et les gens de bon conseil. Pour illustrer cela, il a pris l'exemple du navire qui se trouve sur la mer, et il a aussi évoqué l'utilité des courriers, de la vigilance qu'on y consacre et de l'interdiction de la fainéantise dans ce qui a été posé aux portes d'ordonnateurs[1] et de la démobilisation de la garde – et tout cela ne fait qu'une seule loi, car il y a dans l'assignement des fonctions une utilité extrêmement grande. Ensuite, il a évoqué ce qu'il en est des observateurs et des espions qui sont envoyés auprès des gens de la cité par leurs ennemis et qui les interrogent, et il a ordonné de les surveiller de près et de s'en garder. Ensuite, il a effectué une digression sur la nature des hommes, et il a prescrit en cela une action utile, savoir de sélectionner, pour les tâches importantes et proches des législateurs ainsi que des gouvernants, des hommes sur le mode de la liberté, afin qu'à la faveur de leur bon naturel ils soient plus écartés des maux [33].

(78) Ensuite, il a parlé abondamment des hiérarchies naturelles, où « naturel » signifie que les gens reçoivent la mesure suffisante, cent s'il y en a cent, dix s'il y en a dix, un s'il y en a un, eu égard au lieu, à la tâche et à la situation. Il a ensuite entrepris la question des serviteurs, et il a fait voir que cette question des serviteurs fait partie des affaires importantes des citoyens, et qu'ils sont de deux sortes, l'une comprenant les esclaves et les domestiques, et une autre les animaux dont on a besoin dans la cité pour la paix et pour la guerre : il est du devoir du

1. Le terme arabe est *murattibīn* (éd. Druart). Il correspond probablement au grec *taxiarchos*.

législateur, et des gouvernants après lui, de songer à leur question et à leur administration pour instituer le droit qui est le leur et les concerne.

(79) Ensuite, il a décrit la question de l'eau, étant donné qu'il n'y a pas moyen que les citoyens s'établissent à résidence sans que l'administration des eaux soit organisée avec une extrême correction, et il incombe au législateur et aux gouvernants de consacrer une attention complète à la questions des eaux et de leurs voies de passage, afin de les répartir d'une façon telle qu'elles ne surabondent pas en un endroit tout en faisant défaut en un autre et qu'elles ne soient pas données à certains tout en étant refusées à d'autres. Il a ensuite évoqué la question des œuvres surérogatoires dans le chapitre des excavations telles que les canaux d'irrigation et la question des fontaines à l'usage des démunis, car cela relève des plus importantes affaires pour les cités, pour leur civilisation et pour la durée de leur nom, et il incombe au fondateur du droit et à ses juges de surveiller ces affaires avec une extrême vigilance.

(80) Ensuite, il a effectué une digression pour parler d'une autre notion qui relève des affaires les plus essentielles de la cité, savoir les impôts qu'il faut prendre sur les gens, comme les dîmes, les taxes foncières et les capitations, ces <impôts> étant de deux sortes, d'une part ce qui est pris pour les excavations, d'autre part ce qui est pris pour contenir les enfants afin qu'ils n'aspirent pas à ce qui est le fait des législateurs et aux genres de vie qui vont à l'encontre des genres de vie des citoyens et de leurs lois. Ensuite, il a évoqué la question des crimes et des châtiments, et <dit> que les crimes sont de deux sortes, la première étant le refus d'obéissance, et la seconde sorte une innovation qui ne s'accorde pas avec le droit. Si cela est le fait d'un gouverné, il incombe au gouvernant de lui infliger le châtiment institué par le législateur suprême pour ce crime et, s'il est le fait d'un gouvernant, il incombe aux autres gouvernants [34] de

se réunir pour le discipliner et le réprimander selon ce que la situation impose, car négliger ces choses invite à la ruine de la cité et à sa corruption.

(81) Ensuite, il a entrepris d'évoquer les salaires des citoyens, et il a parlé abondamment de ce point, alors qu'il avait déjà parcouru un bon bout de chemin sur des questions similaires, à ceci près que, dans le premier cas, il l'avait fait de manière générale et que, dans ce dernier cas, c'est de façon particulière. Ensuite, il a évoqué ce qu'il doit avoir à cœur au sujet des gouvernants des musiciens, car cela aussi est nécessaire en tout temps, à ceci près que, dans ce temps-là, on y consacrait plus d'attention. Il a alors évoqué le fait que cela recouvre deux sortes, une sorte qui incite à la guerre sainte et aux actions belliqueuses, et une sorte qui incite et contribue aux actions de la paix et aux liesses, et il incombe au législateur et aux gouvernants de hiérarchiser ces gens selon ce qu'imposent les lois.

Le septième traité

(82) Il a entrepris, dans ce traité, de faire voir ce qu'il en est des commémorations[1] que les législateurs ne peuvent se passer d'établir afin que l'on puisse s'y référer, de leur temps et après que les jours de leur vie seront passés. Il a évoqué la nécessité de cela en un discours abondant, puis il les a divisés et a dit qu'il y en a qu'ils publient dès le premier moment où ils révèlent leurs affaires, qu'il en est qu'ils produisent au fur et à mesure, et qu'il en est qu'ils produisent en bloc à la fin, après avoir achevé la

1. Le terme arabe est *tadkir* ou *tadākīr*, selon les manuscrits. Il désigne littéralement des formules de remémoration, en particulier sous forme d'incantations, comme celles évoquées par Platon dans les *Lois*.

législation, l'agencement de leurs prescriptions et l'établissement de leur droit. Ensuite, il a évoqué le fait que celui qui est publié dès le premier moment ressemble à la fausse monnaie, parce qu'il peut arriver qu'il ait besoin d'altérer et de modifier les choses au fur et à mesure, ainsi que cela a déjà été évoqué quelque part dans ce livre, et qu'il peut donc arriver que cela soit vu comme un défaut aux yeux des enfants et des inexpérimentés en matière de droit. Quant à ce qui est produit peu à peu, cela est bel et bon, et celui qui est produit à la fin est le plus beau, et sa précaution est éloquente.

(83) Et il a évoqué le fait que leurs énoncés doivent être tels qu'ils ne puissent léser le droit d'aucune des personnes qui les méditent et cherchent à en saisir le sens. Ensuite, il a développé ce point au moyen d'exemples empruntés au discours [35] des poètes, qui avaient jugé les énoncés de certains législateurs anciens en s'émerveillant de la manière dont ce petit nombre de mots embrassait des notions nombreuses. Ensuite, il a entrepris de faire voir qu'il peut arriver que ces énoncés soient insolites et que les citoyens aient besoin de les étudier et de faire effort pour les mémoriser, et qu'il peut arriver qu'ils soient banals et relèvent de l'ensemble de ce que les citoyens connaissent. Et il illustra cela avec des exemples pris dans des livres anciens connus à cette époque.

(84) Ensuite, il a effectué une digression pour évoquer les diverses sortes de choses qui y doivent être établies, en effectuant une sélection condensée de la meilleure manière qui soit. Viennent ensuite les prêches qui permettent que les citoyens, lorsqu'ils les entendent, se montrent plus souples à accueillir <les législateurs>, soient déférents et s'affligent, et qui produisent en leur cœur douceur et déférence. Ensuite, il a développé cela au moyen de fables dont les citoyens se servent pour parler, ou bien d'hommes qui sont déjà décédés, dont les traces se sont effacées et dont il ne reste que le nom, ou bien d'animaux et de leurs dispositions, puis des mer-

veilles qui stupéfient la compréhension et, parmi les profits procurés par ces merveilles, il a décrit des choses admirables, dont l'une est le penchant qui est dans la nature des inexpérimentés et de la plupart des gens pour ce qu'ils connaissent de leurs énoncés, sans en pénétrer cependant la profondeur sinon avec peine, une autre l'admiration qu'ils manifestent pour l'extraordinaire, et une autre encore la permanence conférée à la loi par la permanence de l'étude où l'on se plonge pour extraire les notions de ces merveilles. À la suite de cela, il a évoqué des livres qui étaient bien connus parmi les gens de ces cités et dans les notions desquels ils se plongeaient, ce qui était un fait célèbre au point d'être évoqué par les poètes dans leurs poésies comme Homère et d'autres.

(85) Ensuite, il a abordé une autre notion, qu'il a fait voir dans un discours abondant, savoir que le législateur se doit d'imposer aux gens de cette cité de garder ces énoncés en mémoire et de les apprendre, et de placer cela parmi les prescriptions les plus importantes de la loi.

(86) Ensuite, il a entrepris d'évoquer une autre notion à propos des législateurs, à savoir qu'aucun d'eux ne doit rien critiquer de ce qui a été développé par le législateur qui est venu avant eux : ainsi, si une nécessité l'invite à altérer quelque chose parmi les prescriptions des lois antérieures, qu'il critique les modifications apportées par les gens de ces cités à ce qu'avaient développé [36] les législateurs, ainsi que les falsifications introduites dans leur droit et dans leurs règlements, et ensuite l'entreprise de modification ne s'en fait que mieux, et il s'est étendu sur ce chapitre.

(87) Ensuite, il a entrepris de faire voir ce qu'il en est des législateurs qui surviennent par la suite, et il a évoqué le fait que, lorsque le législateur mentionne explicitement la venue d'un autre après lui, il préoccupe l'esprit des citoyens (et particulièrement des inexpérimentés) et leur cœur par l'attente, et cela les invite à ne pas désirer s'attacher à ce qu'il leur propose. Ensuite, il a fait voir qu'il

doit se garder au plus haut point de prétendre qu'il n'y aura absolument et en aucune façon aucun législateur après lui, car, si ce bruit se répand à son sujet et que les gens voient ensuite apparaître quelqu'un d'autre après lui avec le passage du temps, cela les invite à repousser toutes les lois, sa loi, la loi qui l'a précédée et celle qui l'a suivie, à les tenir pour fausses et à les rejeter. Il lui faut donc adopter avec eux une voie intermédiaire entre la dénégation et l'assertion, en évoquant explicitement, par exemple, l'apparition de quelqu'un qui l'assistera, lui ainsi que sa loi, quand ces prescriptions et ce droit se seront estompés avec la longueur du temps et la corruption des gens, et, si on lui demande s'il sera pareil à lui en vertu, qu'il le nie, car cela ne lui fait pas tort. Et il a développé ce point au moyen d'exemples empruntés aux gens de ces cités et à leurs législateurs.

(88) Ensuite, et après cela, il a entrepris de faire voir que le droit est de deux sortes, une sorte qui est particulière à chaque législateur dans l'urgence du moment, c'est-à-dire eu égard aux besoins de leur temps, à la situation de leur cité, et un droit qui ne s'altère ni ne se modifie et qui est naturel. Il s'est alors étendu sur ce chapitre, et a développé ce point au moyen d'exemples de gens proches qui désavouent les bienfaits rendus et d'autres.

Le huitième traité

(89) Il avait déjà évoqué la question des fêtes au début du livre de manière sommative, et il entreprend à présent d'évoquer leur hiérarchie. Il a alors décrit une notion subtile, qui fait apparaître un avantage admirable dans la fête, en sus de celui qu'il avait indiqué au début du livre, savoir l'exaltation des divinités et le renouvellement de leur commémoration, car, à les exalter [37] et vénérer, on exalte le droit et les lois. Il a alors évoqué

le fait qu'il faut considérer le nombre de divinités et instituer pour chacune d'elles une fête et des victimes qu'on leur sacrifie. Ensuite, il a évoqué le fait que les divinités sont de deux sortes, d'une part les êtres célestes auxquels on rend un culte, et d'autre part les êtres terrestres que l'on vénère mais auxquels on ne rend pas de culte : il lui faut donc établir pour chaque sorte la hiérarchie de victimes et d'actions imposées par la loi qui lui est appropriée. Il a décrit le fait que les jeunes gens de la cité doivent, lors de ces fêtes et après le sacrifice des victimes, travailler à des exercices qui leur seront profitables dans la guerre sainte, en faisant cela dans la liesse ; et il doit leur concéder certaines espèces de chants, qu'ils chantent lors de ces fêtes et qui embrassent les éloges et les critiques, afin que cela les invite à s'attacher au droit avec plaisir et allégresse, car écouter les éloges et les blâmes, lorsque cela se fait de manière correcte et de la façon imposée par la loi, fiche dans le cœur des jeunes gens une vive aspiration à posséder les vertus par la guerre sainte, cette vive aspiration croît et se multiplie, leur cœur prend de la vigueur et leur ardeur se renforce. Ensuite, de ces exercices pratiqués par les jeunes gens au cours de ces fêtes procèdent des actions accomplies dans la guerre sainte avec une vive passion et qui profitent à la cité.

(90) Ensuite, il a évoqué une autre notion que les gouvernants de la cité se doivent de ne pas négliger, savoir le fait que ceux qui sacrifient ces victimes et les artisans dont on a besoin pour orner ces fêtes font eux aussi partie de la cité, et qu'il incombe donc aux gouvernants de ne pas laisser la majorité des gens de la cité appartenir à ces artisans, et ensuite d'instituer pour eux des privilèges particuliers, de peur que les citoyens ne soient corrompus de ce fait et que ces arts ne fassent apparaître des choses laides qui font que personne, avec l'apparition de ces choses laides, ne désire ces arts, sinon tous les naturels vicieux. Sinon, cela invite à un affaiblissement du droit. [38]

(91) Ensuite, il est revenu à l'évocation des exercices employés lors des jours de fête, les a dénombrés et commentés, et il a dénombré les avantages qu'ils procurent, parmi les diverses espèces d'équitation, de combat en armes et de lutte, selon ce qui était bien connu en cette époque et en ce temps-là et chez ces gens. Ensuite, il a évoqué le fait que ces plaisirs festifs rentrent dans leur cœur pendant qu'ils les pratiquent au cours des fêtes, puis qu'ils s'absorbent dans leur pratique et dans leur astreinte, au point que leur pratique de ces choses se développe à un tel degré qu'ils pratiquent les plaisirs extérieurs au droit légal, et qu'il incombe donc au législateur de surveiller très soigneusement ce point, et particulièrement les rapports sexuels et le plaisir qui s'y trouve, parce que ces derniers sont l'une des causes de désir et de plaisir les plus importantes et que, de même que le plaisir qu'ils causent est immense, le dommage qu'ils suscitent est immense. Et il a multiplié les propos sur cette notion et sur ce chapitre particulièrement, en s'étendant sur leur évocation et en se répandant en discours jusqu'au moment où il a passé outre et s'est élevé graduellement de ce sujet à l'évocation de la tempérance, en passant ensuite aux autres vertus et aux degrés qui sont ceux des jeunes gens en ces dernières. Il a aussi évoqué la manière dont ces vertus s'insinuent au sein de l'âme dans le domaine des plaisirs légaux, ainsi que les vices dans le domaine des plaisirs si peu que ce soit extérieurs à la loi, car cette notion relève des affaires les plus importantes et auxquelles le législateur se doit de consacrer une attention extrême.

(92) Ensuite, il a évoqué la difficulté de ce chapitre qui est une difficulté à le préserver et à le maîtriser, étant donné que, lorsque quelque chose ne se distingue pas de son contraire, il est fort difficile de la préserver et de la maîtriser. En effet, les jeunes gens et les méchants esprits s'attachent aux belles apparences qui leur permettent d'accomplir ce qu'ils veulent, et il est alors difficile aux

gouvernants de les empêcher de faire ce à quoi ils se sont attachés. Alors, ils ne tardent guère à parvenir au but vicieux qu'ils s'étaient fixés, ce qui conduit en fin de compte à la corruption de la cité. Il incombe donc au législateur de se préoccuper de toutes ces affaires, ainsi également que de leurs agents, des artisans, des paysans et des habitants des confins, d'instituer le droit qui est approprié pour les corriger, puis de consacrer le plus grand soin à la question des temples et des lieux de vénération [39] sur le territoire, de peur qu'ils ne soient altérés, car leur altération inclut la corruption des cœurs, et la corruption des cœurs disperse la cité.

(93) Et il incombe aux législateurs d'apprendre aux dirigeants et aux juges la manière d'administrer chacun pour qu'ils prennent en cela la voie qui est la sienne et suivent à cet égard le chemin correct, de peur que la mauvaise administration ne suscite de l'antipathie. Il a évoqué cette notion et l'a développée au moyen des exemples des hommes libres et des esclaves, des abeilles dans les ruches et des relations des hommes avec ces dernières – et il veut seulement parler ici des hommes méchants et frivoles. Ensuite, il a évoqué le fait que le dirigeant et l'administrateur unique ne connaît pas les coutumes de toutes ces contrées, leurs règlements et habitudes, si bien qu'il peut se faire que l'un d'eux soit avisé pour la direction d'un groupe d'hommes et celle des gens de son pays, tandis que si on lui confie la direction d'autres peuples, moindre en nombre par exemple, il n'en est pas capable parce qu'il leur est étranger et ne connaît pas leurs coutumes, règlements et habitudes. Il a développé cela essentiellement au moyen d'exemple de dirigeants sur mer et de gouvernants sur terre, et a parlé abondamment de ce point.

(94) Ensuite, il a entrepris de faire voir une notion unique, savoir la question des voleurs et celle des possessions, et il a évoqué le fait que, pour les possessions qui n'ont pas d'importance et qu'on ne peut thésauriser, le mieux

est de ne pas châtier ceux qui s'en emparent sans autorisation, car il y a de la générosité à négliger cela, et du bon renom pour les citoyens, tandis que, pour celles que l'on peut thésauriser et qui seront utiles à l'avenir si elles sont préservées, cela n'est pas laid. À partir de là, il apparaît clairement que celui qui a pris de telles choses parmi les biens d'autrui ne se voit pas infliger le châtiment réservé aux voleurs qui prennent les choses sans valeur, et il a développé cette notion au moyen de l'exemple des fruits, et d'autres choses similaires.

(95) Ensuite, il a effectué une digression pour évoquer les arts et les métiers, et il a fait voir qu'il est nécessaire d'employer pour chacun d'eux ceux des citoyens qui sont appropriés à cet art et que, pour toute personne qui [40] abandonne un art pour un autre par amusement, par jeu et par vanité, sans nécessité qui l'y invite, sans que ce soit par incapacité pour le premier, avec une excuse apparente, ni avec un argument apparent, l'administrateur de la cité se doit de l'en empêcher et, si besoin est, de la châtier, car le fait de passer d'un art à un autre sans excuse est une cause puissante de confusion et de corruption dans les hiérarchies. Et il a également multiplié les propos sur cette notion ainsi que sur celle des amendes.

(96) Ensuite, il a décrit les aliments indispensables aux citoyens, et évoqué le fait que les dirigeants des cités se doivent de maîtriser cette question et qu'il incombe aux instituteurs du droit de ne pas la négliger et de donner des ordres à ce sujet au moyen de prescriptions qui permettent que les choses soient correctes ; parmi cela, il y a la question de l'alimentation des citoyens eux-mêmes, puis celle de l'alimentation de leurs esclaves, puis celle de l'alimentation de leurs animaux, et ensuite celle des superflus des gratifications qu'ils s'accordent mutuellement. Ensuite, il a décrit la question des lieux où l'on rend un culte aux divinités et celle des lieux de rassemblement où les citoyens se réunissent pour leurs affaires d'une sorte ou d'une autre, comme les marchés, car il

incombe au législateur et aux gouvernants de la cité de consacrer leur attention à ces questions.

(97) Ensuite, il a fait voir qu'il est également nécessaire d'examiner la question des ventes et des achats, ainsi que les instruments dont on a besoin pour le corps, les lieux, les temples, les guerres, etc., puis la question des contrats, des écrits, des garanties, des créances et des actes, car tout cela relève de ce à quoi il peut se révéler nécessaire au législateur de prêter attention. Or, pour toutes ces choses qui sont évoquées à la fin de ce traité, on voit clairement ce qu'il a voulu dire quand on a réfléchi et connu son but que nous avons évoqué.

Le neuvième traité

(98) Jusqu'ici, il a parlé des principes des lois et de ce à quoi le législateur se doit de prêter attention et de ne négliger en aucune façon, à savoir les règlements et les principes. À présent, il entreprend, dans ce traité, de faire voir des choses qui font la parure et l'ornement de la loi et qui sont consécutives à ces [41] principes, et il a fait voir que, parmi les gens de cette cité, les hommes de bien ne peuvent se dispenser de s'exercer en s'attachant à ces œuvres surérogatoires et consécutives, car l'homme libre agit toujours spontanément là où l'esclave agit sur ordre. Les législateurs vertueux doivent donc consacrer une attention extrême à ce qui fait la parure du droit et l'établir de façon telle que les citoyens vertueux s'y attachent spontanément afin d'être dans la félicité la meilleure qui soit, et il a pris pour cela l'exemple des pèlerinages dans les édifices saints, de leur construction et de la société des gens de la plus grande vertu.

(99) Ensuite, il a évoqué ce qu'il faut infliger aux méchantes gens qui ne vénèrent pas les maisons de culte pour les châtier de ce crime, ainsi qu'à ceux qui ne vénèrent pas

les pères et les gouvernants, et il a évoqué le fait que le contrôle des choses de ce genre revient aux juges afin qu'ils infligent au criminel le châtiment qu'ils méritent, des coups, la mort, une amende, ou des choses semblables. Ensuite, il a fait voir que, si ceux qui ont subi l'un des châtiments ont des enfants et des proches qui se tiennent à distance et évitent leur société, cela est fort louable et ils doivent être honorés dans la cité, car c'est de leur part la marque d'un excellent naturel. Et il a évoqué le fait que celui qui résiste à ces coups et à ce châtiment et ne s'en satisfait pas cause un grand dommage au droit, et lui cause plus de dommage qu'un ennemi qui lui fait la guerre.

(100) Ensuite, il a décrit quelques points sur la question des héritages et dit que, s'il apparaît dans la cité un homme approprié pour certaines affaires dont les hommes âgés s'occupent, il faut lui confier cette tâche et que, si le premier meurt, il faut donner sa place au dernier après lui. Ensuite, il a entrepris de présenter de manière condensée la question des châtiments et des peines, et a pris pour cela l'exemple des voleurs, et autres criminels, en disant que, si le voleur restitue ce qu'il a pris au double, il faut écarter de lui le châtiment par la prison et par les coups, ainsi que dans d'autres exemples qu'il a allégués.

(101) Ensuite, il a fait voir que, lorsque les gens sont des hommes de bien et de vertu, il n'est pas du tout besoin de droit et de loi envers eux et qu'ils sont dans une félicité fort grande, tandis qu'on a seulement besoin de lois et du droit pour ceux dont les mœurs ne sont pas correctes, ni droites. Il a également évoqué le fait que les commentaires [42] que les citoyens trouvent parmi le droit antique leur sont utiles pour ne pas avoir besoin de législateurs et pour former les mœurs, et qu'il en va de même pour ce qui s'en trouve dans les discours des poètes, dans le droit général et dans les adages courants.

(102) Ensuite, il a aussi évoqué les maux qui sont accomplis de manière volontaire et délibérée et ceux qui sont

accomplis par nature et sans délibération, et il a évoqué le fait qu'ils sont tous contraires au droit, lui causent du tort et corrompent les affaires de la cité, il a évoqué le fait qu'il y a des châtiments pour les deux sortes, et il s'est étendu abondamment sur les dommages que les citoyens se causent mutuellement et sur la question de savoir s'ils sont volontaires ou involontaires et nécessaires, en évoquant les prescriptions à ce sujet qui étaient bien connues chez ces gens et en faisant également voir cette notion à propos de la justice, de la libéralité et des autres choses qui sont tantôt volontaires, et tantôt involontaires.

(103) Ensuite, il a entrepris de faire voir une autre notion qu'il est fort utile de connaître, savoir le fait que la justice est belle et la question de savoir si toutes ses actions et ce qui est consécutif à elle sont beaux ou non : en effet, les peines et châtiments des crimes relèvent de la justice et, lorsqu'on considère ces actions elles-mêmes, savoir le meurtre, les coups, les amendes et choses semblables, il se peut qu'elles ne soient pas belles en elles-mêmes. Il a développé ce point au moyen de l'exemple de celui qui pille l'une des maisons de culte, qui est poursuivi, puis battu ou mis à mort. Il a alors parlé abondamment des choses volontaires, qu'elles soient belles ou laides, et son but, dans l'essentiel de son discours, est de faire voir si celui qui naît dans le droit, qui est éduqué selon lui, qui ne connaît rien d'autre et qui ne fait que ce que le droit impose est vertueux et louable ou non (en effet, il y a à cet égard une controverse importante et incessante entre les gens) et s'il faut châtier celui qui a commis un crime par nature et sans délibération, qu'il relève de ceux qu'il faut châtier sur-le-champ ou dans l'au-delà. Et, assurément, cette notion est fort utile étant donné qu'elle a été condensée comme il faut et qu'il l'a déjà abordée en plus d'un endroit au cours de ses propos de manière entrecoupée, en indiquant en tout cela que celui qui n'est pas à même de délibérer [43] et de repousser les choses laides qui se présentent à lui et qui

s'est négligé lui-même au point de commettre par nature des choses blâmables mérite d'être châtié pour tout ce qu'il commet, sur-le-champ et dans l'au-delà. Ensuite, il a fait voir ces châtiments et les a divisés selon les diverses espèces de crimes, eu égard à ce qui était bien connu chez ces gens à cette époque.

(104) Abū Naṣr al-Fārābī a dit : « Ce livre nous est parvenu jusqu'à cet endroit. Nous nous en sommes saisi, et nous l'avons médité, nous l'avons scruté et, parmi ses notions, nous avons extrait ce qui nous est apparu et dont nous avons su que le Sage avait eu pour but de le faire voir. Peut-être avait-il cependant commis à son discours, dont nous avons extrait ces notions, des subtilités et des notions utiles en nombre bien supérieur à ce que nous nous sommes proposé pour but. Néanmoins, ce que nous avons présenté relève de ce qu'il s'était proposé de faire voir et nous estimons mériter récompense et bon renom pour ce que nous avons présenté. »

(105) Il a dit : « Il reste, parmi les traités de ce livre, des traités dont la copie n'est pas à notre disposition. » Il a dit : « Et le nombre des traités de ce livre a été controversé. Certains ont estimé qu'il y en a dix, d'autres ont estimé qu'il y en a quatorze, mais nous ne disposons que des traités dont nous avons parlé. »

Ici s'achève le livre des Lois du grand, de l'immense, du divin Platon, sur lui soit le salut ! *Compendium* du Vénérable Second Maître Abū Naṣr b. Muhammad b. Tarḥān, Dieu bénisse son esprit glorieux ! Achevé en l'an 692.

Nawāmīs Aflātūn, Alfarabius Compendium legum Platonis, éd. par F. Gabrieli, *Plato Arabus*, E. III, in aedibus Institute Warburgianis, Londres, 1952, p. 3-43 ; *Le sommaire du livre des Lois de Platon* Par Abū Naṣr Fārābī, éd. par T.-A. Druart, *Bulletin d'études orientales*, T. L, Damas, 1998 ; p. 109-155.

Annexe

Platon, *Lois* (extraits).

Premier extrait : La plus belle des tractions

L'ÉTRANGER D'ATHÈNES :
– Eh bien, considérons le problème de la façon suivante. Prenons pour acquis que chacun de nous, les vivants, est une marionnette fabriquée par les dieux. Qu'elle ait été constituée pour leur servir de jouet ou dans un but sérieux, cela bien sûr nous ne pouvons vraiment pas le savoir ; [644e] mais ce que nous savons, c'est que ces affections, dont je viens de parler et qui sont en nous comme des tendons ou des ficelles, nous tirent et, comme elles sont antagonistes, elles nous conduisent à des actions opposées au long de la frontière qui sépare la vertu du vice. Car dans l'histoire que nous racontons, chacun, en obéissant toujours à une seule de ces tractions et en ne s'y opposant en aucune circonstance, doit résister à la traction des autres tendons. Et cette [645a] traction, c'est la commande d'or, la commande sacrée, la raison que l'on qualifie de « loi collective de la cité », tandis que les autres commandes sont raides et de fer : alors que la première est souple parce qu'elle est d'or, les autres se présentent sous l'apparence de matériaux divers. Il faut donc toujours prêter son aide à la plus belle des tractions, celle de la loi. Parce que, en effet, le calcul rationnel est beau, mais doux en ce qu'il n'use pas de contrainte, il a besoin d'aide pour opérer sa traction, afin d'assurer en nous la prédominance de l'or sur les autres matériaux. Voilà donc bien comment pourrait arriver à bon port ce mythe sur l'excellence qui nous représente [645b] comme des marionnettes, et voilà comment, d'une certaine manière, on pourrait apercevoir plus clairement ce que signifie « l'emporter sur soi-même et être vaincu par soi-même », et ce qui s'ensuit pour

l'individu comme pour la cité, le premier devant se faire en lui-même une idée juste de ces tractions et régler sa vie là-dessus, quand pour sa part la cité, qu'elle ait reçu cette idée d'un dieu ou bien de quelqu'un qui s'y connaît, doit l'ériger en loi pour régler ses affaires intérieures et ses relations avec les autres cités. De cette façon aussi, la distinction entre le vice et la vertu pourrait nous apparaître avec plus [645c] de clarté. [644d-645c]

Deuxième extrait : La poésie et la loi

CLINIAS :

– Dans ces conditions, comment t'y prendrais-tu et quel conseil donnerais-tu à notre gardien des lois ?

L'ÉTRANGER D'ATHÈNES :

– De quel sujet veux-tu parler ?

CLINIAS :

– Du modèle qu'il devrait avoir en vue pour déterminer ce qu'il permettra ou défendra d'apprendre à tous ces jeunes gens. Parle [811c], et parle sans crainte.

L'ÉTRANGER D'ATHÈNES :

– Mon cher Clinias, il semble bien que d'une certaine façon j'aie de la chance.

CLINIAS :

– De quelle façon ?

L'ÉTRANGER D'ATHÈNES :

– En ce sens que je dispose d'un modèle tout prêt. Tout à l'heure en effet, en tournant mon regard vers les discours que nous avons tenus depuis l'aurore jusqu'à maintenant, ces discours, qui ne me semblent pas avoir été prononcés sans la faveur d'une inspiration divine, m'apparaissent ressembler en tout point à de la poésie. De plus, il n'y a probablement rien d'étonnant dans l'impression qui m'est venue : celle d'un vif plaisir quand d'un coup d'œil j'ai embrassé [811d] mes propres discours dans leur ensemble. Car parmi les nombreux discours dont j'ai pris connaissance et que j'ai entendus soit dans des poèmes, soit en simple prose, ceux-là me sont apparus comme les plus satisfaisants de tous, les plus convenables à mettre dans les oreilles des jeunes gens. À celui qui est à la fois le gardien des lois et l'éducateur, je ne pourrais, j'imagine, proposer de meilleur modèle que celui-là : il ne peut que recommander aux autres maîtres d'enseigner ces discours et d'autres qui tiennent de ceux-là et qui leur ressemblent ; [811e] et si, en parcourant les compostions des poètes ou des écrits en prose, ou même en entendant des propos qui ont été tenus sans avoir été rédigés par écrit, il tombe sur des discours qui sont en quelque sorte les frères des nôtres, qu'il ne les néglige en aucune façon, mais qu'il les fasse mettre par écrit. Et tout d'abord qu'il contraigne les maîtres eux-mêmes à les apprendre et à en faire l'éloge. Ceux des maîtres à qui ces discours ne plairont pas, qu'il ne s'en serve pas comme collaborateurs, mais ceux qui s'accordent avec lui pour les louer, voilà ceux qu'il doit prendre et donner comme enseignants et comme éducateurs aux enseignants et comme éducateurs aux jeunes gens. [811c-811e]

Troisième extrait : Intérêt particulier et intérêt général

L'ÉTRANGER D'ATHÈNES :

– Il est décidément indispensable aux hommes de se donner des lois et de vivre conformément à ces lois, sous peine de ne différer en rien, à tous égards, des bêtes les plus sauvages [875a] sous tous les rapports. Et voici quelle en est la raison : aucun homme ne naît avec une aptitude naturelle à savoir ce qui est profitable pour la vie en cité et, même s'ils le savaient, à pouvoir toujours faire et souhaiter le meilleur. En premier lieu, en effet, il est difficile de reconnaître la nécessité pour la technique politique véritable de se préoccuper non de l'intérêt particulier, mais de l'intérêt général – car l'intérêt général rassemble, tandis que l'intérêt particulier déchire les cités –, et l'intérêt général aussi bien que l'intérêt particulier gagnent même tous les deux à ce que le premier plutôt que le second soit assuré de façon convenable. [875b] En second lieu, à supposer que, d'aventure, quelqu'un ait acquis, par l'intermédiaire de la technique politique, une connaissance suffisante de ce principe naturel, et qu'après cela il dirige la cité en maître irresponsable, et qu'il ne rende de comptes qu'à lui-même, il ne saurait jamais rester fidèle à cette connaissance et continuer tout au long de sa vie à donner la première place à l'intérêt général, en subordonnant l'intérêt particulier à l'intérêt général. Au contraire, sa nature mortelle le poussera toujours du côté de la convoitise et de l'égoïsme, car cette nature qui fuit la douleur au-delà de toute mesure et recherche le plaisir, qui privilégie ces deux choses davantage que ce qui est [875c] plus juste et meilleur, en faisant régner en elle-même l'obscurité, s'emplira finalement et emplira la cité tout entière de tous les maux. Bien entendu, si un jour il naissait un homme qui, en vertu d'un don divin, possédait la capacité d'unir l'une à l'autre les deux conditions dont j'ai parlé, il n'aurait besoin d'aucune loi pour régir sa conduite. Car ni loi ni ordonnance n'est plus forte que le savoir véritable et il n'est pas permis non plus de soumettre l'intellect à quoi que ce soit, encore moins d'en faire un esclave ; au contraire, il doit [875d] commander toutes choses, si réellement il est par nature véritablement vrai et libre. Mais c'est un fait que la chose ne se réalise nulle part et d'aucune façon, sinon dans une mesure restreinte. Voilà bien pourquoi il faut choisir le second parti, celui de l'ordonnance, et celui de la loi qui ne voit et ne considère que la plupart des choses, mais qui sont impuissantes à saisir leur totalité. [874e-875d]

(traduction L. Brisson et J.-F. Pradeau légèrement modifiée, Paris, Flammarion, GF, 2006)

Dossier historique

Ce dossier rassemble un ensemble de textes et de notes explicatives destinés à dessiner le tableau de la vie politique, de la vie intellectuelle et de la vie religieuse à l'époque d'al-Fārābī, afin de permettre au lecteur de mieux comprendre le contexte historique dans lequel s'inscrit l'œuvre du « Second Maître ».

I. Vie politique et religieuse

1. Le califat abbasside (750-1258)

Cette dynastie trouve en dernier ressort son origine et sa justification dans l'existence de l'oncle du prophète, 'Abbās, mort en 653. Elle appartient donc à la même tribu que celle du Prophète. La plupart des califes ont pour mère une esclave, et certains se sont glorifiés de cette ascendance en invoquant le cas du prophète Ismaïl, fils d'esclave et ancêtre des Arabes. Très vite le mode héréditaire se substitue au mode d'élection, la « bay'a » qui est l'allégeance faite au calife. Mais, dès 941, elle est utilisée de façon réelle, et pas seulement formelle, par les militaires pour destituer les califes qui ne leur conviennent pas, comme cela est arrivé pour al-Qāhir en 934 et al-Muttaqī (944) : mais leurs remplaçants sont toujours choisis parmi les Abbassides. L'allégeance est aussi symboliquement importante, car l'adhésion au calife est une adhésion à l'islam. Le conflit de légitimité entre Alides, descendants d'Ali, gendre du Prophète, et les Abbassides, descendants de l'oncle paternel du Prophète, utilise l'argumentation de la descendance par l'élément féminin (Fatima, fille du Prophète et femme d'Ali) ou par l'élément masculin (Abbas, oncle du Prophète). Harūn al-Rachīd (786-809) ordonna de déporter tous les Alides de Bagdad à Médine.

Les conditions du califat sont une forme d'orthodoxie qui rejette l'idée développée par les Kharijites, selon laquelle il est légitime de se soulever contre un calife impie. Parmi les conditions pour être calife, il y a bien sûr la piété, mais aussi la nécessité d'être de sexe masculin et adulte. Entorse à cette règle : le calife al-Muqtadir (908-932) devient calife à treize ans et le grand *qādī* de Bagdad refusa de participer à la cérémonie du serment. D'autres conditions sont énumérées par al-Mawardī[1] : être compétent pour interpréter la loi. Celui qui est à la tête d'une communauté ne peut se contenter de suivre une tradition ; il doit être à même d'user de son propre raisonnement et savoir s'entourer de *'ulamā'*, de savants en droit et en théologie, sur lesquels pèse en dernière analyse la responsabilité du pouvoir s'il arrivait que le calife ne puisse lui-même donner le ton à sa souveraineté.

Les Abbassides ont généralisé le surnom (*laqab*) qui exprime une caractéristique singulière du calife : al-Mu'taṣim billah (833-842), « celui qui trouve sa force en Dieu » ; al-Mutawakkil billah (847-861), « celui qui compte sur Dieu » ; al-Muqtadir billah (908-932), « Le puissant par Dieu ».

2. *Vizirat et sultanat*

Le vizir, *wazīr*, est un secrétaire, un *kātib*. Deux compétences lui sont reconnues : administration des finances et talent épistolaire. Les vizirs font preuve d'un savoir encyclopédique et sont souvent des mécènes. Ils font partie de grandes familles récemment converties, devenues elles-mêmes des dynasties, comme les Barmakides. Beaucoup d'entre eux sont de culture nestorienne. Le vizir est le grand médiateur auprès du calife pour diverses doléances. Un grand pouvoir

1. *Adāb al-dunya wa al dīn.*

de décision dans les principaux domaines du gouvernement lui est accordé. Il contrôle le budget, les finances, a de plus en plus le pouvoir durant le Xe siècle de nommer les émirs, les fonctionnaires, les chefs militaires, les qāḍīs. Il contrôle aussi la nomination des gouverneurs de régions, ceux qui représentent le calife loin de la capitale.

Les Buyides (944-1055), venus de la chaîne de montagne entre le Djilan et le plateau iranien, introduisent pour la première fois la dualité sultan/calife. Ils ont la sympathie des riches šī'ites iraniens de Bagdad. Les Buyides, šī'ites duodécimains, se voient attribuer le nom de sultan, qui est le pouvoir temporel du calife. Il y a ainsi une distinction à faire entre un État islamique et un État de musulmans, entre le califat et le *mulk*. En substance, ce sont les sultans qui exercent le pouvoir, sous forme d'une délégation, certes précaire, soumise à l'aval du calife, mais réelle néanmoins. Le calife reste un sunnite orthodoxe et le sultan est un ši'ite duodécimain, autant dire un hérétique. Le calife n'a plus de vizir. Le gouvernement est entre les mains du sultan. Ils ont un *laqab* (surnom) en « *dawla* » (monde) et non en « *dīn* » (religion) comme les califes. Mais il n'y a pas deux pouvoirs : le sultan se substitue de fait au calife. De fait, le califat est mis sous tutelle.

Sur le plan culturel, les Buyides ont permis un épanouissement réel, qui a profité à la fois à la culture iranienne et à la culture arabe. Dans les *Leçons d'histoire musulmane*, Claude Cahen écrit : « Les Buyides, malgré la persistance du caractère spécifiquement daïlamite (les Turcs mis à part) de leur armée, surent plus largement faire figure de champions des Iraniens en Iraq et même dans le Djibal, où l'aristocratie cultivée était tout arabisée, la culture ne pouvait s'exprimer qu'en langue arabe, et les Buyides protégèrent donc les lettres et la science d'expression arabe… Mais en même temps, ils portaient un intérêt à la naissance de la culture de langue néo-persane, qui trouvait un public surtout au Fārs et sur les confins azerbaïdjanais » (III, p. 23, 1961).

3. L'avènement du calife abbasside, al-Rādī (934-940)

« Lorsque Qāhir fut destitué, le mercredi 6 jumādā 322 (24 avril 934), le même jour à la troisième heure, les Hujarites et les Sājites firent sortir de leur retraite Mohammed bnou Muqtadir billah Abdul'abbas et sa mère, qui était une esclave mère nommée Zalūm. Pendant le califat de Qāhir [(932-934)], il avait été, ainsi que son frère Hārūn, placé sous un régime de surveillance par ordre du calife. Les soldats le mirent sur le trône et le proclamèrent calife de leur propre mouvement et avec une complète unanimité sans qu'il eût comploté avec eux à ce sujet, et sans qu'il y eût entre eux une correspondance touchant à sa reconnaissance ; il savait seulement que les troupes avaient de l'aversion pour Qāhir et lui avaient voué la même haine. Ce fut un Sājite, nommé Sīmā Manākhilī qui conduisait l'affaire, assura son succès et fit asseoir sur le trône Mohammed bnou Muqtadir. Qāhir se trouvait dans une pièce voisine. Rādī donna l'ordre de le placer sous bonne garde et de le surveiller… La prestation de serment se poursuivit pendant tout le reste de la journée. La coutume veut que des biens d'allégeance soient distribués à l'armée et aux dignitaires du régime, elle veut aussi que celui qui apporte l'argent devant être distribué aux soldats à l'occasion de l'avènement du calife soit nommé vizir. Celui qu'al-Rādī a voulu nommé vizir n'avait pas d'argent, aussi déclina-t-il en disant : "*L'Émir des croyants a besoin en ce moment d'un homme riche qui puisse lui fournir immédiatement cette somme [500 000 dinars]. Je ne pourrais pas même lui en apporter une partie ; il est donc juste, si cet homme a cet argent à sa disposition, que Votre Majesté lui donne le pouvoir et en fasse son ministre*" » (Mohammed Ben Yahyā As-Suli, *Akhbār ar-rādī billah*, trad. de Marius Canard, Alger, 1946, p. 49-54).

4. Sunnites, Šī'ites

C'est avec les Abbassides que la *šī'a* en est venue à désigner le parti alide. Le califat est pour les Ši'ites plutôt appelé « īmām ». L'īmām pour les Šī'ites n'a pas simplement en charge, comme le calife sunnite, de protéger la religion, mais aussi de la faire exister. L'īmām est un principe central de la religion et de la foi. Les Šī'ites pensent que le Coran dans la vulgate d'Othman n'est pas la parole vraie de Dieu : celle-ci mentionne les droits d'Ali. C'est par héritage, sans aucune allégeance, que l'on est īmām. La *waṣṣiyya* (désignation testamentaire) se substitue à l'allégeance (*al-bay'a*). La doctrine de l'īmām caché est celle d'un īmām qui sait se faire discret en période de danger. Les enfants d'Ali, Ḥassan et Ḥussayn, donnent lieu via leur descendance à différentes factions ši'ites dont l'une des plus importantes est le zaydisme, du nom du petit-fils de Hussayn. Les septimains et les duodécimains sont les īmāmiens principaux qui fixent selon un nombre défini (7 ou 12) le nombre des īmāms ayant la succession légitime de īmām depuis le Prophète : Ismaīl fils de Ja'far al-Sādiq (m. 732) ou douzième īmām, Mohammed, īmām censé revenir comme messie. Aux Xe et XIe siècles, l'īmāmat est la doctrine de la majorité des tribus bédouines de la haute Mésopotamie, de la Syrie du Nord, de l'Iran central, jusqu'au Khorassan.

Les Šī'ites divergent aussi des Sunnites quant à la manière de considérer les dits prophétiques : ils remplacent le mot de « hadith » par celui de « akhbār » (informations, énonciations) et n'admettent de tradition authentifiée que celle qui est fondée sur le témoignage d'Ali et de ses partisans. La source importante des hadiths qui est 'Ayša, épouse du Prophète, est écartée car elle était adversaire des Alides.

Le Šī'isme ismaélien a des connexions fortes avec le néoplatonisme : présence d'une hiérarchie de dix ciels correspondant à dix īmāms dont le premier est le Prophète.

II. Bagdad

1. Bagdad, « ville de paix » au Xe siècle

« Ville fortifiée, de forme ronde. Le mur principal est flanqué de tours et précédé d'un fossé ; il est percé de quatre portes d'où partent quatre avenues avec passages voûtés, délimitant quatre quartiers. Vers l'intérieur, une avenue circulaire, bordée d'un second mur, isole le quartier résidentiel des dignitaires (divisé lui aussi en quatre secteurs), lui-même isolé de la place centrale où se trouvent palais, mosquée, bâtiments administratifs. Dans la ville civile, les rues sont bordées d'arcades où se tiennent des marchés. Les faubourgs existent dès l'origine : d'abord construits selon le gré de chacun, ils sont ensuite eux-mêmes divisés en quatre secteurs et pourvus de marchés. Puis les dignitaires se font distribuer des concessions pour vivre plus agréablement, la ville devenant trop exiguë. À la fin du VIIIe siècle, tous les marchés sont transférés de la ville au faubourg de Karkh, qui devient le centre économique de la ville : les métiers y sont distribués rigoureusement selon leurs affinités : selon Ya'cūbī, "chaque marché était installé séparément et chaque corps de métier isolé des autres". À la même époque, al-Mansūr fait construire un nouveau palais extérieur sur les bords du Tigre, tandis que la ville s'installe sur la rive gauche (ar-rusāfa). L'expansion est désormais constante jusqu'au milieu du IXe siècle : les Barmakides favorisent le développement de la rive gauche en y construisant leurs palais. Fait important : al-Ja'far, puis al-Ma'mūn construisent un palais au sud d'ar-rusāfa, puis en 892, revenant de Samarra, al-Mu'tamid s'y installe, puis al-Mu'tadid fait construire un imposant ensemble groupant tous les édifices administratifs, palatiaux et religieux : c'est le Dār al-Khilāfa auquel Al Muftâdi ajoutera la mosquée du palais. Au X-XIe siècle, la vie politique se concentre définitivement sur la rive gauche : le palais est une véritable ville : quatre palais, jardins, parc zoologique inspiré des "paradis" persans, champ de courses pour le jeu de polo, tout cela particulièrement développé par al-Muqtadir (908-932). Les palais rivalisent avec le palais de Constantinople : arbre artificiel, automates, portique, vestibules, couloirs, salles de réception ou d'exposition pour les objets d'art. La domesticité est considérable : chambellans, intendants, eunuques qui atteignent le nombre de 7 000 sous al-Muqtadir. Les réceptions d'ambassadeurs, comme celle des Byzantins en 917, sont particulièrement brillantes. Les palais viziraux jouent aussi un rôle important ; ils sont souvent l'objet de l'attaque des émeutiers. La rive droite n'est pas abandonnée, elle comprend des quartiers populaires comme le Karkh ; mais la ville ronde est en ruine, sauf sa mosquée, les remparts ont été partiellement démolis et on a construit des maisons sur leur emplacement, resté propriété de l'État. Sous les Buyides, la rive gauche reste le centre ; en 961, Mu'izz al-Dawla se fait construire un grand ensemble à Bab Shammsiyya, utilisant des débris de la ville ronde ; puis Adud al-Dawla fait construire sur le Mukharrim un ensemble qui prend dès lors le nom de Dār-al-mamlaka (le palais du gouvernement) par opposition au Dāral-ḫilāfa (le palais du calife). C'est là que s'établit Tughril en 1055, mais après sa mort en 1064, les Seljukides sont surtout représentés à Bagdad par personne interposée. De toute façon, troubles, incendies et inondations ont complètement changé l'aspect de la ville : ce n'est plus une ville unifiée, mais une série de quartiers séparés par des espaces plantés ou vides, Bagdad est désormais une cité à l'horizon régional, d'ailleurs presque uniquement ouverte sur l'Iran[1]. »

2. La reconstruction de Bagdad (979)

« En cette année (979), 'Adud al-Dawla ordonna la reconstruction des maisons et rues de Bagdad, en partie détruites par incendies et démolitions. Elles n'étaient plus qu'un monceau. Il commença par les mosquées publiques qui étaient aussi dans un état de ruine absolue, et y consacra de vastes sommes... Puis il obligea les propriétaires des parcelles ayant souffert du feu et de la dévastation durant les émeutes à les restaurer parfaitement, aussi bien en ce qui regarde les bâtiments que leurs aspect et décoration. Ceux qui ne pouvaient faire cette dépense étaient autorisés à emprunter au

1. Cours de M. Rekayya, département d'arabe de l'université de Paris-III, année 1980.

Trésor, à charge pour l'emprunteur de rembourser quand sa situation s'améliorerait. Lorsque le propriétaire était indigne de confiance, ou absent, un curateur lui était désigné, et les sommes demandées par celui-ci lui étaient allouées. Bagdad fut ainsi rebâtie, et redevint aussi magnifique qu'avant. Son attention se porta ensuite sur les maisons et demeures situées sur les deux rives du Tigre. Des quais furent construits, et les balcons, qui tombaient en ruines, réparés. Il ordonna aux hauts fonctionnaires et aux membres de la Cour, dont les noms étaient attachés sur les noms de la rive, de les restaurer et de les embellir de leur mieux... 'Adud al-Dawla abolit la pratique consistant à démolir et à vendre les matériaux ; et il ordonna la restauration du jardin qui formait la cour du palais d'Abū Fadl 'Abbas bnou Ḥussayn, ainsi que du jardin de Zahir au milieu du flanc est de Bagdad. Ces tâches furent accomplies, et ces terrains vagues, longtemps le repaire des chiens et le lieu des dépôts des carcasses et des détritus, furent couverts de fleurs, de plantes et de bâtiments. Des plantes y furent apportées de Fārs et d'ailleurs. À Bagdad il y avait de nombreux canaux [...], conduisant au Tigre [...]. De ceux-ci partaient diverses conduites utilisées pour arroser les jardins privés et fournir l'eau potable dans les quartiers éloignés du Tigre. Leurs sillons s'étaient comblés, et leurs traces mêmes avaient été recouvertes, de sorte que les nouvelles générations ne les connaissaient pas. Les pauvres étaient réduits à boire l'eau indigeste des sources, à moins de prendre la peine de chercher fort loin l'eau du Tigre. 'Adud al-Dawla donna des ordres pour le nettoyage des sillons principaux et des conduites d'alimentation. Sur les principaux canaux, tels que le Nahr Isa, le Sarat et le Khandaq (fossé de Tahir), il y avait eu des ponts, qui étaient restés sans réparation et négligés ; en de tels cas, il était parfois impossible de passer, ou bien les voisins avaient fait de menues réparations, selon leurs moyens, avec un souci d'économie, et dans le seul but de retarder le jour de l'écroulement. Il arrivait couramment que le bétail, les femmes, les enfants ou les infirmes en tombaient en les traversant. Tous furent rebâtis solidement et à neuf. Il en fut de même pour le pont de Bagdad. Nul ne pouvait le franchir, particulièrement à cheval, sans risquer sa vie, tant il était étroit, fragile et encombré. Des navires fortement construits furent choisis pour lui, il fut élargi à l'égal d'une grande route, et protégé par des garde-fous. De plus, il fut placé sous la surveillance de veilleurs et de gardiens »

(Miskawayh, *Les Expériences des nations*, d'après la trad. de Margolioth, *The Eclipse of the Abbasside Caliphate*, vol. V, p. 435.)

3. Maison de la sagesse et songe de calife

La maison de la sagesse a été créée en 832 de l'ère chrétienne par le calife abbasside al-Ma'mūn (813-833). Cette maison comprenait une bibliothèque et des groupes de traducteurs qui ont participé à la diffusion de la culture grecque dans le monde arabe. La légende, vraie ou fausse, veut qu'al-Ma'mūn ait rêvé d'Aristote : « Le calife Ma'mūn vit en songe un homme au teint clair coloré de rouge, au front large ; ses sourcils se rejoignaient ; il avait la tête chauve et les yeux bleu foncé, ses manières étaient affables ; il était assis dans la chaire. J'étais, dit al-Ma'mūn, tout contre lui et j'en fus rempli de crainte. Je lui demandai : "Qui es-tu ?". Il me répondit : "Je suis Aristote". Cela me réjouit et je lui dis : "Ô Sage, je vais te questionner". Il me dit : "Questionne". Je lui dis : "Qu'est-ce que le bien ?". Il me répondit : "Ce qui est bien selon la raison". Je lui dis : "Et après ?". Il répondit : "Ce qui est bien selon la révélation". Je lui dis : "Et après ?". Il me répondit : "Ce qui est bien aux yeux de tous". Je lui dis : "Et après". Il me répondit : "Après il n'y a pas d'après" »[1].

Ce calife a fait du mu'tazilisme une doctrine d'État et a proclamé orthodoxe la doctrine de la création du Coran.

1. Al-Nadīm, *Kitāb al fihrist*, je cite ici la traduction de ce passage telle qu'on la trouve dans J. Jolivet, *Esquisse d'un Aristote arabe*, *in* M. A. Sinaceur (éd.), *Penser avec Aristote, op. cit.*, p. 177.

III. Droit et responsabilité

1. Le raisonnement juridique

Le raisonnement juridique a été très tôt développé dans les pays arabes islamisés. C'est un raisonnement analogique qui prend appui sur les deux sources fondamentales du droit que sont le Coran et les dits prophétiques pour établir, par jurisprudence, un jugement juridique sur des cas non prévus par ces deux sources.

2. Théologiens

Différentes écoles se sont constituées. Même si elles ont toutes une base philosophique, elles restent une cible de choix de la part des philosophes comme al-Fārābī. Dans la *Lettre sur l'intellect*, il n'hésite pas à critiquer sévèrement leur méthode : les théologiens restent des rhéteurs et ignorent tout du domaine de l'intellect. Les théologiens ne pouvaient pas accepter la théorie néoplatonicienne de l'émanation, la possible éternité du monde défendue par le maître des philosophes arabes, Aristote.

Il y a des divergences notables entre les deux principales écoles ou sectes théologiques : les mu'tazilites et les aš'arites. Les premiers ont défendu une doctrine du libre arbitre. Al-Mas'ūdī, dans les *Prairies d'or* (écrit en 943), VI, dit ceci à leur sujet : « Dieu, disent-ils, n'aime pas le mal ; il n'est pas l'auteur des actions humaines ; les hommes pratiquent le bien qu'il leur est ordonné, ils évitent le mal qu'il leur est défendu de faire, à l'aide d'un pouvoir que Dieu leur a accordé et qu'il a incarné en eux. Il n'ordonne que ce qui lui plaît ; il ne défend que ce qui lui est odieux. Toute œuvre bonne émane de lui ; mais il n'est pour rien dans les mauvaises actions défendues par lui. Il n'impose pas à ses adorateurs un fardeau au-dessus de leurs forces ; et ne leur demande que ce qu'ils peuvent donner. La faculté de faire ou de ne pas faire n'existe chez eux qu'en vertu de cette puissance que Dieu leur a communiquée, qu'il possède effectivement, qu'il anéantit ou maintient selon sa volonté. Il l'aurait s'il l'eût voulu contraint l'homme à lui obéir ; il l'aurait préservé nécessairement de tout acte de désobéissance ; il pouvait le faire, et s'il ne l'a pas voulu, c'est afin de ne pas supprimer les épreuves et les tentations auxquelles l'homme est assujetti. »

3. Du droit de mentir : Kant, Constant et al-Fārābī

Le mensonge peut-il être conforme à la morale ? À cette question, Kant répond par la négative. Un mensonge, qu'il soit involontaire ou bien intentionné, est toujours la rupture d'un contrat, et, en ce sens, il nuit à l'humanité en général, transformant la vérité en « un bien qu'on possède et sur lequel un droit serait reconnu à l'un et refusé à l'autre »[1]. Il n'y a donc pas de « droit de mentir par humanité », oppose Kant à B. Constant, dans son opuscule *Sur un prétendu droit de mentir par humanité*. En tant qu'exception aux principes de la raison pratique, le mensonge détruit l'universalité qui seule permet aux principes de porter leur nom. La véracité est donc un devoir qu'a l'homme envers lui-même et envers chacun, et ce, si grands soient les dommages qui puissent en résulter. Benjamin Constant, pour justifier l'existence d'un droit de mentir par humanité, donne dans les *Réactions politiques* l'exemple d'un innocent fuyant des criminels, qui se réfugierait dans la maison d'un tiers. Ce tiers aurait le droit de nier la présence du fuyard en ses murs pour le protéger. Immoral et, qui plus est, hasardeux selon Kant, puisque le mensonge du tiers peut aussi provoquer cela même qu'il s'agissait d'éviter, le meurtre, si par exemple le fuyard s'était déjà effectivement échappé de la maison. « C'est donc un commandement sacré de la raison, ordonnant sans conditions, qu'aucun compromis ne saurait restreindre, qui veut qu'on soit *véridique* (honnête) dans toutes ses déclarations. » Dans sa préface au *Compendium*, al-Fārābī propose une troisième possibilité. Un homme pieux, craignant la

1. Voir Rudolf Eisler, *Kant Lexicon*, Gallimard, 1994, p. 1042.

foudre du tyran, décida de s'enfuir. Le gouverneur demande qu'on le retrouve. Il se déguise en chanteur public, se comporte comme un ivrogne. À l'une des portes de la ville, on lui demanda qui il était et il répondit en plaisantant : « Je suis l'homme pieux recherché. » Mais, on pensa qu'il plaisantait, et on le laissa partir. Il n'eut donc pas à mentir.

Glossaire

Le choix des mots du glossaire est guidé par la mise en parallèle des deux textes du Livre de la religion *et du* Compendium des *Lois* de Platon *: une terminologie commune permet, dans deux contextes distincts, de montrer les inflexions des notions en jeu.*

C'est grâce au Compendium *que nous remontons à une terminologie grecque. Nous ne supposons pas qu'al-Fārābī avait à sa disposition une traduction complète des* Lois, *et encore moins une version originale en grec. Cepenaant, la manière de travailler d'al-Fārābī, fondée sur des reformulations et des modifications des textes, suppose la stratification des deux langues arabe et grecque.*

Administration, administrateur
تدبير [*tadbīr*], مدبّر [*muddabbir*]

La racine *d-b-r* désigne en premier lieu le fait de se trouver à la suite de quelqu'un ou de quelque chose, et pour le temps, de s'écouler. Cette idée reste incluse dans le verbe *dabbara*, qui désigne le fait de conduire et de diriger une affaire, et dans le contexte politique, de gouverner une communauté, avec constance, discernement et en réfléchissant aux suites. *Tadbīr* ne désigne donc pas simplement le fait de gouverner, mais l'action continue du gouvernant en direction des gouvernés, l'administration en tant qu'elle implique la délibération, et le *muddabir*, celui qui gouverne ou administre en prenant et en appliquant des mesures adéquates. *Tadbīr* se distingue ainsi à la fois de la *ri'āsa*, qui dérive de la racine *r-'-s*, de même que *ra's*, la tête, et désigne la position hiérarchique impliquée dans l'action de gouverner, le fait même d'être le chef, et de la *siyāsa*, qui, avant de s'étendre à toute espèce de direction, désigne à l'origine le fait de conduire les chevaux, métaphore très employée par Platon dans le domaine politique. Or al-Fārābī ne choisit pas *siyāsa* comme terme-clé du métier politique, mais *tadbīr*, révélant l'insuffisance de la métaphore du troupeau dans le type de gouvernement défendu dans les *Lois*, qui n'ont recours à la métaphore du troupeau que de manière périphérique, et non plus comme modèle de l'art royal. Les deux derniers termes *siyāsa* et *ri'āsa* sont souvent employés au pluriel et conjointement dans le *Compendium*, et dans ce cas les *siyāsāt* désignent les différents pouvoirs à organiser dans la cité (judiciaire, militaire…), et les *ri'āsāt* les subdivisions du gouvernement correspondantes (voir le §52).

Aplanissement, préambule
توطئة [*tawṭia*], προοίμιον [*prooimion*]

Le préambule est une innovation présentée par Platon dans les *Lois*. Les préambules platoniciens sont des discours qui doivent expliquer le bien-fondé de la loi et persuader les citoyens d'y obéir. Ce ne sont pas des démonstrations rationnelles mais des discours en partie rhétoriques, recourant à l'exhortation et à la menace. Comme les lois, ils participent du modèle du chant, puisque le proème désigne le prélude des poèmes épiques, qui joue aussi le rôle d'exorde. Al-Fārābī donne un sens beaucoup plus large à la fonction de préambule : le terme *tawṭi'āt* désigne tous les phénomènes, événements ou discours qui préparent le terrain à une loi et qui en facilitent l'acceptation par les citoyens, domaine très vaste exprimé dans la traduction par « aplanissements ». Al-Fārābī énumère quatre types d'aplanissements dans le quatrième traité : le changement brusque des circonstances, la dégradation de l'autorité de la loi existante avec le temps, les conclusions des discussions, et l'éducation elle-même. La fonction platonicienne du préambule est pourtant rappelée au septième traité (§84) lorsque al-Fārābī interprète les préambules comme des prêches (*mawā'iẓ*). Cette interprétation est parfaitement cohérente avec la fonction des préambules dans les *Lois*, qui s'adressent directement aux citoyens pour les convaincre que certaines conduites sont dignes d'éloge alors que d'autres méritent le blâme.

Bonheur
سعادة [*sa'āda*]

Comme pour la philosophie politique grecque, le but de la politique chez al-Fārābī reste « l'obtention » du bonheur, ou de la félicité, *sa'āda*. Le bonheur est défini comme perfection (*kamāl*) : il est l'accomplissement parfait des facultés de l'homme, qui n'est possible que dans et par l'association des hommes en communauté politique. Dans le *Compendium*, on ne trouve que trois références à l'éternité, *al-'ājila*, toujours en relation avec la récompense et le châtiment, mais jamais avec le bonheur. On peut donc dire que, dans le *Compendium*, le bonheur est considéré dans un cadre purement terrestre, et est entièrement pris en charge par la politique. Le bonheur est étroitement lié au plaisir (*laḏḏa*), au point que bonheur et plaisir sont une seule et même chose, lorsque le plaisir est un plaisir pris au bien (*ḫayr*). Trois termes doivent être mis en relation et forment une chaîne que le législateur doit parcourir : le plaisir (*laḏḏa*), l'agrément (*mabhaj*) et, finalement, le bonheur (*sa'āda*). Même si le *mabhaj* s'élève au-dessus du simple plaisir, car il est un plaisir pris à ce qui convient, il reste une satisfaction ponctuelle, par exemple celle que procure le rythme dans la danse, alors que *saā'da* indique un état durable, où les facultés de la partie rationnelle de l'âme atteignent leur perfection. Dans *Le Livre de la religion*, en 14a, al-Fārābī distingue la « félicité ultime » et « l'un des biens particuliers à cette vie dans l'ici-bas », qui est une félicité seulement supposée.

Cité, communauté, régions
مدينة [*madīna*], أمّة [*'umma*], أقاليم [*'aqālīm*]

Ces trois termes désignent respectivement la cité, la communauté, et les régions. Du fait de la valeur politique de la religion (*milla*), qui constitue un socle de croyances et d'actions propres à organiser la vie de la cité en *'umma*, la cité et la communauté des croyants sont deux notions coextensives, qui expriment l'unité politico-religieuse. Cependant le concept d'*'umma* est très peu employé dans le *Compendium*, à la différence de celui de *madīna*, qui devient un concept purement politique. Les critères de ce qu'est une *madīna* sont fixés au § 47 : n'est pas *madīna* tout rassemblement d'hommes, mais seulement une organisation hiérarchisée orientée vers le bien, ce qui la rapproche de la *polis* grecque. Cependant, la *madīna* du *Compendium* se distingue de la *polis,* car elle a une extension géographique beaucoup plus large, et se divise en *aqālīm*, régions assez éloignées les unes des autres pour que le droit doive s'adapter à leurs particularités. L'organisation législative dans la *madīna* est donc différente de cette même organisation dans la *polis* : *madīna* désigne une entité politique soumise à une législation unique, mais qui peut prendre des formes différentes selon les régions.

Commentaire
تلخيص [*talḫīṣ*]

Le *Compendium*, de même que de nombreux commentaires médiévaux arabes, porte le titre de *talḫīṣ*. Le terme *talḫīṣ* désigne l'action d'extraire la partie la plus pure et, partant, il peut être traduit par « résumer », mais il vise plutôt à présenter les points essentiels d'un livre dans une forme précise, c'est-à-dire élucider, approfondir, tout en condensant. Le *talḫīṣ* est donc à la fois un commentaire et un résumé. Il désigne souvent le même type d'ouvrage que le pluriel *ǧawāmī'*. Le terme de *ǧawāmī'* vient de la même racine que le verbe *ǧama'a*, « rassembler », « regrouper », « réunir ce qui était désuni », utilisé par al-Fārābī dans la préface du *Compendium* pour décrire sa démarche par rapport au texte platonicien. Ces deux appellations de *talḫīṣ* ou de *ǧawāmī‘* décrivent une méthode suivie par le commentateur face au texte d'origine. Dans la préface du *Compendium*, *ǧama‘a*, « regrouper », ne vise pas à reconstituer une version résumée des *Lois*. Et pour cause : cette description de la démarche d'al-Fārābī intervient après un passage portant sur le style d'écriture de Platon. Or al-Fārābī y explique que l'écriture de Platon est énigmatique, le plus souvent déceptive, et que de simples allusions y sont parfois plus signifiantes que de longs développements, si bien qu'un simple résumé ne présenterait aucun intérêt philosophique.

Démonstration
برهان [*burhān*]

C'est la forme la plus haute de l'exercice philosophique. Dans les textes présentés ici, al-Fārābī considère que la religion parfaite et vertueuse est en concordance avec les énoncés démonstratifs. Comme la religion « ressemble » à la philosophie et que celle-ci est normée par le paradigme démonstratif, les opinions que la religion présente peuvent, sous changement d'aspect, être lues comme des démonstrations. La religion ne les présente pas dans le style spéculatif, mais enjoint le savant à faire une traduction des « opinions théoriques » de la religion en énoncés démonstratifs. Pour exemple, on peut signaler que les opinions théoriques religieuses relatives à la nature et au cosmos peuvent prendre un tour spéculatif dans les sciences constituées que sont la physique et la métaphysique : « Quant aux opinions théoriques de la religion, leurs démonstrations se trouvent dans la philosophie théorique et elles sont prises dans la religion sans démonstration » (§5 du *Livre de la religion*). La religion est aussi faite « d'opinions pratiques » pour lesquelles le système normatif de la loi relève et de l'universel et du particulier. Le législateur, dans sa démarche de rendre raison des lois, ne peut faire l'économie de l'universel et, partant, de la démonstration.

Divin

إلاهي [*'ilāhī*], θεῖος [*theios*]

L'adjectif *ilāhī* met en jeu dans le *Compendium* une compréhension de ce qui est divin, non par opposition à ce qui est humain, mais plutôt au sens d'excellent, parvenu à son degré le plus élevé : ainsi, les vertus divines ne sont que les humaines portées à leur plus haut degré d'excellence. Quatre choses sont ainsi qualifiées de divines dans le *Compendium* : les vertus, les plaisirs, la musique, et la loi. Or, nous pensons que, même dans ce dernier cas, *'ilāhī* ne marque pas l'origine divine de la loi, mais marque son caractère achevé, de manière cohérente avec les autres occurrences du terme. En disant qu'une loi est *ilāhīyya*, al-Fārābī ne vise donc pas le contenu de la révélation, et encore moins celui de la révélation musulmane en particulier, mais veut simplement montrer que cette loi est bonne pour la cité. Elle n'est pas bonne parce que son origine est divine, mais on la dit divine pour marquer sa perfection. D'ailleurs, lorsqu'il parle de loi divine, al-Fārābī emploie généralement l'expression *al-nāmūs al-'ilāhī*, et plus rarement *šarī'a* dont la signification est plus spécifiquement religieuse. Mais on peut se demander si la *šarī'a* n'est pas contaminée par ce sens philosophique platonicien, cette *šarī'a* étant elle-même une voie. *'Ilāhī* est donc employé comme un synonyme de *'aẓīm*, qui désigne à la fois ce qui est puissant et ce qui est supérieur, ou suprême. Al-Fārābī l'emploie par exemple dans l'expression *al-faḍīla al-'aẓīma* pour désigner la vertu totale (*sumpasê aretê*), mais aussi en relation avec la législation excellente, qualifiée au § 63 par l'expression *al-sunna al-'aẓīma al-bāhira 'amaluhā*, c'est-à-dire littéralement « droit sublime et à l'œuvre éblouissante ».

Dans cet emploi de l'adjectif « divin », al-Fārābī est très proche de Platon, chez qui *theios* ne s'oppose pas tant à *anthrô-*

pinos qu'il n'en marque la limite supérieure, ce qui lui permet dans le *Phédon* de faire de l'âme la part divine de l'homme. De même, les biens qu'il déclare divins en 631b correspondent aux quatre vertus cardinales, qui forment la vertu suprême, par opposition aux biens humains, toujours relatifs.

Domination
تغلّب [*taġallub*]

Le nom d'action *taġallub* désigne le fait de prendre le dessus lors d'un rapport de force, de l'emporter sur son adversaire. La même racine est utilisée dans le premier traité pour désigner la victoire que remporte l'individu sur lui-même et la cité sur elle-même, et le recours à un exercice tyrannique du pouvoir dans certaines circonstances au quatrième et au cinquième traité. Dans les deux cas, il ne s'agit pas d'éliminer purement et simplement la partie opposée, mais de la maîtriser et de la contenir. Ce terme montre quel travail de traduction philosophique al-Fārābī effectue sur les termes *nikê*, la victoire, et *turannos*, le tyran. Ainsi, si le *turannos* exerce bien un pouvoir absolu, celui-ci ne se confond pas complètement avec la figure du *turannos* analysée dans *La République* (livres VIII et IX) et dans le *Politique* (en 301bc), car il est utilisé comme instrument dans un processus visant à permettre l'instauration d'un pouvoir non tyrannique, et donc orienté vers sa propre fin. La réélaboration de *nikê* en *taġallub* fait partie de la construction philosophique du concept proprement éthique de *ḥilm*, qui désigne la maîtrise de soi.

Éducation
أداب [*'adāb*]

'Adāb désigne à la fois le procès de l'éducation et le résultat de l'éducation (voir le § 42, où le mot est traduit par « éducation »), les mœurs, mais aussi les lettres (au sens d'avoir des lettres), les bonnes manières. On retrouve dans

l'épaisseur sémantique du terme toute la complexité de l'éducation (*paideia*) dans *Les Lois*, qui vise à produire la vertu dans l'âme des citoyens. Or l'éducation s'opère par les lois, qui font elles aussi partie de l'*'adāb* car ce sont des poèmes, et même « les plus beaux des poèmes ». L'*'adāb* est une maîtrise des plaisirs qui ne cherche pas à contrarier la tendance au plaisir mais à l'orienter dans la direction du bien : l'homme bien éduqué doit se plaire au bien, et pas seulement faire le bien. Ainsi, les principes fondamentaux de l'*'adāb* sont à chercher dans la musique et la danse, car le rythme réalise l'harmonisation de la tendance rationnelle et de la recherche du plaisir. L'éducateur véritable est donc forcément un poète et l'homme bien éduqué, celui qui prend plaisir aux œuvres belles, c'est-à-dire aux œuvres qui représentent la vertu. Parallèlement à la *poiêsis*, l'*'adāb* est également bien représenté par la pudeur (*ḥayā'*) où se réalise, comme dans le rythme, une forme de rationalité spontanée. L'*'adāb* n'est pas limité aux mœurs, c'est aussi la source de l'intelligence, ou de l'intellect (*al-'aql*). Intellect (*'aql*) et bonnes mœurs (*'iḫlāq*) sont indissociables dans l'*'adāb* car l'intelligence est une notion globale qui implique la vertu : c'est en produisant l'intelligence que l'éducation produit la vertu. L'*'adāb* est donc finalement synonyme de perfection (*kamāl*).

Équilibre et tempérance
إعتدال [*i'tidāl*] et حلم [*ḥilm*],
μέτριον [*metrion*]
et σωφροσύνη [*sôphrosunê*]

À l'instar du grec *metrion*, l'arabe *i'tidāl* comporte une épaisseur sémantique, où la valeur mathématique de la mesure comme moyenne ou égalité est indissociable de sa valeur éthique comme juste mesure. La valeur éthique est première, puisque la racine *'-d-l* implique à l'origine l'idée de justice, à laquelle la déclinaison à la huitième forme dans *i'tidāl* ajoute le sens réfléchi de devenir soi-même juste ou de se rendre soi-même juste : l'*i'tidāl* est le résultat de cette action consistant à produire la justice, et qui passe par l'instauration d'une égalité géométrique entre les différentes composantes de l'âme. Ainsi, *i'tidāl* désigne l'équilibre, la moyenne entre les deux extrêmes en toute chose, sans que les implications mathématiques et éthiques du terme puissent être dissociées. Par exemple, dans un contexte cette fois géographique, Ibn Khaldūn affirme qu'un climat médian, c'est-à-dire tempéré, détermine la modération des sciences et des arts (*Muqaddima*, I, 3). C'est dire que, dans les réalités composées comme l'est l'âme humaine, la justice est toujours avant tout un ordre à établir, et une proportion à instaurer. Les implications sémantiques d'*i'tidāl* le placent donc dans une continuité conceptuelle avec la signification platonicienne de la justice (*dikê*), comprise comme instauration d'un ordre juste. La vertu dérivant directement de l'introduction de la juste mesure, en grec *sôphrosunê* (tempérance), est traduite par al-Fārābī par *'iffa* qui explicite la tempérance comme retenue face aux plaisirs illicites et contenance de soi-même, ou par le terme plus général de *ḥilm*, qui désigne dans le § 19 à la fois la maîtrise de soi, au sens d'une constance de caractère, et le discernement. Cette dualité renvoie à la distinction aristotélicienne entre la simple continence, *egkrateia*, et la véritable tempérance, *sôphrosunê* (*Éthique à Nicomaque*, 1145b8). *Egkrateia* comme *'iffa* désignent, de manière négative, le fait de s'abstenir des plaisirs extrêmes, et surtout charnels, alors que la *sôphrosunê* et le *ḥilm* désignent un niveau éthique plus élevé, où la vertu est indissociable de l'intellect, et qui correspond finalement à la sagesse. En choisissant le terme de *'iffa* pour traduire la tempérance comme *sôphrosunê*, al-Fārābī donne un sens nouveau à *'iffa*, qui n'est plus cantonné à la chasteté ou à la continence. Le *ḥilm* est plus particulièrement la vertu des gouvernants, car la maîtrise des affects y est surtout maîtrise de la colère : le *ḥilm* est toujours lié à la magnanimité.

Esprit de clan
عصبيّة [*'aṣabīyya*]

'Aṣabīyya désigne chez Fārābī une organisation prépolitique fondée sur l'existence de clans opposés. En lui-même, le terme *'aṣabīyya* indique simplement cette organisation clanique. Mais comme la formation du clan est orientée par la guerre contre les autres clans, la *'aṣabīyya* peut être traduite plus précisément par la « dissension entre clans » ou par l'« esprit de clan » ou l'« esprit de corps ». Par définition, la *'aṣabīyya*, qui vient du terme *'aṣab*, les nerfs, est liée à la guerre. Ibn Khaldūn dans la *Muqaddima* fera du phénomène de la *'aṣabîyya* le concept central de l'histoire politique et le fondement de l'État (*dawla*) : la *'aṣabīyya* désigne au départ un groupe dominé par l'autorité d'un chef, qui tend à s'agrandir par cercles concentriques pour devenir *mulk*, autorité royale. Pour al-Fārābī, à l'inverse, l'État ne se forme pas en continuité avec la *'aṣabīyya* mais contre elle, et ce parce que l'État ne se définit pas tant, comme chez Khaldūn, par l'autorité (*mulk*), que par le fait d'être doté de lois (*nāmūsiyya*).

Essence, substance
ذات [*ḏāt*], إنيّة [*'inniyya*], ماهيّة [*māhiyya*]

Ces trois termes expriment ce qu'est une chose, son essence. Pour reconstituer le vocabulaire de la logique, al-Fārābī utilise des particules, qu'elles soient des pronoms, des articles, des prépositions ou des adverbes, et les transforme en substantifs. Il explique dans le *Livres des termes utilisés en logique* que *'inniyya*, qu'il emploie pour traduire la substance, est une forme dérivée de *'inna*, particule d'insistance. Il ne fait donc pas remonter *'inniyya* au participe grec *to on*, auquel il donne plutôt un sens théologique au début du *Kitāb al-Ḥurūf*, mais l'origine grecque du mot *'inniya* par transposition de l'infinitif *to einai* ou du participe *to on* est une hypothèse probable. La particule *'inna* indique à l'origine que la chose a une existence comme la particule « certes » dans les expressions « certes, le monde est fini » (exemple choisi par al-Fārābī). Cette signification pourrait expliquer que l''*inniyya* nomme l'essence de la chose dont l'existence est certaine et la réalité reconnue. Pour al-Fārābī, cette étymologie pourrait expliquer qu'on appelle l'existence de la chose son *'inniyya*, et qu'on l'emploie comme synonyme de *ğawhar*, la substance.

Dans le même *Livres des termes utilisés en logique*, al-Fārābī rapporte le substantif *māhiyya* à l'adverbe interrogatif *mā* (quoi ?) ou *mā huwa* (qu'est-ce que ?). Cette particule indique « que l'objet de la question concernant la chose est la simple représentation de son essence » (p. 206) : lorsque nous demandons « qu'est-ce que la chose ? » ou « qu'est la chose ? », nous demandons par là la connaissance de l'essence de la chose. Cette particule, poursuit al-Fārābī, n'indique pas que l'objet de la demande est l'existence de la chose. Al-Fārābī explique clairement qu'il considère le substantif *māhiyya* et le substantif *'inniyya* comme deux synonymes (p. 207).

La particule *ḏāt* indique en premier lieu l'appartenance, puis le « soi », et, chez les logiciens, elle désigne également l'essence ou la substance.

Fête
عيد (pl.أعياد) [*'īd*, pl. *'a'iād*]
ἑορτή [*heortê*]

Al-Fārābī choisit le mot *'īd* lorsqu'il explique la place qu'occupent les fêtes, *heortai*, dans l'organisation de la cité des *Lois*. Le terme *īd* désigne en premier lieu les célébrations religieuses, par opposition à *ḥafla*, employé pour tous les autres événements publics. Ce choix des termes n'est pas innocent : al-Fārābī, dans le huitième traité, montre comment, pour lui, le sens le plus élevé des fêtes dans les *Lois*, celui où elles réalisent le mieux leur fonction dans la cité, est religieux. Les fêtes constituent le lieu de mémoire de la cité : leur utilité la plus haute n'est pas de permettre aux citoyens de se reposer (premier traité), ni même de raviver l'affection entre eux (cinquième traité), mais de renouveler la commémoration (*tajdīd ḏikr*) des divinités. D'ailleurs, le terme *'īd* vient de la racine '-w-d, qui désigne ce qui revient, la régularité, racine que l'on retrouve dans *'āda*, l'habitude.

Guerre
جهاد [*ğihād*] et حرب [*ḥarb*]
πόλεμος [*polemos*]

Dans le *Compendium*, al-Fārābī emploie deux termes quand Platon n'en utilise qu'un seul, *polemos*. Jusqu'au huitième traité, al-Fārābī emploie *ḥarb* qui, comme *polemos*, signifie à la fois le combat lui-même et l'état de guerre, par opposition à l'état de paix. À l'inverse, dans le vocabulaire juridique, *ğihād* désigne exclusivement l'action armée en vue de la défense de l'Islam, et de son expansion. D'ailleurs, les textes juridiques opposent *dar al-islām* et *dar al-ḥarb*, pour désigner les territoires soumis à l'Islam et les territoires adverses. Cependant, des juristes ont tempéré cette dualité en distinguant par une troisième catégorie, *dar al-'aqd*, les territoires avec lesquels on peut contracter. Mais lorsque al-Fārābī l'emploie au huitième traité, en disant que les exercices guerriers exécutés durant les fêtes préparent au *ğihād*, il s'oppose à la signification juridique et revient au sens religieux et moral du terme, qui se fonde sur le sens d'effort transmis par la racine ğ-h-d, de telle sorte que le *ğihād* signifie l'effort fait par un individu sur lui-même pour atteindre une plus grande perfection religieuse et morale. Le fait qu'al-Fārābī emploie *ğihād* plutôt que *ḥarb* à ce moment du texte ne révèle donc pas une supposée intention de sa part d'étendre le régime vertueux (compris comme régime soumis à la loi musulmane) à l'ensemble du monde habité, mais il découle du contexte éthique de la discussion, où il est question d'enraciner la vertu dans les cœurs des jeunes gens.

Hiérarchie et rang
ترتيب [*tartīb*] et رتبة [*ratba*]

Le verbe *rattaba* désigne à la fois l'action de fixer quelque chose, de le consolider, et de l'ordonner. Al-Fārābī l'emploie pour montrer que la fondation ferme de quelque chose passe selon lui forcément par une mise en ordre, qui n'est pas une simple distribution des magistratures, contrairement à ce que semble vouloir dire Platon avec le verbe *apodidômi* (donner à qui de droit, rendre, attribuer), mais une véritable hiérarchisation. Pour al-Fārābī l'ordre politique exige l'instauration d'une hiérarchie (*tartīb*), à l'image du corps humain, où tous les organes sont liés entre eux et sont liés au cœur (le législateur dans la cité) par des relations pyramidales où chaque organe joue à la fois le rôle d'auxiliaire et de destinataire pour un autre, jusqu'au cœur, qui est servi par tous les autres. Al-Fārābī ne rentre pas dans les détails des différentes magistratures à partir du moment où il a montré la nécessité du *tartīb*, il ne manque jamais de rappeler l'ordre hiérarchique en citant, après les gouvernants (*aṣḥāb al-nawāmīs*), les dirigeants ou les juges (*ḥakkām*) et de manière encore plus significative, les ministres (*taba'a*, littéralement « ceux qui suivent »). Ce déplacement de *apodidômi* à *tartīb* exprime pour al-Fārābī l'intention véritable de Platon, puisque la justice dans la cité est toujours comprise comme l'instauration d'un ordre où chacun doit occuper une place déterminée par ses compétences. La hiérarchie des gouvernants doit être naturelle, ce qui ne signifie pas qu'elle est ancrée dans une prétendue différence génétique ou biologique entre les citoyens, thèse que Karl Popper attribue à Platon dans *La Société ouverte et ses ennemis*, mais qu'elle obéit au principe de l'égalité géométrique tel qu'il est défini au § 78, qui demande que l'on attribue à chacun une fonction selon ses compétences.

Le rang est une notion à la fois cosmologique et politique, en raison de l'analogie de structure entre le microcosme et le macrocosme : le rang dans la hiérarchie politique est un reflet du rang dans la hiérarchie des êtres. Le législateur occupe la même place dans la cité que l'intellect agent dans le système d'émanations successives formant le monde décrit au début des *Opinions des habitants de la cité vertueuse* : « La relation de la cause première au reste des êtres est semblable à la relation du chef de la cité vertueuse à ses autres parties »[1]. Dans le monde, chacun des êtres agit en conformité avec la cause première qu'il prend pour guide, par l'intermédiaire de son supérieur immédiat qu'il doit « imiter », c'est-à-dire qu'il doit assister dans l'accomplissement de sa tâche. Or la cité doit être organisée de la même manière : toutes ses parties doivent, chacune en fonction de son rang, œuvrer à imiter par leurs actions l'objectif poursuivi par le chef de la cité.

Le rang, qu'il soit cosmique, politique ou physiologique, est toujours fonction de l'utilité, de l'excellence ou de la rareté de la fonction. Dans le *Discours sur la proportion et l'agencement*, l'âme est également déterminée par un « ordre proportionné », qui entre en résonance, *via* le discours poétique, avec l'ordre du monde.

Habitude et coutume
عادة (pl. عادات) [*'āda*, pl. *'ādāt*]

Al-Fārābī emploie *'āda* au singulier pour désigner l'habitude, au sens d'un état habituel, ou d'une disposition stable et ferme. Il est proche du grec *hexis*, tel que l'entend Aristote dans les *Catégories*, 8 : une manière d'être permanente qui dispose le sujet à effectuer plus facilement et plus volontiers un certain type d'action, et qui se distingue de la *diathesis*, disposition qui n'est pas forcément ferme, mais à la différence d'*hexis*, il est toujours employé en un sens moral par al-Fārābī : la vertu est une *'āda* que l'éducation doit produire. *'Āda* désigne à l'origine l'habitude, comme le grec *ethos*, mais, dans le *Compendium*, il est utilisé dans un sens

1. *'Ārā ahl al-medīna al-fāḍila* (*Opinions des habitants de la cité vertueuse*), éd. R. Walzer, *op. cit.*, p. 236.

exclusivement éthique, et al-Fārābī insiste particulièrement sur le processus long d'habituation (*i'tīād*) par lequel passe l'acquisition de l'habitude : *'āda* désigne la vertu véritable, qui s'obtient par habituation, celle-ci passant par une lutte constante contre les tendances contraires. Le concept de *'āda* réactive donc dans un même terme le rapprochement que fait Platon en 792a entre l'habitude (*ethos*) et le caractère éthique (*êthos*). Le même terme, au pluriel (*'ādāt*), est employé pour désigner les mœurs des citoyens : l'éducation a en charge la production de la vertu au niveau de l'individu, et les lois au niveau de la cité.

Honneur
كرامة [*karāma*], إكرام [*'ikrām*]

Karāma désigne en propre l'honneur ou le respect que l'on inspire, et la générosité. Dans le *Compendium*, le mot perd toute connotation de bonne réputation ou de noblesse par la naissance pour prendre une signification purement éthique : l'honneur n'est plus dû qu'à la vertu. Et même, le concept d'honneur résume en quelque sorte toutes les vertus. Dans le *Compendium*, al-Fārābī fait de l'*'ikrām* le nom de la vertu supérieure, au sens platonicien, c'est-à-dire le nom de la somme de toutes les vertus, puisque la vertu consiste à honorer l'âme, comme le montre le cinquième traité. Mais *karāma* est employé comme synonyme de *'ikrām*, c'est-à-dire comme honneur rendu à ce qui est noble (*šarīf*). Or, *'ikrām* a un double sens : il désigne à la fois le fait de faire honneur à quelqu'un et de le rendre généreux ou noble. En honorant l'âme, on la rend donc vertueuse. En effet, honorer l'âme consiste à lui donner ce qu'elle voudrait si elle était vertueuse, et donc à honorer la vertu dans l'âme. L'honneur est donc étroitement lié à l'éducation. L'honneur fonde la relation à son âme et à son corps, mais aussi aux autres citoyens et aux étrangers : il est donc le fondement même de la communauté politique, et joue le même rôle que la *philia*.

Ignorance
جاهليّة [*ğāhiliyya*]

Le mot d'« ignorance », *ğāhiliyya*, a une connotation précise durant les premiers siècles de l'Islam : ce mot désigne la période anté-islamique et polythéiste de l'Arabie. On parle en général des poètes de la *ğāhilliya*. Dans le texte d'al-Fārābī, l'ignorance qualifie la cité corrompue qui s'éloigne de la poursuite de la félicité. L'ignorance s'oppose alors à la vertu qui se fait connaissance pour que la cité reste arrimée à sa finalité naturelle : réaliser la félicité naturelle et préparer la félicité future.

Īmām
إمام [*īmām*]

Littéralement, c'est celui qui se tient devant, qui est guide, qui peut diriger les prières. Pour al-Fārābī, l'īmām est le chef politique inspiré qui est philosophe à part entière et qui prend en main le destin d'une cité ou d'une nation. Bien que le terme ait une origine religieuse, l'īmām désignant alors le successeur du Prophète, al-Fārābī retient surtout le sens littéral du terme : le terme d'īmām est synonyme d'un rang dans la cité : « Cet homme se tient au rang le plus parfait dans l'humanité »[1]. Être celui qui se tient devant, c'est être celui auquel sont subordonnées les parties de la cité sans être subordonné à aucune : « Il est le souverain sur lequel aucun autre homme n'exerce une quelconque souveraineté »[2]. Dans *De l'obtention du bonheur*, al-Fārābī interroge la nécessité pour l'īmām d'être philosophe, et fait de la connaissance des causes premières, de la science théorétique et de la logique le cœur de la formation de l'īmām, qui doit être comprise, note al-Fārābī, sur le modèle de la formation

1. *Ibid.*, p. 244.
2. *Ibid.*, p. 246.

du philosophe-roi dans *La République*[1]. Al-Fārābī conclut à l'équation parfaite des termes d'īmām, de philosophe et de législateur. Il rappelle à cette occasion que « pour le terme d'īmām, il signifie simplement dans la langue arabe celui dont on suit l'exemple et qui est bien accueilli, au sens où sa perfection est bien accueillie, où son objectif est bien accueilli »[2].

Imitation
محاكة [*muḥāka*]

Dans le contexte du *Livre de la religion*, l'imitation est création de la loi : le législateur qui vient après le « premier législateur » imite celui-ci en adaptant la loi à sa contrée et à son temps : il fait comme aurait fait le premier législateur s'il avait été confronté à des temps nouveaux. En revanche, pour ce qui est de la jurisprudence, l'imitation n'est plus de mise, elle laisse place à un pur suivisme. Dans le domaine poétique (voir les trois textes d'al-Fārābī présents ici en « textes complémentaires »), l'imitation est prise dans l'horizon de la connaissance conformément au projet de l'*organon long* (voir la présentation générale) où il y a une continuité épistémique de la démonstration à la suggestion poétique. Même dans le cas où il y a « imitation de l'imitation », comme par exemple tel miroir réfléchissant telle statue, elle-même imitant tel individu, le souci reste la référence : l'individu désigné. Les énoncés imitatifs sont à entendre en ce sens : « Il peut se faire qu'ils soient agencés à partir de choses qui imitent la réalité elle-même, et il peut se faire qu'ils soient agencés à partir de ce qui imite les choses qui imitent la réalité elle-même, puis de ce qui imite ces dernières choses, et s'éloigne ainsi de cette réalité par l'imitation en bien des degrés ». L'éloignement à

1. *Taḥṣīl al-sa'āda* (*De l'obtention du bonheur*), section 40, [30], traduction anglaise Muhsin Mahdi, Cornell University Press 2001, p. 35.
2. *Ibid.*, section 57, [43], p. 46.

l'égard de la référence première ne la rend pas pour autant inscrutable.

Législateur
شارع [*šāri'*]

Al-Fārābī considère qu'il y a une création continue du droit : de nombreux législateurs se succèdent et les derniers imitent les premiers. L'imitation n'est pas du suivisme. L'imitation, c'est faire ce que le prédécesseur aurait fait en pareille situation. L'imitation est d'acte, non de contenu. Toute période n'a donc pas son législateur. Quand il se trouve une difficulté à imiter, au sens précis d'adapter le droit à son temps et à sa contrée, alors commence le travail de la jurisprudence, du juge, celui qui en somme va suivre sans imiter. Le législateur « définit », le juge « déduit ». La jurisprudence naît de la difficulté à changer en permanence de lois, mais aussi de la difficulté pour l'homme d'être inspiré. Le législateur inspiré est un homme rare, c'est pourquoi le juriste-juge est nécessaire.

Loi
ناموس (pl. نواميس) [*nāmūs*, pl. *nawāmīs*]
νόμος [*nomos*]

Le terme de *nāmūs* entretient une proximité évidente avec le grec *nomos,* mais il n'en est pas le correspondant exact, car il ne recouvre pas tous les emplois de *nomos* en grec ancien. *Nomos* désigne en premier lieu l'usage, et donc la coutume ayant force de loi, et enfin la loi elle-même. Mais il désigne aussi un type de chant (le nome). Ce double sens de loi et de chant est très exploité dans les *Lois*, qui interprète les lois comme des chants adressés par le législateur aux citoyens. Al-Fārābī reprend la comparaison des lois avec des poèmes, mais celle-ci ne s'enracine plus dans le terme même qui évoque la loi. *Nāmūs* a cependant le même sens éthique et politique que *nomos* : avant de désigner la loi en général, *nāmūs* vise plus spécifiquement la loi morale, et peut même signifier l'honneur ou la bonne réputation. Il est le produit d'une généralisation plutôt qu'une norme transcendante imposée de l'extérieur : on emploie ainsi le terme pour désigner les lois de la nature (*nāmūs al-ṭabī'a*). Alors que le terme *qānūn* (norme, règle, code, loi) met l'accent sur le caractère normatif de la loi sans souci de savoir si elle est bonne ou mauvaise, *nāmūs* fait de la loi ce qui émane de l'intellect collectif de la communauté (même si les moins bien éduqués restent incapables de la déduire), et la loi-*nāmūs* est donc forcément bonne. Les *nawāmīs* ne constituent pas pour autant une légalité naturelle, car elles ne sont pas tant fondées dans la nature des choses que dans l'intellect du législateur et de toutes les personnes intelligentes. Les *nawāmīs* sont les lois qui dérivent de principes universels pratiques (politiques et éthiques), selon le processus décrit dans *De l'obtention du bonheur* : « Il est évident que lorsqu'on cherche à amener à l'existence effective les intelligibles des choses dépendant de la volonté assistée de la philosophie pratique, on doit prescrire les conditions qui rendent leur existence effective possible. Une fois que les conditions qui rendent leur existence effective sont prescrites, les principes intelligibles sont incarnés dans des lois *[nawāmīs]* » (IV, 56). Ces principes pratiques sont des principes éthiques, qui rapportent les lois à la vertu supérieure (*al-faḍīla al-'aẓīmā*). En subordonnant les lois particulières à des principes universels, al-Fārābī modifie profondément le concept traditionnel de loi, tel que le transmet le courant orthodoxe aš'arite, qui rattache la loi à son origine révélée et à son fondateur et fait donc de la figure du Prophète comme législateur de la cité un concept central. Al-Fārābī entérine le déplacement du centre de gravité de la cité qui s'opère, dans *Les Lois*, du législateur comme philosophe-roi aux lois elles-mêmes, en tant qu'elles sont produites par l'intellect. Si pour al-Fārābī le temps du Prophète et des califes « bien dirigés » était probablement bien un âge d'or, où les décisions de législateurs parfaits suffisaient à gouverner la cité, ce temps est passé, ce qui rend nécessaire de déplacer le centre de gravité dans la cité du législateur vers les lois, seules dépositaires de la marque divine, au sens d'excellence. Le problème ne se pose pas dans la perspective chrétienne d'une opposition de la foi et de la raison, mais dans celle de la conciliation de la sagesse (*ḥikma*) et de la loi religieuse (*šarī'a*). C'est dans cette perspective qu'il faut comprendre le traitement nouveau que reçoit le thème, cher à al-Fārābī, de la succession dans le *Compendium* au septième traité. La figure du premier législateur, présente dans *Le Livre de la religion*, n'est plus rappelée, et le thème de la succession n'est plus l'occasion d'évoquer la possible dégradation de la cité avec la disparition du législateur d'excellence, mais d'établir des règles de conduite qui fassent en sorte que l'autorité des lois se maintienne en passant d'un législateur à l'autre.

Les *nawāmīs* ne constituent absolument pas un ensemble de préceptes immuables, mais, au contraire, reçoivent une forme adéquate à la communauté à laquelle elles s'appliquent, et doivent être modifiées avec le temps et les circonstances. Pour désigner les lois de la cité, al-Fārābī n'emploie que rarement *šarī'a* (la voie), qui désigne plus précisément la loi révélée, et marque l'unité temporelle et spirituelle du concept de loi comme décret (*'amr*) divin. Cependant, même dans la conception traditionnelle de la loi comme *šarī'a*, les citoyens ne sont pas condamnés à la fixité, puisque chaque communauté conserve le pouvoir d'interpréter et d'appliquer la loi. Dans l'étymologie arabe, *nāmūs* renvoie au confident et messager de Dieu.

Naturel
طباع [*ṭibā'*], طبيعة [*ṭabī'a*]
ἦθος [*êthos*]

Al-Fārābī emploie le nom d'action *ṭibā'* pour désigner le naturel, au sens du tempérament. *Ṭibā'* est construit sur la même racine que *ṭabī'a*, la nature, utilisé par al-Fārābī dans le contexte éthique et politique de préférence à *fiṭra*, qui désigne la nature dans ce qu'elle a d'inné. À l'inverse, *ṭabī'a*, qui désigne au sens premier le sceau, la marque, associe toutes les qualités caractéristiques d'une chose ou d'un individu : l'important n'est pas qu'elles soient innées ou acquises, mais que leur ensemble constitue la définition de l'individu, sa forme au sens aristotélicien. Ainsi, le terme *ṭibā'* désigne à la fois les dispositions qui vont constituer le socle du profil éthique d'un individu, et les modifications qu'il peut leur apporter par ses habitudes. *Ṭibā'* désigne l'ensemble constitué par des tendances naturelles et des habitudes : il s'agit d'une nature instituée et non d'une nature reçue, ce qui explique que l'organisation hiérarchique qui doit ordonner la cité selon l'égalité géométrique puisse être qualifiée de naturelle. En ce sens, le terme *ṭibā'* véhicule le même entrelacs sémantique que le grec *ēthos*, entrelacs entre ce qui est *phuseôs* et ce qui est acquis par l'*ethos* (l'habitude), tel qu'on le trouve dans le *Politique* en 308be : naturellement (*phuseôs*), certains enfants ont une tendance à la modération (*kosmion*), d'autres au courage (*andreia*), mais le bon naturel (*êthos*) est celui où ces tendances peuvent être orientées et modifiées par l'éducation pour devenir des vertus ; celui qui a tendance à la modération aura un naturel modéré si du moins on parvient à « mêler la chaîne à la trame », c'est-à-dire à lui inculquer quelques notions de courage, et inversement, celui qui a tendance au courage n'aura un naturel courageux, c'est-à-dire ne sera véritablement courageux, que si l'on parvient par l'éducation à calmer ses ardeurs. De même que le naturel comme *êthos* correspond toujours au caractère moral de l'individu, de même, *ṭibā'* désigne le profil éthique de l'individu.

Philosophie
فلسفة [*falsafa*]

Elle se confond avec sa plus haute forme qui est l'art démonstratif. Il n'y aurait pas de philosophie, si on ne pouvait pas dire « en tant que » et « sous un certain rapport ».

Cette conception d'al-Fārābī indique avant Ockham un principe proche de celui qui recommande de ne pas multiplier les entités sans nécessité : l'intellect, en tant que producteur des intelligibles, est agent, et en tant que récepteur des intelligibles est patient ; mais il n'y a pas deux intellects, l'un qui reçoit les formes, et l'autre qui les fait. Nous dirons aussi que la philosophie, en tant que pratique, ressemble « aux choses pratiques de la religion » (§ 5 du *Livre de la religion*), et cette ressemblance consiste à prendre l'universel sous des clauses, c'est-à-dire à le particulariser : l'universel de l'intellect pratique dont s'occupe la philosophie est l'universel des « choses pratiques de la religion » mais « réglementé par des clauses qui lui sont attachées ».

Plaisir et douleur
لذة [*laḏḏa*] et [أذة [*'aḏa*]

Laḏḏa entre dans un couple de contraires avec *'aḏa* pour désigner les deux forces qui meuvent l'homme, le plaisir et la douleur. Ils sont associés à *farah*, la joie, et à *hazan*, la tristesse. Le couple *laḏḏa* et *'aḏa* est saisi dans le cadre d'un autre couple de contraires, celui qui oppose la faculté de discernement, *tamiziyya,* où la racine *m-y-z* indique d'abord le fait de discriminer, de séparer, puis le jugement en général, et la faculté animale, *bahimiyya*, sans que l'on puisse réduire le couple *laḏḏa* et *'aḏa* à des modalités de la seconde. En effet, le plaisir et la douleur traversent l'exercice de la faculté *tamiziyya* à deux niveaux : tout d'abord, même si l'on choisit d'obéir à la faculté rationnelle plutôt que de céder à la tendance irrationnelle, on devra pour cela éduquer notre plaisir pour l'associer à ce qui est bien, car l'homme ne saurait agir durablement contre son plaisir, et parce que la vertu véritable implique d'effectuer des actions vertueuses de bon gré. Le plaisir est le résultat de l'accomplissement non entravé des facultés. Donc l'accomplissement de la faculté rationnelle dans la vertu est source d'un plaisir pur. Mais, pour la même raison, s'efforcer de suivre la tendance rationnelle, c'est forcément accepter de s'imposer une certaine souffrance (§ 62), dans la mesure où la maîtrise des plaisirs passe par la contrainte, et donc entrave l'accomplissement de la tendance irrationnelle. Le plaisir et la souffrance constituent une donnée irréductible de l'âme humaine : on peut, et on doit, refuser de suivre la traction animale, mais on ne saurait s'abstenir de tout plaisir et de toute souffrance. La relation étroite entre les deux couples de contraires montre que *la*d*d*a* ne désigne pas le plaisir purement sensuel, mais plutôt l'agrément, la satisfaction, notamment lorsqu'il suit l'accomplissement de la partie rationnelle de l'âme, la plénitude. De même que le grec *hêdonê* est irréductible au *terpsis*, assouvissement du désir sensible, le *la*d*d*a* est irréductible au simple assouvissement du désir (*šahwa* ou *raġba*). Al-Fārābī n'emploie pas de terme réservé au sensible pour désigner le plaisir, ni pour désigner le désir : *raġba* est employé au § 56 dans le sens d'un « désir vrai pour le droit », mais même *šahwa*, qui désigne plus précisément en premier lieu le désir corporel, n'est pas cantonné au désir émanant de la traction animale. Ainsi, au § 58, al-Fārābī déclare que l'éducation consiste à donner à l'âme les désirs (*šahawāt*) dont le droit divin fait l'éloge : de même qu'on trouve une véritable *epithumia* de l'âme rationnelle chez Platon, la *šahwa* n'est pas cantonnée aux désirs émanant de la traction animale. En conservant le même terme, al-Fārābī souligne l'exigence posée à l'homme de s'unifier par la maîtrise des plaisirs. L'attitude de l'homme face au couple *la*d*d*a* et *'a*d*a* définit son genre de vie (*sīra*), comme fait le couple *hêdonê/lupê* dans le *Philèbe*.

Prédilection

إيثار [*'īthār*]

'īthār désigne la préférence, mais lui ajoute une tonalité affective, et donc marque plus précisément la prédilection, la tendance à ou le penchant pour. Au § 11, al-Fārābī reconnaît parmi les causes de la guerre non seulement une nécessité

« de nature » (*kata phusin*), mais une prédilection (*'īthār*) des hommes pour la guerre, absente de la réplique de Clinias en 625d-626a. Par cet ajout, al-Fārābī montre qu'il faut selon lui revoir à la hausse le rôle de la guerre dans les *Lois*, dont l'Étranger refuse de faire le motif principal des lois, mais qui reste cependant un horizon irréductible pour la cité. Dans cette perspective, le choix de *'īthār* n'est pas innocent : il répond directement aux deux « tractions » (*helxeis*) qui tirent (*anthelkousin*) l'homme-marionnette dans une direction ou dans la direction opposée (644e).

Puissance et acte
قوّة [*quwwa*] et فعل [*fi'l*]
δύναμις [*dunamis*] et ἐνέργεια [*energeia*]

Le terme choisi pour traduire *dunamis* est *quwwa*, qui désigne la force, à la fois au sens de pouvoir sur quelque chose et de pouvoir de faire quelque chose, et donc la puissance. Par exemple, on parle de *al-quwwa al-bā'iṯa* pour désigner la faculté motrice. *Quwwa* est employé au premier sens par al-Fārābī au § 20 pour nommer les deux forces qui s'exercent sur l'homme, l'une rationnelle et l'autre irrationnelle : ici, l'arabe *quwwa* remplace le grec *helxis*, qui désigne plus précisément la traction, l'action de tirer. Al-Fārābī associe à cette *quwwa* entendue au premier sens la *mujāḏaba*, qui traduit plus précisément l'*helxis*, le fait de tirer, mais qui ajoute à l'*helxis* la réciprocité, et donc exprime non seulement la traction mais aussi et surtout le tiraillement. Au second sens, *quwwa* est associé à *fi'l*, l'acte ou l'action, dont l'extension est la même que celle de *energeia* : toute *quwwa* devient *fi'l* lorsque, de simple possibilité, elle passe à l'être. Mais le terme *fi'l* a ceci de particulier que, grâce au jeu des racines en arabe, on le retrouve dans le *fā'il*, l'agent, celui qui fait l'action. On distinguera *quwwa* de *istiṭā'a*, la capacité, en tant que cette dernière désigne une puissance appariée à une rationalité, et qu'elle est donc forcément une puissance de faire ou de ne pas faire quelque chose, alors que *quwwa* désigne la puissance en général, donc tout autant la puissance du feu de chauffer que celle de l'homme de marcher, avec ceci que l'homme peut ne pas marcher, alors que le feu ne peut pas ne pas chauffer.

La capacité (*quwwa*) n'est pas la disposition (*isti'dād*). Aristote avait distingué ces deux sous-espèces de la qualité et al-Fārābī le fait aussi en tant que commentateur des *Catégories*. La capacité est liée à l'action, la disposition au temps : l'une suppose l'action aisément accomplie, l'autre le temps éphémère. La notion de capacité est utilisée par al-Fārābī dans de nombreux contextes dans le *Livre de la religion* : il s'agit aussi bien de la capacité du prophète que de celle du législateur ou du gouvernant. Dans le premier cas, le prophète a la capacité de traduire l'inspiration divine, le législateur celle de réglementer cités et nations, le gouvernant celle de saisir et l'universel et le particulier (il est alors prudent) et l'universel dans le particulier.

Rhétorique
خطابة [*ḫaṭāba*]

La *ḫaṭāba*, art du discours ou rhétorique, est définie par al-Fārābī dans la *Philosophie de Platon* comme « l'art qui permet de persuader la multitude concernant a) toutes les choses théoriques et b) les choses pratiques pour lesquelles il est habituel d'avoir recours à des arguments persuasifs basés sur des exemples tirés des activités [...] à travers lesquelles les hommes œuvrent en commun à atteindre les fins de l'existence humaine ». Il appartient au domaine de la logique, avec lequel al-Fārābī conseille au législateur de se familiariser au § 19 du *Compendium*. La *ḫaṭāba* vise le même objectif que la démonstration scientifique, la certitude, même si les certitudes auxquelles elle parvient demeurent des opinions. La *ḫaṭāba* est un devoir pour le philosophe, car c'est elle qui permet d'enseigner des vérités certaines aux citoyens qui ne sont pas initiés à l'art de la logique ou qui sont préoccupés par d'autres affaires. Dans le domaine politique, c'est aussi un devoir pour le législateur, car si les lois sont véritablement bonnes, même si rien ne dit qu'elles sont démontrables, elles sont aussi soumises au critère de la vérité, au même titre que les œuvres d'art (§33). La rhétorique, en politique, n'est donc pas en premier lieu un art de la tromperie (§18). Le travail rhétorique du législateur rejoint son travail poétique, au sens large de *poiesis*, art également inclus par al-Fārābī dans l'art de la logique. Par ses discours imagés, ses « prêches » et ses « fables », le législateur peut enraciner les vérités que sont les lois dans l'âme des citoyens.

Religion
دين [*dīn*], ملّة [*milla*]

Au §4 du *Livre de la religion*, « religion » et « foi » sont des termes synonymes, et il en va de même pour « loi divine et coutume religieuse ». Dans ce paragraphe, al-Fārābī souligne combien la religion est un art de gouverner qui repose sur des habitudes légales. À aucun moment, al-Fārābī ne parle dans son texte de la religion musulmane en particulier. Il cherche plutôt à donner les caractéristiques propres à toute religion pour qu'elle puisse être assimilée à une philosophie pratique (politique) et à une philosophie théorétique (cosmologie). La religion se rapporte à la loi divine, c'est-à-dire à la loi excellente, celle qui a le plus de stabilité et qui régit aussi bien les rangs des êtres spirituels, comme les intellects émanés de Dieu, que les rangs des êtres humains dont les capacités diffèrent selon leur accès au savoir.

Sagesse
حكمة [*ḥikma*]

La sagesse est rapportée à l'expérience dont les enseignements n'ont pas induit en erreur. Le sage est celui qui sait passer du particulier à l'universel, de l'universel au particulier, sans commettre de sophisme. Pour cela, il peut se dissimuler, adopter le langage de l'énigme comme Platon. Le sage qui simule la folie dans le début du commentaire sur les *Lois* aussi bien que le sage-législateur à l'écoute des chants de sa cité savent que pour entrer dans la société du savoir il faut parfois prendre des chemins indirects : la philosophie doit prendre le masque de la sagesse pour mieux faire son entrée dans une société religieuse et Socrate doit accepter de se faire Thrasymaque s'il veut s'adresser au grand nombre.

Vertu
فضيلة [*faḍīla*]
ἀρετή [*aretê*]

La racine *f-ḍ-l* désigne à l'origine ce qui est en excédent, voire même superflu, et partant, ce qui surpasse et surclasse quelque chose, la supériorité, et donc la préférence. Le terme *faḍīla* désigne donc en premier lieu l'excellence, mais c'est une excellence d'emblée éthique, alors que le grec *aretê* s'applique à l'origine à toute qualité portée à sa perfection (ainsi de la beauté pour le corps par exemple), ou plutôt à l'accomplissement parfait de toute disposition. On trouve d'ailleurs ce champ sémantique encore présent dans le terme de vertu, en parlant de la vertu dormitive d'un médicament par exemple. Dans le vocabulaire homérique, l'*aretê* s'entoure d'une connotation aristocratique, désignant plus particulièrement la valeur au combat, le mérite entendu comme courage guerrier. Platon fait subir à l'*aretê* une transformation à la fois sémantique et philosophique en la faisant entrer dans le domaine éthique : désormais, l'*aretê* sera l'orientation vers le bien, signification commune à *aretê* et *faḍīla*. La torsion réalisée au livre I des *Lois*, qui remplace la guerre au sens historique par la victoire contre soi-même, la victoire historique par la victoire contre soi-même, et finalement le courage par la somme des vertus, est donc une transformation qui se produit à l'intérieur même du mot *aretê*. Sémantiquement, *faḍīla* donne à la vertu le sens non pas de l'accomplissement d'une fonction mais d'une préférence, et aussi d'un surplus :

le bien est ce qui doit être préféré. D'emblée, *al-madīna al-faḍīla*, la cité vertueuse, s'oppose aux cités imparfaites, par rapport auxquelles elle est plus et autre chose. Comme Platon, puis Aristote, pour al-Fārābī la vertu est une habitude qui s'acquiert au prix d'une longue lutte contre les tendances opposées. À la question de savoir si un individu qui n'aurait jamais eu à combattre le vice en lui pourrait être dit vertueux, al-Fārābī suggère une réponse négative.

Vêtement
لباس [*libās*] et ثواب [*ṯawāb*]

Le terme *libās*, le vêtement, intervient en deux endroits différents du *Compendium*. Dans la préface, l'anecdote de l'ascète met en scène ce dernier enfilant « un habit (*libās*), de ceux des noceurs » pour parvenir à fuir la cité. Le vêtement est ici assimilé au déguisement et au simulacre. Par contre, au § 63, l'habit (*ṯawāb*) est employé comme modèle de la législation, qui doit être pareille à l'entrelacs de la chaîne et de la trame, à la fois rude comme la trame et souple comme la chaîne. Cette analogie fait référence au mythe du royal tisserand dans le *Politique* (308b-311c), qui entremêlait la rudesse du courage à la souplesse de la modération dans les âmes. Ce paradigme du tissu assimile la cité à une âme, et la législation à l'éducation de la cité : les forces souples et calmes doivent y être si étroitement associées aux forces plus énergiques, par le biais du choix des magistrats par exemple, qu'on ne distingue plus la série de fils constituant la chaîne de la série de fils constituant la trame. Les forces plus énergiques de la cité (celles qui rendent les âmes plus enclines au courage, mais aussi à la témérité, si elles sont laissées à elles-mêmes) sont représentées par la chaîne, car les fils de la chaîne restent tendus dans le tissage alors que ceux de la trame, plus souples, sont passés au travers d'eux. C'est pourquoi ces derniers représentent les tendances à la modération dans l'âme et dans la cité, mais aussi à la mollesse, si elles ne sont pas entrelacées aux fils du courage.

Vrai, vérité
حق [*ḥaqq*], حقيق [*ḥaqīq*], حقيقة [*ḥaqīqa*]

Les deux termes, dont le premier est un substantif et l'autre un adjectif, viennent de la même racine *ḥ-q-q*, et expriment l'idée de vérité, mais al-Fārābī ne les emploie pas indifféremment. En effet, il utilise *ḥaqīq* ou *ḥaqīqa* pour exprimer la vérité au sens de l'adéquation avec la réalité, et partant, la réalité elle-même. C'est pourquoi al-Fārābī les emploie dans la préface pour définir les expériences des personnes dont le jugement est droit : leurs expériences sont vraies (*ḥaqīqa*) et correctes (*ṣaḥīḥa*), car elles tirent de leurs observations ce que les choses sont réellement. Mais au § 20, c'est *ḥaqq* que l'on trouve pour exprimer la vérité que les citoyens doivent accepter et suivre. Or, *ḥaqq* désigne aussi le droit, surtout lorsqu'il est employé au pluriel, *ḥuqūq*. Ici, ce sont justement les lois qui incarnent la vérité transmise par le législateur aux citoyens : s'il est question pour les citoyens d'acquérir du discernement, il est aussi et surtout question pour eux d'agir selon les prescriptions de l'intellect droit, ce que leur permet la loi, émanation de l'intellect. Dans la loi, les deux sens de *ḥaqq*, la vérité et le droit, sont indissociables. De même, au § 7, al-Fārābī associe l'individu vertueux avec celui qui a su se vaincre lui-même « de manière vraie et correcte », en arabe *bi-l-ḥaqq*. Or cette expression désigne aussi bien le fait que cet individu a remporté une véritable victoire sur lui-même que le fait qu'il l'ait remportée en s'appuyant sur ce qui est vrai, correct et droit (au sens de ce qu'énonce la loi). *Ḥaqq* peut aussi désigner Dieu, au sens où Dieu est la Vérité, mais ce n'est pas ce sens du terme qu'al-Fārābī exploite ici.

Vue, projet, opinion
رأي (pl. آراء) [*ra'y*, pl. *ārā'*]

Les opinions peuvent être soit des vérités, soit leur illustration. Al-Fārābī prend ce mot pour le début d'un des titres de ses ouvrages, *Les Vues des habitants de la cité vertueuse*.

Certains ont traduit *ārā'* par « opinions », mais « vues » semble plus adapté, puisque le terme regroupe le sens du mot opinion et celui de dessein, de projet. Les opinions sont convoquées dans le cadre politique, car le législateur doit tenir compte de l'état de savoir des habitants de la cité. Il doit même s'adresser à leur imagination pour les faire entrer dans la société de savoir qui leur permettra de réaliser graduellement la félicité.

Voie, loi
شريعة [*šarī'a*]

Le verbe *šara'a* est utilisé par al-Fārābī pour dire « réglementer ». La « loi divine » est une loi qui est « excellente » selon Leo Strauss. Al-Fārābī prend appui sur Platon pour réaliser cette synonymie. Dans la langue arabe, le mot signifie une voie et non une loi. Le Coran lui-même la présente comme une voie dans trois passages. Ce sont les hommes qui font le travail historique de la convertir en loi, sous la double figure du législateur et du juge dont nous parle al-Fārābī aussi bien dans le commentaire sur les *Lois* de Platon que dans *Le Livre de la religion*.

Ces trois passages sont les suivants.

Coran, 45, 18 : « Nous t'avons mis sur une voie (*šarī'a*) pertinente. Suis-là. Ne suis pas les passions de ceux qui ne savent point. »

Coran, 42, 13 : « Pour vous il a édicté (*šarī'a*) en fait de religion ce qu'à Noé il recommanda, et notre révélation à toi et ce que nous avons recommandé à Abraham, à Moïse, à Jésus : "Accomplir la religion, n'en point faire matière à division". »

Coran, 5, 48 : « À chacun de vous, nous avons ouvert un accès, une avenue (*šarī'a*). Si Dieu avait voulu, il aurait fait de vous une communauté unique : mais il voulait vous éprouver en ses dons. »

Les califes considèrent en général qu'ils ont eux-mêmes à se soumettre à la loi telle que les juges l'interprètent. Ce n'est pas tant que la loi est fixée à jamais, mais elle est comme hors du pouvoir politique. Si le calife veut la modifier, il aura recours à une fiction de droit. Ou, comme le dit J. Schacht : « Les califes postérieurs et d'autres gouvernants laïcs eurent souvent l'occasion de promulguer de nouvelles lois. Mais quoiqu'il s'agisse en fait de législation, les hommes politiques l'appelaient administration et ils maintenaient la fiction selon laquelle leurs règlements servaient uniquement à appliquer, à compléter et à mettre en vigueur la *šarī'a*, et étaient bien dans les limites de leur autorité politique[1]. »

1. J. Schacht, *Esquisse d'une histoire du droit musulman*, Paris, Maisonneuve et Larose, 1953.

Bibliographie

Textes d'al-Fārābī

Kitāb al-Millah wa Nuṣūṣ uḫra, édité par M. Mahdi, Beyrouth, Dar el-Mashreq, 1991 (première édition 1968). Tr. fr. inédite par Stéphane Diebler.

Falsafat Aflāṭun, Alfarabius de Platonis Philosophia, édité par F. Rosenthal et R. Walzer, Londres, 1943 ; tr. fr. par O. Seyden : *La Philosophie de Platon, ses parties, l'ordre de ses parties du commencement jusqu'à la fin*, Revue « Philosophie », n° 67, octobre 2000, repris dans al-Fārābī, *La Philosophie de Platon*, Paris, Allia, 2002.

Falsafat Ariṣṭūṭālīs, édité par M. Mahdi, Beyrouth, 1961.

Alfarabi's Philosophy of Plato and Aristotle, traduction et introduction par Muhsin Mahdi, édition révisée, Ithaca, New York, Cornell Paperbacks, 1969.

Kitāb al-Burhān, dans *Al-Manṭiq 'ind al-Fārābī*, édité par M. Fakhry, Beyrouth, 1987.

Fuṣūl Muntaza'a, Al-Fārābī's Fuṣūl Muntaza'a, édité par Fauzi M. Najjar, Beyrouth, 1971. Tr. fr. : *Aphorismes choisis*, par S. Mestiri et G. Dye, Paris, Fayard, Bibliothèque Maktaba, 2003.

Alfarabi, The Political Writings, Selected Aphorismes and Other Texts, par Charles Butterworth, Ithaca, New York, Cornell University Press, 2001 (p. 1-67).

Kitāb al-Ḥurūf, (*Le Livre des particules*), édité par M. Mahdi, Beyrouth, 1990 (première édition 1969).

Iḥṣā' al-'ulūm, (La Statistique des sciences), édité par O. Asmine, 2e édition, Le Caire, 1949.

Kitāb al-Jadāl, édité par R. al 'Ajam, dans *Al-Manṭiq 'ind al-Fārābī*, vol. 3, Beyrouth, 1986.

Kitāb al-Jam' bayn Ray'ay al-Ḥakīmayn Aflaṭūn al-Ilāhī wa-Aristūṭālīs, édité par F. Dieterci, dans *Alfārābīs philosophische Abdhandlungen*, Leyde, 1890. Tr. fr. : *Harmonie entre les opinions des deux sages, le divin Platon et Aristote*, par D. Mallet, Damas, IFEAD, 1999.

Deux Traités philosophiques, édité par D. Mallet, Damas, PIFD, 1989.

Kitāb al-Ḫaṭāba, dans *Deux ouvrages inédits sur la rhétorique*, édité par J. Langhade et M. Grignaschi, Beyrouth, Dar el-Mashreq, 1971.

Mabādī' Ārā ahl al-Madīna al-Fāḍila, (Idées des habitants de la cité vertueuse), texte arabe et tr. fr., Beyrouth, 1980.

Al-Farabi and the Perfect State, traduction, introduction et notes par R. Walzer, Oxford, Oxford University Press, 1985.

Kitāb al-Mūsīqā al-Kabīr, édité Gh. Khashaba, révisé par M. El Hefny, Le Caire, 1967. Tr. fr. : *La Musique arabe*, édité par R. d'Erlanger, 2 volumes, Paris, 1930-1935.

Risāla fi'l-'Aql (Épître sur l'intellect), Beyrouth, Dar el-Mashreq, 1983.

Taḥṣīl al-Sa'āda, édité par J. Al-Yasmin, Beyrouth, 1981. Tr. fr. : *De l'obtention du bonheur*, par O. Seyden, Paris, Allia, 2006.

Kitāb al-Siyāsa al-Madaniyya, Alfarabi's Political Regime, édité par F. Najjar, Beyrouth, 1964.

Didascaplia in Rhetoricam Aristotelis, édité par J. Langhade et M. Grignashi, Beyrouth, Dar el-Mashreq, 1971.

Kitāb al-ši'r, dans *Ǧawāmī' aš-hi'r*, édité par M. Salīm Sālim, Le Caire, 1971.

Al Fārābī's Commentary and Short Treatise on Aristotle's De interpretatione, édité par F. W. Zimmermann, Londres, Oxford University Press, 1981.

Almantiqiyyāt li-l-Fārābī, 3 volumes, édité par Danechpajouh, Qom, 1408h.

Textes grecs

Platon, *Lois*, tr. par L. Brisson et J.-F. Pradeau, Paris, Flammarion (GF), 2006.

Platon, *La République*, édition bilingue, tr. fr. par É. Chambry, Paris, Les Belles Lettres, 1932.

Aristote, *Organon*, édité par J. Tricot, Paris, Vrin, 1983-1989.

Aristote, *Éthique à Nicomaque, Aristotelis ethica nicomachea, Scriptorum classicorum Oxioniensis*, édité par I. Bywater, 1991 ; tr. fr. par R. Bodéüs, Paris, Flammarion (GF), 2004.

Commentaires

Deborah Black, *Logic and Aristotle's Rhetoric and Poetics in Medieval Arabic Philosophy*, Leyde, Brill, 1990.

D. M. Dunlop, « al-Fārābī's Introductory Risāla on Logic », *The Islamic Quarterly*, 2, (1955) vol. 11, p. 264-282, Francfort-sur-le-Main, 1999.

D. M. Dunlop, « Al-Fārābī's paraphrase of the categories of Aristotle », *The Islamic Quarterly*, 4, (1957), p. 168-197 ; 5 (1979), p. 21-54.

Jean Jolivet, *L'Islam, la philosophie et les sciences*, quatre conférences, Paris, Presses de l'Unesco, 1981.

Dimitri Gutas, *Greek Philosophers in the Arabic Tradition*, Aldershot, Variorum, Collected Studies Series CS698, 2000.

Ralph Lerner et Muhsin Mahdi, *Medieval Political Philosophy : A sourcebook,* New York, 1963 et 1972 ; réimp. Ithaca, Cornell Paperbacks, 1984.

I. Madkour, *L'*Organon *d'Aristote dans le monde arabe*, Paris, Vrin, 1932.

Muhsin Mahdi, *La Cité vertueuse d'al-Fārābī*, tr. fr. par F. Zabbal, Paris, Albin Michel, 2000.

Leo Strauss, *Le Platon d'al-Fārābī*, tr. fr. par O. Seyden, Paris, Allia, 2002.

Leo Strauss, *Renaissance du rationalisme politique classique*, tr. fr. par P. Guglielmina, Paris, Gallimard, 1993.

Leo Strauss, *Maïmonide*, tr. fr. par Rémi Brague, Paris, PUF, 1988.

Philippe Vallat, *Fārābī et l'École d'Alexandrie*, Paris, Vrin, 2004.

R. Walzer, « al-Fārābī », dans *L'Éveil de la philosophie islamique*, Revue des études islamiques, vol. 8, Paris, Librairie orientaliste P. Geuthner, 1970.

Sources historiques :

D. Sourdel et J. Sourdel-Thomine, *La Civilisation de l'islam classique*, Paris, Arthaud, 1968.

Table

Des mêmes auteurs

Ouvrages d'Ali Benmakhlouf

Bertrand Russell, *L'Atomisme logique*
PUF, 1996

Gottlob Frege, logicien, philosophe
PUF, 1997

Averroès
Les Belles Lettres, 2000

Le Vocabulaire de Frege
Ellipses, 2001

Le Vocabulaire de Russell
Ellipses, 2002

Frege, le nécessaire et le superflu
Vrin, 2002

Russell
Les Belles Lettres, 2004

Le Vocabulaire d'Averroès
Ellipses, 2007

Ouvrages collectifs dirigés par Ali Benmakhlouf

La Raison et la question des limites
Casablanca, Le Fennec, 1997

Routes et déroutes de l'universel
Casablanca, Le Fennec, 1998

A.N. Whitehead, L'Univers solidaire, le temps philisophique
Université Paris X, 1999

Tout est-il relatif ?
Casablanca, Le Fennec, 2001

Droit et participation politique
Casablanca, Le Fennec, 2002

Sémantique et épistémologie
Casablanca, Le Fennec, 2004

Le lien social
Casablanca, Le Fennec, 2006

Ouvrages de Stéphane Diebler

Théories de la phrase et de la proposition
De Platon à Averroès
(édition avec Philippe Büttgen et Marwan Rashed)
Éd. Rue d'Ulm, 1999

Commentaire moyen sur le De interpretatione *d'Averroès*
(introduction, traduction et notes par Ali Benmakhlouf
et Stéphane Diebler)
Vrin, 2000

Points Essais

SÉRIE BILINGUE

L'Être et l'essence
Le vocabulaire médiéval de l'ontologie
Thomas d'Aquin et Dietrich de Freiberg
traduction et commentaires
par Alain de Libera et Cyrille Michon

De la liberté du chrétien et Préfaces à la Bible
La naissance de l'allemand philosophique
Martin Luther
traduction et commentaires par Philippe Büttgen

Esquisses pyrrhoniennes
Sextus Empiricus
traduction et commentaires par Pierre Pellegrin

De l'ontologie
et autres textes sur les fictions
Jeremy Bentham
texte anglais établi par Philip Schofield
traduction et commentaires par Jean-Pierre Cléro
et Christian Laval

Identité et différence
L'invention de la conscience
John Locke
traduction et commentaires par Étienne Balibar

Sur la nature ou sur l'étant
La langue de l'être ?
Parménide
traduction et commentaires par Barbara Cassin

Éthique
Spinoza
traduction et commentaires par Bernard Pautrat

Essai d'autocritique
et autres préfaces
Nietzsche
traduction et commentaires par Marc de Launay

L'histoire d'Homère à Augustin
Préfaces des historiens et textes sur l'histoire
traduction par Michel Casevitz
commentaires par François Hartog

Des différentes méthodes du traduire
et autre texte
Friedrich Schleiermacher
traduction par Antoine Berman et Christian Berner
commentaires par Christian Berner

L'Harmonie des langues
G.-W. Leibniz
traduction et commentaires par Marc Crépon

Sur le caractère national des langues
et autres écrits sur le langage
Wilhelm von Humboldt
traduction et commentaires par Denis Thouard

La Métaphore baroque
D'Aristote à Tesauro
Extraits du *Cannocchiale Aristotelico* et autres textes
traduction et commentaires par Yves Hersant

Système sceptique et autres systèmes
David Hume
traduction et commentaires par Michel Malherbe

Catégories
Aristote
traduction et commentaires de Frédérique Ildefonse et Jean Lallot

Contre les Professeurs
Sextus Empiricus
commentaires par Pierre Pellegrin
traduction par C. Dalimier, D. et J. Delattre, B. Pérez
sous la direction de P. Pellegrin

Les Purifications
Empédocle
traduction et commentaires par Jean Bollack

En guise de contribution
à la grammaire et à l'étymologie du mot « être »
Martin Heidegger
traduction et commentaires par Pascal David

Amours plurielles
Doctrines médiévales du rapport amoureux
de Bernard de Clairvaux à Boccace
traduction et commentaires par Ruedi Imbach et Iñigo Atucha

Réalisation : Nord Compo à Villeneuve-d'Ascq
Impression : Normandie Roto Impression s.a.s. à Lonrai
Dépôt légal : septembre 2007 - n° 48161-3 (2200891)
Imprimé en France

Collection Points

SÉRIE ESSAIS

1. Histoire du surréalisme, *par Maurice Nadeau*
2. Une théorie scientifique de la culture *par Bronislaw Malinowski*
3. Malraux, Camus, Sartre, Bernanos, *par Emmanuel Mounier*
4. L'Homme unidimensionnel, *par Herbert Marcuse* (épuisé)
5. Écrits I, *par Jacques Lacan*
6. Le Phénomène humain, *par Pierre Teilhard de Chardin*
7. Les Cols blancs, *par C. Wright Mills*
8. Littérature et Sensation. Stendhal, Flaubert *par Jean-Pierre Richard*
9. La Nature dé-naturée, *par Jean Dorst*
10. Mythologies, *par Roland Barthes*
11. Le Nouveau Théâtre américain *par Franck Jotterand* (épuisé)
12. Morphologie du conte, *par Vladimir Propp*
13. L'Action sociale, *par Guy Rocher*
14. L'Organisation sociale, *par Guy Rocher*
15. Le Changement social, *par Guy Rocher*
17. Essais de linguistique générale *par Roman Jakobson* (épuisé)
18. La Philosophie critique de l'histoire, *par Raymond Aron*
19. Essais de sociologie, *par Marcel Mauss*
20. La Part maudite, *par Georges Bataille* (épuisé)
21. Écrits II, *par Jacques Lacan*
22. Éros et Civilisation, *par Herbert Marcuse* (épuisé)
23. Histoire du roman français depuis 1918 *par Claude-Edmonde Magny*
24. L'Écriture et l'Expérience des limites *par Philippe Sollers*
25. La Charte d'Athènes, *par Le Corbusier*
26. Peau noire, Masques blancs, *par Frantz Fanon*
27. Anthropologie, *par Edward Sapir*
28. Le Phénomène bureaucratique, *par Michel Crozier*
29. Vers une civilisation des loisirs ?, *par Joffre Dumazedier*
30. Pour une bibliothèque scientifique *par François Russo* (épuisé)
31. Lecture de Brecht, *par Bernard Dort*
32. Ville et Révolution, *par Anatole Kopp*
33. Mise en scène de Phèdre, *par Jean-Louis Barrault*
34. Les Stars, *par Edgar Morin*
35. Le Degré zéro de l'écriture *suivi de* Nouveaux Essais critiques, *par Roland Barthes*

36. Libérer l'avenir, *par Ivan Illich*
37. Structure et Fonction dans la société primitive
par A. R. Radcliffe-Brown
38. Les Droits de l'écrivain, *par Alexandre Soljenitsyne*
39. Le Retour du tragique, *par Jean-Marie Domenach*
41. La Concurrence capitaliste
par Jean Cartell et Pierre-Yves Cossé (épuisé)
42. Mise en scène d'Othello, *par Constantin Stanislavski*
43. Le Hasard et la Nécessité, *par Jacques Monod*
44. Le Structuralisme en linguistique, *par Oswald Ducrot*
45. Le Structuralisme : Poétique, *par Tzvetan Todorov*
46. Le Structuralisme en anthropologie, *par Dan Sperber*
47. Le Structuralisme en psychanalyse, *par Moustapha Safouan*
48. Le Structuralisme : Philosophie, *par François Wahl*
49. Le Cas Dominique, *par Françoise Dolto*
51. Trois Essais sur le comportement animal et humain
par Konrad Lorenz
52. Le Droit à la ville, *suivi de* Espace et Politique
par Henri Lefebvre
53. Poèmes, *par Léopold Sédar Senghor*
54. Les Élégies de Duino, *suivi de* Les Sonnets à Orphée
par Rainer Maria Rilke (édition bilingue)
55. Pour la sociologie, *par Alain Touraine*
56. Traité du caractère, *par Emmanuel Mounier*
57. L'Enfant, sa « maladie » et les autres, *par Maud Mannoni*
58. Langage et Connaissance, *par Adam Schaff*
59. Une saison au Congo, *par Aimé Césaire*
61. Psychanalyser, *par Serge Leclaire*
63. Mort de la famille, *par David Cooper*
64. À quoi sert la Bourse ?, *par Jean-Claude Leconte* (épuisé)
65. La Convivialité, *par Ivan Illich*
66. L'Idéologie structuraliste, *par Henri Lefebvre*
67. La Vérité des prix, *par Hubert Lévy-Lambert* (épuisé)
68. Pour Gramsci, *par Maria-Antonietta Macciocchi*
69. Psychanalyse et Pédiatrie, *par Françoise Dolto*
70. S/Z, *par Roland Barthes*
71. Poésie et Profondeur, *par Jean-Pierre Richard*
72. Le Sauvage et l'Ordinateur, *par Jean-Marie Domenach*
73. Introduction à la littérature fantastique
par Tzvetan Todorov
74. Figures I, *par Gérard Genette*
75. Dix Grandes Notions de la sociologie, *par Jean Cazeneuve*
76. Mary Barnes, un voyage à travers la folie
par Mary Barnes et Joseph Berke
77. L'Homme et la Mort, *par Edgar Morin*
78. Poétique du récit, *par Roland Barthes,*
Wayne Booth, Wolfgang Kayser et Philippe Hamon

79. Les Libérateurs de l'amour, *par Alexandrian*
80. Le Macroscope, *par Joël de Rosnay*
81. Délivrance, *par Maurice Clavel et Philippe Sollers*
82. Système de la peinture, *par Marcelin Pleynet*
83. Pour comprendre les médias, *par M. McLuhan*
84. L'Invasion pharmaceutique
par Jean-Pierre Dupuy et Serge Karsenty
85. Huit Questions de poétique, *par Roman Jakobson*
86. Lectures du désir, *par Raymond Jean*
87. Le Traître, *par André Gorz*
88. Psychiatrie et Antipsychiatrie, *par David Cooper*
89. La Dimension cachée, *par Edward T. Hall*
90. Les Vivants et la Mort, *par Jean Ziegler*
91. L'Unité de l'homme, *par le Centre Royaumont*
1. Le primate et l'homme
par E. Morin et M. Piattelli-Palmarini
92. L'Unité de l'homme, *par le Centre Royaumont*
2. Le cerveau humain
par E. Morin et M. Piattelli-Palmarini
93. L'Unité de l'homme, *par le Centre Royaumont*
3. Pour une anthropologie fondamentale
par E. Morin et M. Piattelli-Palmarini
94. Pensées, *par Blaise Pascal*
95. L'Exil intérieur, *par Roland Jaccard*
96. Semeiotiké, recherches pour une sémanalyse
par Julia Kristeva
97. Sur Racine, *par Roland Barthes*
98. Structures syntaxiques, *par Noam Chomsky*
99. Le Psychiatre, son « fou » et la psychanalyse
par Maud Mannoni
100. L'Écriture et la Différence, *par Jacques Derrida*
101. Le Pouvoir africain, *par Jean Ziegler*
102. Une logique de la communication
par P. Watzlawick, J. Helmick Beavin, Don D. Jackson
103. Sémantique de la poésie, *par T. Todorov, W. Empson, J. Cohen, G. Hartman, F. Rigolot*
104. De la France, *par Maria-Antonietta Macciocchi*
105. Small is beautiful, *par E.F. Schumacher*
106. Figures II, *par Gérard Genette*
107. L'Œuvre ouverte, *par Umberto Eco*
108. L'Urbanisme, *par Françoise Choay*
109. Le Paradigme perdu, *par Edgar Morin*
110. Dictionnaire encyclopédique des sciences du langage
par Oswald Ducrot et Tzvetan Todorov
111. L'Évangile au risque de la psychanalyse, tome 1
par Françoise Dolto

112. Un enfant dans l'asile, *par Jean Sandretto*
113. Recherche de Proust, *ouvrage collectif*
114. La Question homosexuelle
par Marc Oraison
115. De la psychose paranoïaque dans ses rapports
avec la personnalité, *par Jacques Lacan*
116. Sade, Fourier, Loyola, *par Roland Barthes*
117. Une société sans école, *par Ivan Illich*
118. Mauvaises Pensées d'un travailleur social
par Jean-Marie Geng
119. Albert Camus, *par Herbert R. Lottman*
120. Poétique de la prose, *par Tzvetan Todorov*
121. Théorie d'ensemble, *par Tel Quel*
122. Némésis médicale, *par Ivan Illich*
123. La Méthode
1. La nature de la nature, *par Edgar Morin*
124. Le Désir et la Perversion, *ouvrage collectif*
125. Le Langage, cet inconnu, *par Julia Kristeva*
126. On tue un enfant, *par Serge Leclaire*
127. Essais critiques, *par Roland Barthes*
128. Le Je-ne-sais-quoi et le Presque-rien
1. La manière et l'occasion, *par Vladimir Jankélévitch*
129. L'Analyse structurale du récit, Communications 8
ouvrage collectif
130. Changements, Paradoxes et Psychothérapie
par P. Watzlawick, J. Weakland et R. Fisch
131. Onze Études sur la poésie moderne
par Jean-Pierre Richard
132. L'Enfant arriéré et sa mère, *par Maud Mannoni*
133. La Prairie perdue (Le Roman américain)
par Jacques Cabau
134. Le Je-ne-sais-quoi et le Presque-rien
2. La méconnaissance, *par Vladimir Jankélévitch*
135. Le Plaisir du texte, *par Roland Barthes*
136. La Nouvelle Communication, *ouvrage collectif*
137. Le Vif du sujet, *par Edgar Morin*
138. Théories du langage, Théories de l'apprentissage
par le Centre Royaumont
139. Baudelaire, la Femme et Dieu, *par Pierre Emmanuel*
140. Autisme et Psychose de l'enfant, *par Frances Tustin*
141. Le Harem et les Cousins, *par Germaine Tillion*
142. Littérature et Réalité, *ouvrage collectif*
143. La Rumeur d'Orléans, *par Edgar Morin*
144. Partage des femmes, *par Eugénie Lemoine-Luccioni*
145. L'Évangile au risque de la psychanalyse, tome 2
par Françoise Dolto

146. Rhétorique générale, *par le Groupe μ*
147. Système de la Mode, *par Roland Barthes*
148. Démasquer le réel, *par Serge Leclaire*
149. Le Juif imaginaire, *par Alain Finkielkraut*
150. Travail de Flaubert, *ouvrage collectif*
151. Journal de Californie, *par Edgar Morin*
152. Pouvoirs de l'horreur, *par Julia Kristeva*
153. Introduction à la philosophie de l'histoire de Hegel
par Jean Hyppolite
154. La Foi au risque de la psychanalyse
par Françoise Dolto et Gérard Sévérin
155. Un lieu pour vivre, *par Maud Mannoni*
156. Scandale de la vérité, *suivi de* Nous autres Français
par Georges Bernanos
157. Enquête sur les idées contemporaines
par Jean-Marie Domenach
158. L'Affaire Jésus, *par Henri Guillemin*
159. Paroles d'étranger, *par Elie Wiesel*
160. Le Langage silencieux, *par Edward T. Hall*
161. La Rive gauche, *par Herbert R. Lottman*
162. La Réalité de la réalité, *par Paul Watzlawick*
163. Les Chemins de la vie, *par Joël de Rosnay*
164. Dandies, *par Roger Kempf*
165. Histoire personnelle de la France, *par François George*
166. La Puissance et la Fragilité, *par Jean Hamburger*
167. Le Traité du sablier, *par Ernst Jünger*
168. Pensée de Rousseau, *ouvrage collectif*
169. La Violence du calme, *par Viviane Forrester*
170. Pour sortir du XX siècle, *par Edgar Morin*
171. La Communication, Hermès I, *par Michel Serres*
172. Sexualités occidentales, Communications 35
ouvrage collectif
173. Lettre aux Anglais, *par Georges Bernanos*
174. La Révolution du langage poétique, *par Julia Kristeva*
175. La Méthode
2. La vie de la vie, *par Edgar Morin*
176. Théories du symbole, *par Tzvetan Todorov*
177. Mémoires d'un névropathe, *par Daniel Paul Schreber*
178. Les Indes, *par Édouard Glissant*
179. Clefs pour l'Imaginaire ou l'Autre Scène
par Octave Mannoni
180. La Sociologie des organisations, *par Philippe Bernoux*
181. Théorie des genres, *ouvrage collectif*
182. Le Je-ne-sais-quoi et le Presque-rien
3. La volonté de vouloir, *par Vladimir Jankélévitch*
183. Le Traité du rebelle, *par Ernst Jünger*

184. Un homme en trop, *par Claude Lefort*
185. Théâtres, *par Bernard Dort*
186. Le Langage du changement, *par Paul Watzlawick*
187. Lettre ouverte à Freud, *par Lou Andreas-Salomé*
188. La Notion de littérature, *par Tzvetan Todorov*
189. Choix de poèmes, *par Jean-Claude Renard*
190. Le Langage et son double, *par Julien Green*
191. Au-delà de la culture, *par Edward T. Hall*
192. Au jeu du désir, *par Françoise Dolto*
193. Le Cerveau planétaire, *par Joël de Rosnay*
194. Suite anglaise, *par Julien Green*
195. Michelet, *par Roland Barthes*
196. Hugo, *par Henri Guillemin*
197. Zola, *par Marc Bernard*
198. Apollinaire, *par Pascal Pia*
199. Paris, *par Julien Green*
200. Voltaire, *par René Pomeau*
201. Montesquieu, *par Jean Starobinski*
202. Anthologie de la peur, *par Éric Jourdan*
203. Le Paradoxe de la morale, *par Vladimir Jankélévitch*
204. Saint-Exupéry, *par Luc Estang*
205. Leçon, *par Roland Barthes*
206. François Mauriac
1. Le sondeur d'abîmes (1885-1933), *par Jean Lacouture*
207. François Mauriac
2. Un citoyen du siècle (1933-1970), *par Jean Lacouture*
208. Proust et le Monde sensible, *par Jean-Pierre Richard*
209. Nus, Féroces et Anthropophages, *par Hans Staden*
210. Œuvre poétique, *par Léopold Sédar Senghor*
211. Les Sociologies contemporaines, *par Pierre Ansart*
212. Le Nouveau Roman, *par Jean Ricardou*
213. Le Monde d'Ulysse, *par Moses I. Finley*
214. Les Enfants d'Athéna, *par Nicole Loraux*
215. La Grèce ancienne, tome 1
par Jean-Pierre Vernant et Pierre Vidal-Naquet
216. Rhétorique de la poésie, *par le Groupe μ*
217. Le Séminaire. Livre XI, *par Jacques Lacan*
218. Don Juan ou Pavlov
par Claude Bonnange et Chantal Thomas
219. L'Aventure sémiologique, *par Roland Barthes*
220. Séminaire de psychanalyse d'enfants, tome 1
par Françoise Dolto
221. Séminaire de psychanalyse d'enfants, tome 2
par Françoise Dolto
222. Séminaire de psychanalyse d'enfants
tome 3, Inconscient et destins, *par Françoise Dolto*